高等职业教育"十二五"创新型规划教材

保险理论与实务

于光荣 主编

北京理工大学出版社
BEIJING INSTITUTE OF TECHNOLOGY PRESS

版权专有 侵权必究

图书在版编目（CIP）数据

保险理论与实务/于光荣主编. —北京：北京理工大学出版社，2020.1 重印

ISBN 978-7-5640-7424-1

Ⅰ.①保… Ⅱ.①于… Ⅲ.①保险学－高等学校－教材 Ⅳ.①F840

中国版本图书馆 CIP 数据核字（2013）第 034305 号

出版发行 /	北京理工大学出版社
社　　址 /	北京市海淀区中关村南大街 5 号
邮　　编 /	100081
电　　话 /	（010）68914775（办公室）68944990（批销中心）68911084（读者服务部）
网　　址 /	http://www.bitpress.com.cn
经　　销 /	全国各地新华书店
印　　刷 /	三河市华骏印务包装有限公司
开　　本 /	787 毫米×1092 毫米　1/16
印　　张 /	15.25
字　　数 /	352 千字
版　　次 /	2020 年 1 月第 1 版第 8 次印刷
定　　价 /	38.00 元

责任编辑 / 廖宏欢
责任校对 / 周瑞红
责任印制 / 吴皓云

图书出现印装质量问题，本社负责调换

前　言

保险在应对突发事件和灾害损失等方面具有经济补偿、资金融通与社会管理的职能，对于国家经济建设、市场发展和社会安定发挥着极其重要的作用，被称为"精巧的社会稳定器"。截至2012年12月，全国保费收入达到1.55万亿元，比1980年的4.6亿元增长了将近3 370倍。2012年1—11月的赔付支出也达到了4 215.2亿元。保险的快速发展，带动了保险专业人才需求的增长。在人才培养和供给的过程中，是否具备保险专业理论基础素养成为至关重要的因素。目前在保险销售中出现的误导、公众对保险的误解、保险管理中出现的一些漏洞，无不和保险基础理论知识素养的缺失有着千丝万缕的联系。而《保险理论与实务》作为高职高专金融类专业的一门必修专业基础课程，对于培养学生的保险专业知识基础素养有着举足轻重的作用。基于此，编写了《保险理论与实务》这本教材。

本教材以高职高专的培养目标和教学定位为原则，在教材的编写中突出了基础性（对保险最基础的认知）、易懂性（丰富的案例和阅读资料）、可操作性（大量的结构图和程序图）、创新性（以保险合同的签订为基础安排教材章节和内容打破传统教材的结构体系），对于培养学生对保险的正确认知，传递科学保险观念，增强保险实务操作技能，解决保险实际问题，具备保险销售、核保、理赔、保全等相关岗位基础职业能力和职业素质奠定扎实的基础。

本教材从结构体系上分为四大模块17个项目：第一模块阐述了保险基础知识，主要包括风险和风险管理、保险概述、人身保险、财产保险、保险市场与保险监管；第二模块主要阐述了保险合同订立的环节和需要具备的知识和理论，包括保险合同概述、保险合同订立、保险利益原则、最大诚信原则、保险费率厘定与简单计算；第三模块主要阐述保险合同的履行，包括保险合同的执行、保险合同的变更、解除和终止、保险投资、保险理赔和再保险；第四模块主要阐述保险职业道德，包括保险职业道德和保险从业职业操守。

本教材的编写人员全部为从事一线教学的高职高专教师，在编写过程中融入了多年的教学经验，于光荣老师负责教材的策划和组织、通稿，参编人员有周淑芬、王康、赵志强、程漠大、方俊芝。主要编写任务为：于光荣编写项目一、项目五、项目八、项目九、项目十三、项目十四、项目十六和项目十七；赵志强编写项目二；周淑芬编写项目三、项目六、项目七、项目十一、项目十二；程漠大编写项目四；王康编写项目十五；方俊芝编写项目十。

本教材在编写的过程中参考和吸收了众多院校的教材及保险业界同仁们的研究成果，并得到了有关专家学者的指导和帮助，在此一并致谢！同时对于书中的疏漏和不当之处，欢迎读者予以批评指正！

编　者
2012年12月

目 录

模块一　保险基础必要知识 ··· 1
　项目一　风险和风险管理 ··· 3
　　任务一　风险的含义和特征 ··· 3
　　任务二　风险要素 ··· 7
　　任务三　风险分类 ··· 9
　　任务四　风险管理 ·· 12
　　任务五　可保风险 ·· 15
　项目二　保险概述 ·· 17
　　任务一　保险的含义、运行要素、特征、职能 ·· 18
　　任务二　保险的分类 ·· 28
　　任务三　保险的起源和发展 ··· 31
　项目三　人身保险 ·· 35
　　任务一　人身保险概述 ··· 35
　　任务二　人寿保险 ·· 37
　　任务三　健康保险 ·· 47
　　任务四　意外伤害保险 ··· 52
　项目四　财产保险 ·· 56
　　任务一　财产保险概述 ··· 56
　　任务二　财产损失保险 ··· 58
　　任务三　责任保险 ·· 70
　　任务四　信用保险 ·· 72
　　任务五　保证保险 ·· 74
　项目五　保险市场与保险监管 ··· 76
　　任务一　保险市场概述 ··· 77
　　任务二　保险市场供给和需求 ·· 81
　　任务三　保险市场中介 ··· 86
　　任务四　保险监管概述 ··· 88

任务五　保险监管内容 …………………………………………………… 92

模块二　保险合同的订立 …………………………………………………… 96

项目六　保险合同概述 …………………………………………………… 97
　　任务一　保险合同的概念和特征 …………………………………… 97
　　任务二　保险合同的分类 …………………………………………… 99
　　任务三　保险合同的要素 …………………………………………… 101

项目七　保险合同订立 …………………………………………………… 123
　　任务一　保险展业 …………………………………………………… 123
　　任务二　保险投保 …………………………………………………… 129
　　任务三　保险核保 …………………………………………………… 135
　　任务四　保险承保 …………………………………………………… 137
　　任务五　保险合同的订立和生效 …………………………………… 140

项目八　保险利益原则 …………………………………………………… 143
　　任务一　保险利益原则概述 ………………………………………… 143
　　任务二　保险利益原则的应用 ……………………………………… 144

项目九　最大诚信原则 …………………………………………………… 148
　　任务一　最大诚信原则的含义 ……………………………………… 149
　　任务二　最大诚信原则的内容 ……………………………………… 150

项目十　保险费率厘定原则与简单计算 ………………………………… 152
　　任务一　保险费和保险费率的含义、构成、原则 ………………… 152
　　任务二　保险费率厘定的原理 ……………………………………… 154
　　任务三　保险费的简单计算 ………………………………………… 159

模块三　保险合同的履行 …………………………………………………… 162

项目十一　保险合同的执行 ……………………………………………… 163
　　任务一　保险合同履行概述 ………………………………………… 163
　　任务二　保险人和投保人的义务和权利 …………………………… 164

项目十二　保险合同的变更、解除和终止 ……………………………… 170
　　任务一　保险合同的变更 …………………………………………… 170
　　任务二　保险合同的解除和终止 …………………………………… 175
　　任务三　保险合同的解释原则和争议处理 ………………………… 177

项目十三　保险投资 ……………………………………………………… 180
　　任务一　保险投资概述 ……………………………………………… 180
　　任务二　保险投资渠道及其选择 …………………………………… 186

项目十四　保险理赔 ……………………………………………………… 195
　　任务一　保险理赔概述 ……………………………………………… 196
　　任务二　保险理赔原则 ……………………………………………… 197
　　任务三　保险理赔程序 ……………………………………………… 204

项目十五　再保险 ………………………………………………………… 210
　　任务一　再保险概述 ………………………………………………… 211

| 任务二 再保险分类 | 214 |
| 任务三 再保险合同 | 220 |

模块四 保险职业道德 224

项目十六 保险职业道德概述 225
任务一 保险职业道德概述 225
任务二 保险职业道德要求 225

项目十七 保险从业人员职业道德操守 228
任务一 保险代理人职业道德操守 228
任务二 保险经纪人职业道德操守 230
任务三 保险公估人员职业道德操守 233

参考文献 236

模块一

保险基础必要知识

项目	知识目标	能力目标
项目一 风险和风险管理	了解风险的含义和特征,熟悉风险的要素和分类,掌握风险管理的方法,掌握风险管理与保险的关系,掌握可保风险的条件	树立风险意识,能够对生活和工作中的风险进行识别和处理,能够识别可保风险
项目二 保险概述	了解保险的起源与发展,熟悉保险的含义、职能,掌握保险的分类、特征	能够阐述保险的意义和功能,能够将生活和工作中的风险和相应的保险种类进行匹配
项目三 人身保险	熟悉人身保险的概念和特征,掌握人身保险的分类,掌握人寿保险、健康保险和意外伤害保险产品	能够阐述清楚人身保险的含义,能够清楚地向公众解释清楚人身保险产品的种类,能够对不同的人身保险产品的基本内容阐述清楚,并能简单地将各个产品和适合的人群进行归类
项目四 财产保险	熟悉财产保险的概念和特征,掌握财产保险的具体产品	能够熟练地解释清楚各类财产保险的保险范围和保险责任,并能够区分各个不同的保险产品的除外责任
项目五 保险市场与保险监管	了解和熟悉保险市场的构成、特征,掌握保险监管的方式和内容	能够指导保险公司或者保险代理机构应对日常的保险监管,能够针对保险监管的要求制定简单的日常内部控制的流程

本模块的知识结构如图1-1所示。

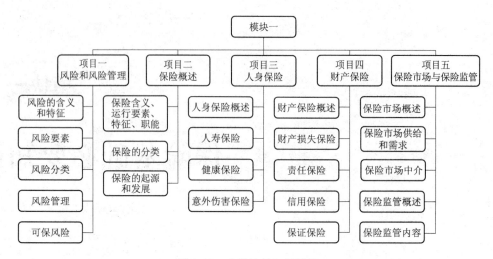

图1-1 本模块的知识结构

背景资料1 2010年全球巨灾保险损失超过430亿美元

瑞士再保险公司2011年3月29日发布的最新一期研究报告显示,2010年全球自然巨灾和人为灾难的保险损失超过430亿美元。瑞士再表示,该损失数字比2009年的270亿美元高出约60%。据瑞士再估算,2010年全球巨灾导致的经济损失约为2 180亿美元,是2009年680亿美元的3倍多。在2010年430亿美元的巨灾保险损失中,绝大部分损失(约400亿美元)来自自然灾害,余下的30亿美元由人为灾难造成。

尤其值得一提的是,在2010年的巨灾损失中,地震相关损失占比近1/3,其中,2010年2月智利地震的保险损失约为80亿美元,2010年9月新西兰地震的保险损失约为44亿美元。

瑞士再称,2011年的巨灾保险损失情况也不乐观。从目前的情况来看,2月新西兰克莱斯特彻奇地震的保险损失总额将达到60亿~120亿美元;3月日本大地震的保险损失最高可达350亿美元,且未包括核泄漏带来的影响。

资料来源:《中国保险报》杨林 2011年03月31日 10:01

背景资料2 2010年全国自然灾害应对工作总结评估报告摘要

近日,民政部、国家减灾委办公室会同工业和信息化部、国土资源部、交通运输部、铁道部、水利部、农业部、卫生部、林业局、地震局、气象局、保监会、海洋局、中国红十字会总会等部门对2011年1—9月份全国自然灾害情况进行了会商分析。经核定,1—9月份,各类自然灾害共造成全国4.8亿人次受灾,1 074人死亡(含失踪127人),912.7万人次紧急转移安置;农作物受灾面积3 882.6万公顷,其中绝收380.4万公顷;房屋倒塌85.3万间,损坏308.2万间;直接经济损失3 028.1亿元。

资料来源:民政部官网 2011年10月22日

项目一　风险和风险管理

保险源于风险的存在。中国自古就有"天有不测风云，人有旦夕祸福"和"未雨绸缪""积谷防饥"的说法。在现实生活中，不论是"不测风云"还是"旦夕祸福"，都是由客观存在的风险引起的。无风险则无保险，风险是保险产生和发展的基础，是保险存在的前提。风险的发展是保险发展的客观依据。保险是人们用来对付风险和处理风险发生后所造成的经济损失的一种有效手段，是最有效的风险管理方式。建立保险制度的目的是为了应付自然灾害和意外事故的发生。学习保险首先要弄清楚风险的主要特征及主要风险类型，在此基础上，寻求对付风险的办法，也就是要对风险进行有效的管理。

任务一　风险的含义和特征

一、风险的含义

人们在日常生活中，经常会遇到一些难以预料的事故和自然灾害，小到失窃、车祸，大到地震、洪水。意外事故和自然灾害都具有不确定性，我们称之为风险。由于研究的角度不同，对风险的看法和给出的定义也不尽相同。在综合分析各种学派观点的基础上，我们做如下表述：风险是指偶然事件的发生引起损失的不确定性。此定义包含三层含义：一是风险是偶然发生的事件，即可能发生但又不一定发生的事件；二是风险发生的结果是损失，即经济价值的非故意的、非计划的、非预期的减少；三是事件发生所引起的损失是不确定的，即风险在发生之前，其发生的具体时间、空间、地点和损失的程度是不确定的，人们难以准确预期。

二、风险的特征

（一）客观性

正如自然界的地震、泥石流、瘟疫、洪水，社会领域的冲突、战争、意外事故等一样，风险的发生不以人的意志为转移，它们是独立于人的意识之外的客观存在。随着科学技术的进步和经营管理水平的提高，人们可以在一定的时间和空间内改变风险存在和发生的条件，降低风险发生的频率和损失程度，但不可能从根本上消除风险。也正是由于风险的客观存在，才有产生保险的可能性。

阅读材料

每个人的一生都可能面临许多风险。表1-1所示的这份风险概率资料，有助于人们从一个侧面了解风险的客观性、损失性和不确定性特点。

表1-1　风险概率资料

风险	危险概率	风险	危险概率
受伤	1/3	死于火灾	1/50 000
死于癌症	1/5	溺水而死	1/50 000

续表

风险	危险概率	风险	危险概率
死于中风	1/14	死于二手烟的肺癌	1/60 000
死于车祸	1/45	吃东西时噎死	1/160 000
在家中受伤	1/80	死于飞机失事	1/250 000
死于艾滋病	1/97	被空中坠落的物体砸死	1/290 000
死于心脏病	1/340	触电而死	1/350 000
走路时被汽车撞死	1/40 000	在浴缸中被淹死	1/1 000 000
……	……	……	……

(二) 风险存在的普遍性

风险无处不在，无时不有。风险的发生普遍存在于人类社会的各个层面，以各种的形式存在，渗入社会、企业、家庭、个人生活的方方面面。在经济生产和生活中，人们面临着诸如自然灾害、疾病、失业、意外伤害等风险。随着科学技术和生产力的发展，新的风险不断产生，而且风险事故造成的损失也越来越大。如核辐射、核污染风险，航天飞机巨额损失风险，各种矿产资源开发带来的意外事故等。正是风险的普遍性，才使保险有了产生和发展的必要性。

阅读材料

2004—2009 年医疗机构诊疗人次数（万人次）见表 1-2。

表 1-2　2004—2009 年医疗机构诊疗人次数（万人次）

医疗机构分类	2004	2005	2006	2007	2008	2009
总计	399 134.1	409 725.9	446 373.3	471 913.0	490 089.7	548 767.1
其中：医院	130 452.7	138 653.3	147 101.3	163 769.6	178 167.0	192 193.9
综合医院	99 464.6	105 774.9	111 153.3	123 256.7	134 102.4	143 561.2
中医医院	20 259.5	21 429.5	22 911.9	25 387.0	27 540.9	30 145.8
中西医结合医院	1 333.4	1 513.4	1 716.1	2 008.5	2 120.1	2 449.9
民族医院	504.1	427.2	463.6	513.5	496.6	537.0
专科医院	8 865.6	9 478.8	10 822.7	12 570.0	13 858.2	15 446.8
护理院	25.5	29.6	33.6	33.9	48.7	53.1
疗养院	257.5	218.6	204.5	195.9	190.7	211.4
社区卫生服务中心（站）	9 711.1	12 220.0	17 664.4	22 587.4	25 672.4	37 697.5
内：社区卫生服务中心	4 615.6	5 938.5	8 285.5	12 712.4	17 247.3	26 080.2
卫生院	70 273.4	69 941.2	72 506.1	78 738.0	86 170.1	91 945.9
街道卫生院	2 215.9	2 017.8	2 417.8	2 882.1	3 490.0	4 285.1

续表

医疗机构分类	2004	2005	2006	2007	2008	2009
乡镇卫生院	68 057.4	67 923.3	70 088.3	75 855.9	82 680.1	87 660.8
门诊部	4 334.9	4 238.5	4 421.8	5 076.9	5 140.1	6 086.5
诊所、卫生所、医务室	50 348.0	49 546.4	57 430.3	48 998.5	42 402.8	48 336.5
村卫生室	123 400.4	123 411.6	134 838.9	138 676.7	136 891.2	155 170.1
妇幼保健院（所、站）	8 656.2	9 674.6	10 460.9	12 107.8	13 622.3	14 847.0
内：妇幼保健院	7 108.2	8 136.9	8 839.3	10 303.2	11 976.4	13 132.2
专科疾病防治院（所、站）	1 700.0	1 821.8	1 745.1	1 750.4	1 811.0	1 882.6
内：专科疾病防治院	447.1	610.0	509.9	515.9	636.0	660.4

资料来源：摘自《2010年中国卫生统计年鉴》

（三）社会性

风险与人类社会的利益密切相关，即无论风险源于自然现象、社会现象还是生理现象，都是相对于人身及其财产的危害而言的，与人的利益无关就不称为风险。比如，一间废弃的房屋，快要倒塌了，不知道什么时候倒，这是不确定性，但是这间房屋没有人住，没有人关心它是否会倒塌，因此也与人的利益无关，所以不存在风险，只有关系到人的利益时，才称其为风险。

（四）不确定性

风险的不确定性也称风险的偶然性。风险及其所造成的损失总体上来说是必然的、可知的，但对于个体上却是偶然的、随机的、不可知的，具有不确定性。风险的不确定性主要表现在5个方面：损失是否发生是不确定的；损失发生的时间是不确定的；损失发生的地点是不确定的；损失的程度是不确定的；损失的承担主体是不确定的。比如，说车祸是客观存在的，但是究竟什么时间、什么地点、发生在哪一辆车上、造成什么样的后果事先是不可知的。

阅读材料　**中国历史上有记载的79次地震**

• 公元前780年，陕西岐山发生地震。这是史书记载比较可靠的最早的一次大地震。地震时，"西周三川皆震是岁也，三川竭，岐山崩"。三川即今陕西的泾河、渭河、洛河。估计震级达7级以上。

• 公元前7年11月11日，北边郡国发生地震。据记载，这次地震波及"自京师至北边郡国三十余坏城郭，凡杀四百一十五人"，京师即今陕西西安。汉时北边郡国包括今甘肃、陕西、山西、河北等省在内。

• 138年2月28日，甘肃金城、陇西发生地震。据考证，这次地震是人类历史上第一次用测震仪器（张衡的候风地动仪）记到的破坏性地震。当时地动仪放在洛阳，距震中约700千米。

• 1303年9月17日，山西洪洞、赵城发生地震。这是中国历史上详细记述大地震最早的一次。此震"坏官民庐舍十万计","村堡移徙,地裂成渠,人民压死不可胜计"。震级约8级或更大。

- 1556年1月23日,陕西华县发生地震。这是中国历史上地震中死人最多的一次地震。"官吏军民压死八十三万有奇"。此震极震区长轴与渭河地堑方向一致。估计震级约有8级或更大。
- 1605年7月13日,广东琼山发生地震。据史志记载,"亥时地大震,自东北起,声响如雷,公署民房崩倒殆尽,城中压死者数千"。估计震级为7.5级或更强,为海南岛历史上最大地震。
- 1668年7月25日,山东莒县、郯城发生地震。这次地震是中国历史上地震中最大的地震之一,震级估计为8.5级。据记载,"城楼堞口官舍民房并村落寺观,一时俱倒塌如平地"。
- 1679年9月2日,河北三河、平谷发生地震。这是北京附近地区历史上最大的一次地震,震级估计为8级。震中裂度为XI度,破坏面积纵长500千米,北京城内故宫破坏严重。
- 1695年5月18日,山西临汾发生地震。震级估计为8级。震中烈度X度强,破坏面积纵长500千米。在一个8级地震的震中区附近再次发生8级地震。前一次地震是1303年的洪洞、赵城地震。
- 1733年8月2日,云南东川发生地震。震级估计为7.5级,是我国地震史料中记述地面断裂最详细的一次地震。震后城墙垛"南北则十损其九,东西十存其六,抑又奇也"。
- 1739年1月3日,宁夏平罗、银川发生地震。震级估计为8级。据载,靠近黄河的一些城镇,震后地裂"涌出大水,并河水泛涨进城,一片汪洋,深四五尺不等,民人冻死、淹死甚多"。
- 1833年9月6日,云南嵩明发生地震。震级估计为8级,震中烈度达XI度,破坏范围半径达260千米。
- 1867年12月18日,台湾基隆近海发生地震。这是中国地震史中引起海啸最大的一次地震。震级估计为6级。"沿海山倾地裂,海水暴涨,屋宇倾坏,溺数百人。"
- 1920年12月16日,宁夏海原县发生震级8.5级的地震。震中烈度12度,震源深度17千米,死亡24万人,毁城4座,数十座县城遭受破坏。
- 1927年5月23日,甘肃古浪发生震级8级的地震。震中烈度11度,震源深度12千米,死亡4万余人。
- 1931年8月11日,新疆富蕴发生地震。地震震级为8级,震中烈度XI度。震中区形成170千米长的断裂带,最大错动幅度达20米。这是中国大地震中已知错动幅度最大的一次地震。
- 1933年8月25日,四川茂县叠溪镇发生震级7.5级的地震,震中烈度10度,叠溪镇被摧毁。震时地吐黄雾,城郭无存,岷江断流,壅坝成湖。
- 1935年4月21日,台湾苗栗发生地震。震级为7.1级,是台湾有史以来破坏最重的一次地震。地面造成长约37千米的断层。
- 1950年8月15日,西藏察隅县发生震级8.5级的强烈地震。震中烈度12度,死亡近4 000人。

- 1962年3月19日,广东河源发生地震。震级为6.1级,是中国第一个水库诱发的地震。
- 1966年3月,河北邢台发生地震。由两次大地震组成:3月8日,邢台隆尧县发生震级6.8级的大地震;3月22日,邢台宁晋县发生震级7.2级的大地震。两次地震共死亡8 064人,伤38 000人。
- 1970年1月5日,云南通海县发生震级7.7级的大地震。震中烈度为10度,震源深度为10千米,死亡15 621人,伤残32 431人。
- 1975年2月4日,辽宁海城发生地震。地震震级为7.3级,震中烈度为Ⅸ度强。这是我国首次预报成功的一次7级以上大地震。
- 1976年7月28日,河北唐山、丰南一带发生7.8级的地震。造成24.2万人死亡,重伤16.4万人。
- 1976年8月16日,四川松潘、平武之间发生7.2级地震。震后连降暴雨,造成山崩、塌石、泥石流等,致使农田、道路、河床等破坏严重,通信中断。耕地被毁十几万公顷,粮食损失达500万公斤,牲畜死亡2 000余头。地震发生在人烟稀少的山区,加之震前已有预报,采取了人员撤离的措施,因此,人员伤亡仅为800余人,其中轻伤600余人。
- 1988年11月6日21时3分、21时16分,中国云南省澜沧、耿马发生震级为7.6级(澜沧)、7.2级(耿马)的两次大地震。相距120千米的两次地震,时间仅相隔13分钟,两座县城被夷为平地,伤4 105人,死亡743人,经济损失25.11亿元。
- 2008年5月12日14时28分在四川汶川县发生的地震震级为7.8级。据民政部统计,截至5月13日7时,四川汶川县地震已造成四川、甘肃、陕西、重庆、云南、山西、贵州、湖北8省市共9 219人死亡,倒塌房屋50余万间。

资料来源:人民网2008年5月19日

(五)可测定性

虽然个别风险的发生是偶然的,不可预料的,但我们通过对大量风险事故的观察会发现,大量的风险往往呈现出明显的规律性。例如,2010年某市财产保险市场的赔付率(净赔付率)是49.1%,每年某市财产保险市场的赔付率都在49%左右波动,这就是说某市财产保险公司每收100元的保费,要支付49元的赔款,这个赔款的幅度、多少,是基本稳定的,或者说是呈一定规律变化,这就是财产保险风险的可测定性。又比如,死亡对于个别人来说是偶然的不幸事件,但是经过对某一地区人的各年龄段死亡率的长期观察统计,就可以准确地编制出该地区的生命表,从而可测算出各个年龄段的人的死亡率。风险的可测性奠定了保险费率厘定的基础。

(六)变化性

风险的变化性也称为风险的发展性。世界上任何事物都处于运动与变化之中,这些变化必然会引起风险的变化。在人类社会进步和发展的同时也伴随着风险的发展和创造,尤其是当代高新科学技术的发展和应用,使风险的发展变化更为突出。风险的性质、种类、发生的概率和损失程度等都会随着外界的变化而变化。这也是保险不断创新的基础。

任务二 风险要素

风险是由多种要素构成的,这些要素相互作用,共同决定了风险的存在、发生和发展。

一般认为，风险的构成要素包括风险因素、风险事故和损失。

（一）风险因素

风险因素是指引起或增加风险事故发生的机会或扩大损失幅度的原因和条件。它是风险事故发生的潜在原因，是造成损失的内在的或间接的原因。风险因素根据性质通常分为实质（有形）风险因素、道德风险因素和心理风险因素三种类型。其中道德和心理风险因素均与人的行为有关，可合并称为无形风险因素或人为风险因素。

1. 有形风险因素

有形风险因素也称实质风险因素，是指某一标的本身所具有的足以引起风险事故发生或增加损失机会或加重损失程度的因素。如一个人的身体健康状况；某一建筑物所处的地理位置、所使用的建筑材料的性质等；某一类汽车的刹车系统的可靠性；地壳的异常变化、恶劣的气候、疾病传染等都属于实质风险因素。人类对于这类风险因素，有些可以在一定程度上加以控制，有些在一定时期内还是无能为力的。在保险实务中，由实质风险因素所引起的损失风险，大多属于保险责任范围。

2. 无形风险因素

无形风险因素是与人的心理或行为有关的风险因素，通常包括道德风险因素和心理风险因素。其中，道德风险因素是指与人的品德修养有关的无形因素，即由于人们不诚实、不正直或有不轨企图，故意促使风险事故发生，以致引起财产损失和人身伤亡的因素。如投保人或被保险人的欺诈、纵火行为等都属于道德风险因素。在保险业务中，保险人对因投保人或被保险人的道德风险因素所引起的经济损失，不承担赔偿或给付责任。心理风险因素是与人的心理状态有关的无形因素，即由于人们疏忽或过失以及主观上不注意、不关心、心存侥幸，以致增加风险事故发生的机会和加大损失的严重性的因素。例如，企业或个人投保财产保险后产生了放松对财物安全管理的思想，如产生物品乱堆乱放，吸烟后随意抛弃烟蒂等的心理或行为，都属于心理风险因素。由于道德风险因素和心理风险因素均与人密切相关，因此，这两类风险因素合并称为人为风险因素。

（二）风险事故

风险事故是指造成生命财产损失的偶发事件，是造成损失的直接的或外在的原因，是损失的媒介物，即风险只有通过风险事故的发生，才能导致损失。例如，汽车刹车失灵酿成车祸而导致车毁人亡，其中刹车失灵是风险因素，车祸是风险事故。如果仅有刹车失灵而无车祸，就不会造成人员伤亡。如果说风险因素还只是损失发生的一种可能性，那么，风险事故则意味着风险的可能性转化为现实性，即风险的发生。因而，它是直接引起损失后果的意外事件。一般而言，风险事故发生的根源主要有三种：自然现象，如地震、台风、洪水等；社会经济的变动，如社会动乱、汇率的变动等；人或物本身所引起的，如疾病、设备故障等。

一般而言，风险因素是促成风险转化为风险事故的原因或条件，但是对于某一事件，在一定条件下，可能是造成损失的直接原因，则它成为风险事故；而在其他条件下，可能是造成损失的间接原因，则它便成为风险因素。如下冰雹使得路滑而发生车祸，造成人员伤亡，这时冰雹是风险因素，车祸是风险事故。若冰雹直接击伤行人，则它是风险事故。

从风险因素和风险事故间的关系来看，风险因素只是风险事故产生并造成损失的可能性或使之增加的条件，它并不直接导致损失，只有通过风险事故这个媒介才产生损失，也可以说风险因素是产生损失的内在条件，而风险事故是外在条件。

（三）损失

在风险管理中，损失是指非故意的、非预期的和非计划的经济价值的减少。显然，风险管理中的损失包括两方面的条件：一为非故意的、非预期的和非计划的观念，如恶意行为、折旧、发生火灾后放任火灾蔓延所导致的损失则分别属于故意的、计划的、可预期的，因而不能称为损失；二为经济价值的观念，即损失必须能以货币来衡量。二者缺一不可。如记忆力的衰退、感情损失等就不包括在内。但是，车祸使受害者丧失一条腿，便认为是损失，因为首先车祸的发生满足第一个条件，而人的腿虽不能以经济价值来衡量，即不能以货币来衡量，但丧失腿后所需的医疗费和因残废而导致的收入的减少是可以用金钱来衡量的，所以车祸的结果也满足第二个条件。

在保险实务中，通常将损失分为两种形态，即直接损失和间接损失。直接损失是指风险事故导致的财产本身损失和人身伤害，这类损失又可称为实质损失；间接损失则是指由直接损失引起的其他损失，包括额外费用损失、收入损失和责任损失等。在有些情况下，间接损失的金额很大，有时甚至超过直接损失。在风险管理中，通常将损失分为四类：即实质损失、额外费用损失、收入损失和责任损失。

（四）风险因素、风险事故与损失之间的关系

风险因素、风险事故与损失三者之间的关系可以概括为：风险因素引起风险事故，风险事故导致风险损失，这便构成完整的风险的概念。如果将这种关系连接起来，便得到对风险的直观解释，如图1-2所示。

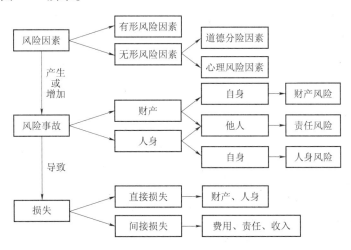

图1-2 风险因素、风险事故与损失之间的关系

任务三 风险分类

在日常生活或者生产中，人们面对的风险是形形色色多种多样的，为了便于防范和控制风险，有必要对风险进行分类。风险分类的标准很多，本教材采取常用的六种分类标准。

一、按风险产生的原因分类（见表1-3）

表1-3　按风险产生的原因分类

序号	风险	含义解释
1	自然风险	指地震、火灾、水灾等自然界不规则的变化使社会生产、生活遭受损失的风险
2	社会风险	指个人或单位导致社会生产、生活损失的风险
3	政治风险	指对外投资、贸易过程中，因政治原因或双方订约无法履行导致债权人的经济损失的风险
4	经济风险	指生产、销售等经营活动受到市场供求、贸易环境、经营决策等的影响出现经营亏损的风险
5	技术风险	指核辐射等科学技术的发展、生产方式的改变导致人们的生产、生活遭受损失的风险

二、按风险标的分类（见表1-4）

表1-4　按风险标的分类

序号	风险	含义解释
1	财产风险	指导致财产的损毁、贬值和经济上的损失的风险【直接、间接财产损失】
2	人身风险	指导致人的死亡、残疾、丧失劳动能力及增加医疗费的风险
3	责任风险	指个人或单位的过失行为造成其他人伤亡、财产损失，依法承担民事、法律责任的风险【民事损害赔偿责任】
4	信用风险	指经济贸易中的权利人和义务人之间由于一方违约、违法导致对方经济损失的风险【出口贸易、出口国违约、违法等行为导致的风险】

三、按风险性质分类（见表1-5）

表1-5　按风险性质分类

序号	风险	含义解释
1	纯粹风险	指只有损失机会、无获利可能的风险
2	投机风险	指既有损失机会、又有获利可能的风险【三种投机风险（1）没有损失；（2）损失；（3）赢利】

四、按风险产生的社会环境分类（见表1-6）

表1-6 按风险产生的社会环境分类

序号	风险	含义解释
1	静态风险	指自然风险，人们过失行为导致损失的风险
2	动态风险	指社会经济、政治、技术以及组织等发生变动导致伤害、损失的风险【人口增长、资本增加、生产技术改进、消费者爱好改变】

五、产生风险的行为分类（见表1-7）

表1-7 按产生风险的行为分类

序号	风险	含义解释
1	基本风险	指非个人行为引起的风险
2	特定风险	指个人行为引起的风险

六、按风险造成的损失程度分类（见表1-8）

表1-8 按风险造成的损失程度分类

序号	风险	含义解释
1	巨灾风险	指风险事故发生殃及的范围巨大的风险
2	巨额风险	指标的物价值巨大，一旦该标的遭灾受损，损失金额也巨大的风险

虽然风险分类的方法很多，但是按不同标的对风险进行分类后，各种风险相互间是有联系的。正是由于各类风险的交叉多变，才为保险业发展提供了必要的前提条件。各种风险之间的联系如图1-3所示。

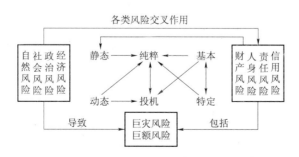

图1-3 各种风险之间的联系

任务四 风险管理

一、风险管理的含义

风险管理是指各经济单位通过对风险的识别、衡量、分析,并选择适当的风险处理技术,期望达到以最小的成本获得最大的安全保障的管理活动。风险管理的概念,包含了下面几个层面的意思:

(1) 风险管理的主体是各种经济单位,个人、家庭、企业以及其他法人团体都可以看做是独立的经济单位;

(2) 风险管理的过程是对风险处理技术的选择和实施过程;

(3) 风险管理的最终目标是以尽可能小的成本换取最大的安全保障和经济利益。

> **阅读资料**
>
> **风险管理的产生和发展**
>
> 风险管理作为一种处理风险的活动,自古以来就在发挥作用,只不过采取的形式不同而已。在风险管理演变过程中,最具影响的风险管理形式是企业向保险公司购买保险,即大多数现付风险管理形式就是从购买保险实践中发展而来的。
>
> 1960年之后,国际上一些较大的组织开始减少对购买保险这一传统的风险管理形式的依赖,在自我承担风险的同时,积极、主动地实施一些有效的防范措施,这使风险管理的功能得以扩展;到了20世纪70年代中期,风险管理开始进入了"国际化阶段"(又称"全球化阶段"),这一时期出现了一些全球性的风险管理联合体,使风险管理获得了更广泛的承认,业务趋于复杂化,尤其是对风险投资行为的特别关注成为这一时期的特色;20世纪90年代,风险管理继续发生变革,突出的变化是购买保险开始与其他风险管理组织行为相融合,如安全工程、法律风险管理、信息系统安全等;进入21世纪,巨灾风险事故频发,使许多国家政府介入了风险管理领域,而近年来区域性甚至国际性的巨灾风险事故频发又促使很多国际性机构、组织、保险公司间更加紧密地联合,共同建立巨灾信息的支持体系和重大危机、公共突发事件的预警和应急处理机制。这一不断发展变化的演变过程使风险管理的含义和内容越来越丰富。

二、风险管理的程序

风险管理的基本程序分为风险识别、风险估测、风险评价、选择风险管理技术和评估风险管理效果五个环节。

(一) 风险识别

风险识别是风险管理的第一步,它是指对企业、家庭或个人面临的现实的和潜在的风险加以判断、归类和对风险性质进行鉴定的过程。即对尚未发生的、潜在的和客观存在的各种风险,系统地、连续地进行识别和归类,并分析产生风险事故的原因。存在于企业、家庭或个人周围的风险多种多样、错综复杂,有潜在的,也有实际存在的;有静态的,也有动态的;有内部的,也有外部的。所有这些风险在一定时期和某一特定条件下是否客观存在,存在的条件是什么,以及损害发生的可能性等,都是风险识别阶段应予以解决的问题。

（二）风险估测

风险估测是在风险识别的基础上，通过对所收集的大量资料进行分析，利用概率统计理论，估计和预测风险发生的概率和损失程度。风险估测主要包括损失概率的估测和损失程度即损失金额、损失期望值、损失幅度等的估测。风险估测不仅使风险管理建立在科学的基础上，而且使风险分析定量化，为风险管理者进行风险决策、选择最佳管理技术提供了可靠的科学依据。

（三）风险评价

风险评价是指在风险识别和风险估测的基础上，对风险发生的概率、损失程度，结合其他因素进行全面考虑，评估发生风险的可能性及其危害程度，并与公认的安全指标相比较，以衡量风险的程度，并决定是否需要采取相应的措施。处理风险，需要一定费用，费用与风险损失之间的比例关系直接影响风险管理的效益。通过对风险的定性、定量分析和比较处理风险所支出的费用，来确定风险是否需要处理和处理的程度，以判定为处理风险所支出的费用是否有效益。

（四）选择风险管理技术

根据风险评价结果，为实现风险管理目标，选择最佳风险管理技术是风险管理中最为重要的环节。风险管理技术分为控制型和财务型两大类。前者的目的是降低损失频率和缩小损失范围，重点在于改变引起意外事故和扩大损失的各种条件；后者的目的是以提供资金的方式，对无法控制的风险做财务上的安排。

（五）评估风险管理效果

评估风险管理效果是指对风险管理技术适用性及收益性情况的分析、检查、修正和评估。风险管理效益的大小，取决于是否能以最小风险成本取得最大安全保障，同时，在实务中还要考虑风险管理与整体管理目标是否一致，是否具有具体实施的可行性、可操作性和有效性。风险处理对策是否最佳，可通过评估风险管理的效益来判断。

三、风险管理的方法

风险管理的方法即风险管理的技术，可分为控制型和财务型两大类。

（一）控制型风险管理技术

控制型风险管理技术的实质是在风险分析的基础上，针对风险主体所存在的风险因素采取控制技术降低风险事故发生频率和减轻损失程度，重点在于改变引起自然灾害、意外事故和扩大损失的各种条件。控制型风险管理技术主要包括下列方法：

1. 避免

避免是指设法回避损失发生的可能性，即从根本上消除特定的风险单位和中途放弃某些既存的风险单位，采取主动放弃或改变该项活动的方式。风险单位是指发生一次风险事故可能造成的损失的范围。避免风险的方法一般在某特定风险所致损失频率和损失程度相当高或处理风险的成本大于其产生的效益时采用，它是一种最彻底、最简单的方法，但也是一种消极的方法。

2. 预防

损失预防是指在风险事故发生前，为了消除或减少可能引起损失的各种因素而采取的处理风险的具体措施，其目的在于通过消除或减少风险因素而降低损失发生的频率。这是事前的措施，即所谓"防患于未然"。如定期体检，虽不能消除癌症的风险，但可得到医生的劝告或及早防治，因而可以减少癌症发病的机会或减轻其严重程度。

3. 抑制

损失抑制是指在损失发生时或损失发生之后为降低损失程度而采取的各项措施,它是处理风险的有效技术。如安装自动喷淋设备以抑制火灾事故等。

(二) 财务型风险管理技术

由于受多种因素制约,人们对风险的预测无法绝对准确和精确,而防范风险的措施也都具有一定的局限性,因而某些风险事故发生而导致损失的后果是不可避免的。财务型风险管理技术是以提供基金的方式,降低发生损失的成本,即通过事故发生前的财务安排,来解除事故发生后给人们造成的经济困难和精神忧虑,为恢复企业生产,维持家庭正常生活等提供财务支持。财务型风险管理技术主要包括以下方法:

1. 自留风险

自留风险是指对风险的自我承担,即风险主体自我承受风险损害后果的方法。自留风险有主动自留和被动自留之分。通常在风险所致损失频率和程度低、损失在短期内可以预测以及最大损失不影响风险主体财务稳定时采用自留风险的方法。自留风险的成本低,方便有效,可减少潜在损失,节省费用。但自留风险有时会因风险单位数量的限制或自我承受能力的限制,而无法实现其处理风险的效果,导致财务安排上的困难而失去作用。

2. 转移风险

转移风险是指一些单位或个人为避免承担损失,而有意识地将损失或与损失有关的财务后果转嫁给另一些单位或个人去承担的一种风险管理方式。转移风险又有财务型非保险转移和财务型保险转移两种方法。

(1) 财务型非保险转移风险。财务型非保险转移风险是指单位或个人通过经济合同,将损失或与损失有关的财务后果,转移给另一些单位或个人去承担,如保证互助、基金制度等;或人们可以利用合同的方式,将可能发生的、不定事件的任何损失责任,从合同一方当事人转移给另一方,如销售、建筑、运输合同和其他类似合同的免责规定和赔偿条款等。

(2) 财务型保险转移风险。财务型保险转移风险是指单位或个人通过订立保险合同,将其面临的财产风险、人身风险和责任风险等转嫁给保险人的一种风险管理技术。投保人交纳保费,将风险转嫁给保险人,保险人则在合同规定的责任范围内承担补偿或给付责任。保险作为风险转移方式之一,有很多优越之处,是进行风险管理最有效的方法之一。

综上所述,风险管理的方法有很多种,但是不同的风险管理方法具有不同的特点,发挥不同的作用。在面对不同的风险时,根据风险的特性和风险管理的特点选择不同的风险管理技术。选择方法如图1-4所示。

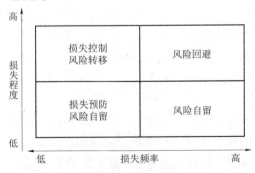

图1-4 风险处理方法选择方案

任务五　可保风险

一、风险管理与保险的关系

（1）保险与风险管理同以风险为管理对象，但风险管理的对象在性质、范围、阶段上包含保险的对象。首先，保险仅以在其技术条件下可以承保的风险为管理对象，风险管理只要是风险就得面对，并制定出管理计划与方法。保险是灾害事故发生后对受损标的予以补偿给付，而且是经济上的补救；风险管理则对管理标的进行全过程的控制管理，含预防保护、控制救助与各种形式的补救（包括物质的、资金的乃至精神的）。由此可见，风险管理可以包含保险，保险是风险管理程序中的一个阶段的处理，是对所有标的中一部分标的的管理，是对所有风险中的有限风险予以管理的制度。

（2）保险是风险管理的传统有效措施。保险是风险管理的方法之一。从风险的特点和风险管理的方法看，风险不可能全然消除，因而必须设法在事发之后谋求一些补救措施，挽回毁损的物质财富，恢复中断的经济活动。保险长期以来被人们视为处理风险的重要有效手段。因为就被保险人而言，保险是风险的转移，他们把不能自行承担的集中风险转嫁给保险人，以小额的固定支出换取对巨额风险的经济保障；而就保险人而言，保险则是风险的承担，保险人在经营过程中运用风险分散原理，直接或间接地执行着预防与抑制的功能，从而达到减免损失发生的机会，减轻损失的程度，因而保险就成为风险管理的传统有效措施。

（3）保险经营效益要受风险管理技术的制约。保险经营效益受多种因素的制约，而风险管理技术对保险经营效益产生的影响不容忽视。例如，对风险识别是否全面，对风险损失的频率和造成损失的幅度估测是否准确，哪些风险可以接受承保，哪些风险不可以承保，保险的范围应有多大，程度应如何，保险的成本与效益的比较等，都制约着保险的经营效益。

二、可保风险及其条件

（一）可保风险的含义

虽然风险是保险产生和发展的前提，虽然保险是风险管理的最有效手段之一，但是并不是所有的风险都可以由保险公司承保，因为不是所有的风险都适合用保险的方式来管理。保险公司只承保可保风险。

可保风险是指可以通过保险方式转移的风险，即符合保险人承保条件的风险。

（二）可保风险的条件

1. 风险应当是纯粹风险

即风险一旦发生成为现实的风险事故，只有损失的机会，而无获利的可能。这是因为承保投机风险会使整个社会失去发展的动力，承保投机风险使被保险人因投保而获得额外收益，违反了保险的原则。

2. 风险应当使大量标的均有遭受损失的可能性

这是因为风险发生的概率和损失率是保险人计算保险费率的依据。计算风险发生的概率和损失率需要搜集大量的同质风险损失资料并进行统计分析。数量的充足程度关系到实际损失与预期损失的偏离程度，影响保险经营的稳定性。某一风险损失的发生具有普遍性，才能产生大量的共同转移风险的保险需求，形成一定规模，才能将某一风险损失的不确定性在同质风险的总体样本中进行分散。由此测算出的保险费，既能使投保人有支付能力，又能满足保险人建立充足的保险基金的要求。若风险事故很少发生，其资料也很少，没有大量的风险数据作基础就难以确定保险费率，精确度也就难以保证。此时会有两种情况：一是保险费率定得太高，被保险人无力支付；二是保险费率过低，保险人无偿付能力。显然这是不科学的。

3. 风险应当有导致重大损失的可能

风险的发生应当有导致重大损失的可能性，这种损失是被保险人不愿承担的，因此才会产生投保的欲望。如果损失很轻微，完全可以通过其他的方式进行处理，无参加保险的必要。此外，保险费不仅包含损失成本，而且包括保险人经营的费用成本。因而对被保险人来讲，将轻微的损失通过保险转嫁给保险人在经济上是非常不合算的。

4. 风险不能使大多数的保险标的同时遭受损失

这一条件要求损失的发生具有分散性。因为保险的目的，是以多数人支付的小额保费，赔付少数人遭遇的大额损失。如果大多数保险标的同时遭受重大损失，则保险人通过向投保人收取保险费所建立起的保险资金根本无法抵消损失。然而，在保险实践中，有些可保风险可能并不完全满足上述条件，如洪水、地震等巨灾往往导致多数保险标的同时遭受重大损失，因此保险人在承保时力求将风险单位分散，这不仅可以避免大多数保险标的同时遭受重大损失，而且可以保证预期的损失与实际的损失相一致，保证保险公司的经营稳定性。在保险经营中，通过再保险的方式转嫁一部分风险责任，也能达到力求风险单位分散的目的。

5. 风险必须具有现实的可测性

在保险经营中，保险人必须制定出准确的保险费率，而保险费率的计算依据是风险发生的概率及其所致保险标的损失的概率。这就要求风险具有可测性。如果风险发生概率及其所致的损失无法测定，保险人也就无法制定可靠稳定的保险费率，也难于进行科学经营，这将使保险人面临很大的经营风险。因此，如果风险缺乏现实可测性，一般不能成为可保风险。

注意：可保风险是相对概念，而不是绝对概念。随着社会经济的发展，保险业的不断改革完善，可保风险的某些条件可能会放宽，标准也会不断降低。例如，对于精神伤害，由于其不能用货币来衡量，不具有现实的可测性，因而排除在可保风险的条件之外，但现在很多国家的保险公司已经将其考虑在保险责任范围中了；再比如巨灾风险，过去是不可保的，而现在由于出现再保险而变得可保了。因此，可以说可保风险的条件是在不断发展变化的。

阅读材料　　　　**美亚保险推出恐怖袭击财产保险**

近期，美亚财产保险有限公司正式发布"中国企业海外工程风险解决方案"。记者注意到，"恐怖袭击财产保险"在保障条款中出现。

美亚保险"中国企业海外工程风险解决方案"主要涵盖海外工程项目的财产风险、责任风险、货运风险、人员意外及安全风险及保函，可以扩展承保预期利润损失风险，另可提供"恐怖袭击财产保险"等特殊险种，以及"战争风险引发的人身意外伤亡"。

据商务部对外工程承包商会的统计数据，2010年，我国对外承包工程业务完成营业额1 262亿美元，同比增长44%。其中，亚、非地区工程合同金额占比在八成以上。海外工程项目建设工期长、所在地分布分散，其包含各类可控及不可控风险。保险专家认为，通过保险安排能最终实现降低工程项目中单位个体的风险，使企业更专注于项目建设。

资料来源：中国日报网 2011年9月8日

本项目小结

风险是保险产生与发展的基础。风险有多种定义,保险学界通常将风险定义为损失的不确定性。风险由风险因素、风险事故和损失三个要素构成。风险的特征有:客观性、普遍性、社会性、不确定性、可测性和发展性。

风险有多种分类方法,常见的有:按照风险的性质,可分为纯粹风险和投机风险;按照产生的环境,可分为静态风险和动态风险;按照风险的对象,可分为财产风险、人身风险、责任风险和信用风险;按照风险影响的范围对象,可分为基本风险和特定风险;按照风险发生的原因,可分为自然风险、社会风险、经济风险和政治风险。

风险管理是各经济单位通过对风险的识别、估测、评价,并选择适当的风险处理技术,对风险实施有效控制和妥善处理风险所引起的损失的一项重要管理活动。风险管理的程序包括设定目标、风险识别、风险衡量、选择风险处理方法以及风险处理计划的执行和检查等步骤。风险处理方式有很多种,包括控制型风险管理技术和财务型风险管理技术。

保险与风险管理之间有着密切的关系,风险是保险成立发展的基础,保险是风险管理的最佳措施之一,保险经营的效益受风险管理技术的制约。

保险并非无险不保,作为理想的可保风险,必须具备纯粹风险,偶然性和意外性风险,风险载体是大量独立的同质风险,风险具有现实可测性,风险损失的程度不宜偏大或偏小等若干条件。

项目案例

有一次,小宇驾车和电动单车发生剐蹭,保险公司为两扇车门几道浅浅的划痕赔付了800多元的喷漆费用。这800多元的赔偿是怎样得到的呢?原来,小宇找到一家汽修店进行喷漆维修,修理工一会工夫将划痕就修理好啦,花费也不多。最后,小宇要求修理工开了一张800多元的维修发票。小宇拿着这张发票,到保险公司顺利领到赔款。

经过这件事情,小宇觉得,保险赔款竟然来得如此容易,于是自导自演了几次"车祸"现场,自己用树枝把车身油漆刮出几道划痕,然后报保险骗取喷漆维修费用。"前后试了3次,翼子板、保险杠等地方都试过,保险公司的定损员还真看不出,最终我花几十元进行漆面抛光磨掉划痕,得到四五百元的赔款。"小宇说。

不过聪明反被聪明误。原来,随着保险期限到期,续保的时候,保险公司一查出险记录,在一年保险期限里,小宇的车损划痕险赔付到了最高限值,且出险次数达到7次,属于被上浮30%保险费率的对象。这原价5 000多元的保费,一下子要飙升到6 500多元。

试分析案例中涉及的保险问题。

项目二 保险概述

设想这样一个场景,假定周末小王在博物馆参观学习,这时有人通知他,他家附近的加油站着火,火势已经蔓延到他家,房屋被烧毁,个人资料、珍贵书籍、家具、衣服、存折一时间统统没有了。他该怎么办,住哪,日常最基本的生活支出要如何负担?这时候如果你有一份保险,这份保险可能会帮你承担一些经济损失。当然,心灵上的创伤难以弥补,也许需要时间来治愈。在这部分我们将主要讨论如下几个问题：保险是什么，它成立和运行的要素是什么，有哪些本质和特征，保险与相关经济行为有哪些区别和联系，它有什么职能和作用，在宏观和微观经济中是如何发挥作用的，参照不同的标准，保险如何分类，保险发展主要经历了哪些阶段，等等。

任务一 保险的含义、运行要素、特征、职能

一、保险的含义

在保险不断发展的过程中，不同的学者从不同的角度对保险进行了不同层面的阐释，形成了不同的观点和学说，归纳起来主要有三种：损失说、非损失说、二元说。结合有关保险学说和保险性质的一些分析，本教材引入一种常见的定义，所谓保险是指保险人通过收取保险费的形式建立保险基金，用于补偿因自然灾害和意外事故所造成的经济损失或在人身保险事故（包括因死亡、疾病、伤残、年老、失业等）发生时给付保险金的一种经济补偿制度。

2009年2月28日经全国人大修订并于2009年10月1日开始实施的《中华人民共和国保险法》（以下简称新《保险法》）第二条规定："保险，是指投保人根据合同约定，向保险人支付保险费，保险人对于合同约定的可能发生的事故因其发生所造成的财产损失承担赔偿保险金责任，或者当被保险人死亡、伤残、疾病或者达到合同约定的年龄、期限等条件时承担给付保险金责任的商业保险行为。"这条规定是从商业的角度对保险赋予了法律上的定义。

综合上述定义，我们可以从以下几个方面来理解保险：

（1）从风险管理的角度看，保险是风险管理的一种方法。保险是以风险客观存在为其自然基础而产生的一种活动，可以说无风险则无保险。风险不以人们的意志为转移，时时处处威胁着人的生命和财产的安全，保险是风险转移的一种特殊形式。通过保险，单位、家庭和个人将其面临的各种风险及损失后果在所有参加保险的被保险人的范围内分散和转嫁，以小额的固定的保险费用应对不确定的、可能发生的巨额风险损失。

（2）从经济的角度看，保险是一种经济行为。现代保险行为是商品经济发展到一定阶段的产物，是建立在等价交换基础上的一种经济行为。一方面，风险的客观存在使得与标的物有利害关系的社会主体渴望获得保障，希望在遭受损失后能够获得经济补偿，于是愿意支付一个固定的小于未来损失估计的成本（保费）去换取一旦发生损失时相应的经济补偿。另一方面，保险人通过科学的特殊的技术手段应用（概率论中的大数法则）将大量的面临同种风险的单位和个人集中起来收取保费，在保证被保险人所支付的保费与其取得的保障程度相一致的前提下，即等价交换的意义下，保费汇聚形成保险基金，用于承担少数被保险人发生危险事故时的经济补偿责任。从经济角度看，保险为人们现实生活中的面临的风险提供了经济保障，是分摊意外事故损失的一种财务安排，发挥了国民收入再分配的作用。

（3）从法律的角度看，保险行为是一种合同行为。保险的经济补偿关系是通过双方当事人的契约行为实现的。即投保人和保险人是在法律地位平等的基础上，通过签订保险合同来明确双方的权利和义务，投保人有义务向保险人支付保费，并履行合同约定的其他义务，才有权利在合同约定的事故引起的损失向保险人请求补偿；保险人有权利向投保人收取保费，并相应的在约定的事故引起的损失向被保险人履行经济补偿的义务。这种基于保险合同

而产生的权利和义务的关系正是保险行为法律关系的体现。

第四,从社会角度看,保险是社会经济保障制度的重要组成部分,是社会生活和生产正常运转的稳定器。保险的社会属性是多数单位或个人为了保障其经济生活的安定,在参与平均分担少数成员因偶发的特定危险事故所致损失的补偿过程中形成的互助共济价值形式的分配关系。这种分配关系从整体上提高了单位和个人对风险事故的承受能力,有助于整个社会经济生活的正常运转和稳定运行,因而有"社会稳定器"之称。

阅读材料

保险学说

(一)损失说

损失说又称损害说,是从保险产生的最初目的出发,以损失作为保险概念的核心来阐述保险机制特征,它强调没有损失就没有保险,主要分为损失赔偿说、损失分担说和风险转移说。

1. 损失赔偿说

该学说的代表为英国的马歇尔(S. Marshall)和德国的马休斯(E. A. Masius)。马歇尔认为,保险是当事人的一方收受商定的金额,对于对方所受的损失或者发生的危险予以补偿的合同。该学说从合同的角度定义保险。但是保险与合同是两个不同的概念,保险是经济范畴,是经济关系在理论上的抽象,而合同是法律行为,是经济关系的实现方式,简言之,即保险合同仅仅是保险行为的一种实现形式或者依赖手段,将二者完全等同起来不够准确。再者损失补偿是保险的一个重要功能,但将保险只看做补偿损失的需要就难免失之偏颇,就财产保险来讲,这种说法是正确,但对于储蓄性的人身保险和养老保险,用损失赔偿就难以解释了,不得不说这是该学说的一大缺陷。

2. 损失分担说

该学说的代表是德国的华格纳(A. Wagner)。他承认保险是一种损失赔偿,但他更看重损失背后反映的多数人互助合作共同分摊损失这一事实,是从经济学的角度指出保险是处于同一危险的多数被保险人共同分担个别遭受风险事故的被保险人的损失的一种相互关系。此种观点被后来的很多学者接纳,均认为分担损失是保险的基本职能。然而,分担损失是否完全揭示了保险的本质属性呢?众多的保险学者提出了质疑,特别是华格纳强调该学说适用于任何组织、任何险种、任何部门的保险,将"自保"也纳入了保险的范畴,这种观点遭到了众多保险学者的排斥。

3. 风险转移说

该学说从风险管理的角度阐述保险,其代表人物是美国的魏兰托(A. H. Willet)和修伯纳(A. Xiubna)。他们认为,损失赔偿是通过众多的人把风险转嫁给保险公司实现的,强调了保险组织的重要性,即认为保险是一种转移风险的方法机制。但这种学说也是强调损失是保险的基础,同样不能很好地解释人身保险。

(二)非损失说

保险非损失说认为损失说不能全面概括保险的属性,特别是损失说不能很好地涵盖人身保险,应摆脱损失的概念,换其他的角度寻找能够全面统一解释保险概念的理论学说。非损失理论的代表学说主要包括技术说、欲望满足说、相互金融机构说。

1. 技术说

该学说的主要代表人物是意大利的费方德（C. Vivate）。这种学说强调了保险的数理基础，从而避开了"保险是否是以损失赔偿为目的"的理论解释，但是由于重视技术特性的结果，而忽视了保险的经济价值和职能，具有很大的片面性。

2. 欲望满足说

欲望满足说又称需要说，这一流派的代表是意大利的戈比（U. Gobi）。该学说用满足代替补偿，以需要代替损失，虽然避开了损失的观点，但未能把欲望和保障加以区别，定义不甚明确。

3. 相互金融机构说

主张该学说的是日本的米谷隆三。他把保险视作互相合作基础上的金融机构，同银行一样具有融通资金的功能。保险公司是金融机构，是一种中介组织，而保险是经济范畴，是经济关系在理论上的抽象，将两者等同起来欠妥，而且保险行为中的保险费支出和保险金的赔付均不含有金融的特性，不能把保险等同于金融。

（三）二元说

该学说具有较强的实践指导意义，比较流行于各国保险法学家之间，对各国的保险法产生了广泛而深远的影响。但揭其本质，二元说也是从法律层面诠释保险，而非经济范畴给保险定义，而且没有把人身保险和财产保险的本质有机结合起来。

二、保险的运行要素

现代商业保险的运行要素主要包括五个方面的内容。

（一）可保风险的存在

可保风险是指符合保险人承保条件的特定风险。一般来讲，可保风险应具备本教材上一部分所讲到的五个条件：风险应当是纯粹风险，风险应当使大量标的均有遭受损失的可能性，风险应当有导致重大损失的可能，风险不能使大多数的保险标的同时遭受损失，风险必须具有现实的可测性。实务中还要考虑其他因素的影响。

（二）大量同质风险的集合与分散

保险的过程，既是风险的集合过程，又是风险的分散过程。保险风险的集合与分散应具备两个前提条件。

（1）风险的大量性。风险的大量性一方面是基于风险分散的技术要求；另一方面也是概率论和大数法则的原理在保险经营中得以运用的条件。根据概率论和大数法则的数理原理，集合的风险标的越多，风险就越分散，损失发生的概率也就越有规律性和相对稳定性，依此厘定的保险费率也更为准确合理，收取保险费的金额也就越接近于实际损失额和赔付额。

（2）风险的同质性。所谓同质风险是指风险单位在种类、品质、性能、价值等方面大体相近。如果风险为不同质的风险，那么损失发生的概率就不相同，风险也就无法进行统一集合与分散。此外，不同质的风险，损失发生的频率与幅度是有差异的，倘若进行集合与分散，则会导致保险财务的不稳定。

（三）保险费率的厘定

保险在形式上是一种经济保障活动，而实质上是一种特殊商品的交换行为，因此，制定保险商品的价格，即厘定保险费率，便构成了保险的基本要素。但是，保险商品是一种无形商品，其交换行为具有特殊性。为保证保险双方当事人的利益，保险费率的厘定要遵循公平性原则和合理性原则、适度性原则和稳定性原则、弹性原则。为防止各保险公司间保险费率的恶性竞争，一些国家对保险费率的厘定方式作出了具体规定。《保险法》第一百三十六条规定："关系社会公众利益的保险险种、依法实行强制保险的险种和新开发的人寿保险险种等的保险条款和保险费率，应当报保险监督管理机构审批。""其他保险险种的保险条款和保险费率，应当报保险监督管理机构备案。"《保险公司管理规定》第七十六条规定："保险行业协会可以根据实际情况，公布指导性保险费率。"

（四）保险准备金的建立

保险准备金是指保险人为保证其如约履行保险赔偿或给付义务，根据政府有关法律规定或业务特定需要，从保费收入或盈余中提取的与其所承担的保险责任相对应的一定数量的基金。为了保证保险公司的正常经营，保护被保险人的利益，各国一般都以保险立法的形式规定保险公司应提存保险准备金，以确保保险公司具备与其保险业务规模相应的偿付能力。《保险法》第九十八条规定："保险公司应当根据保障被保险人利益、保证偿付能力的原则，提取各项责任准备金。保险公司提取和结转责任准备金的具体办法由保险监督管理机构制定。"

（五）保险合同的订立

保险是投保人与保险人之间的商品交换关系，这种经济关系是通过保险合同订立确定的。保险是专门对意外事故和不确定事件的经济损失给予赔偿，风险是否发生、何时发生、造成的损失程度有多大，这些均具有不确定性，保险的这一特性要求保险人与投保人应在确定的法律或契约关系下履行各自的权利和义务。如果不具备在法律或合同上规定的各自的权利与义务，保险关系则难以成立。因此，订立保险合同是保险成立与运行的基本要素。

三、保险的特征

保险作为一种特殊商品，作为一种合同和经济行为，作为社会保障体系的重要组成部分，与储蓄、信贷、救济等行为都有很多相似的地方，但是保险也有其独特的特点，体现在以下五个方面：

（一）互助性

保险具有"一人为众，众为一人"的互助特性。保险分担了单位和个人所不能承担的风险，从而形成了一种经济互助关系。这种经济互助关系通过保险人用多数投保人交纳的保险费建立的保险基金对少数遭受损失的被保险人提供补偿或给付而得以体现。

（二）法律性

从法律角度看，保险双方的行为是种合同行为，是一方同意补偿另一方损失的一种合同安排，同意提供损失赔偿的一方是保险人，接受损失赔偿的一方是投保人或被保险人。

（三）经济性

保险是通过保险补偿或给付而实现的一种经济保障活动。其保障的对象的财产和人身都直接或间接属于社会再生产中的生产资料和劳动力两大经济要素；其实现保障的手段，大多最终都必须采取支付倾向的形式进行补偿或给付；其保障的根本目的，无论从宏观的角度，还是微观的角度,都是与社会经济发展相关的。

(四) 商品性

保险体现了一种对价交换的经济关系,也就是商品经济关系。这种商品经济关系直接表现为个别保险人与个别投保人之间的交换关系;间接表现为在一定时期内全部保险人与全部投保人之间的交换关系。

(五) 科学性

保险是处理风险的科学措施。现代保险经营以概率论和大数法则等科学的数理理论为基础,保险费率的厘定、保险准备金的提存等都是以科学的数理计算为依据的。

阅读材料   **保险与相似制度的比较**

(一) 保险与社会保险

社会保险是国家或政府通过立法形式,采取强制手段对全体公民或劳动者因遭遇年老、疾病、生育、伤残、失业和死亡等社会特定风险而暂时或永久失去劳动能力、失去生活来源或中断劳动收入时的基本生活需要提供经济保障的一种制度。其主要包括养老保险、医疗保险、失业保险和工伤保险。

这里,保险与社会保险的比较主要是对人身保险与社会保险的比较。

1. 人身保险与社会保险的共同点

(1) 同以风险的存在为前提。人身特有风险的客观存在,是人身保险存在与发展的自然前提;而人身风险的偶然性和不确定性,则导致了对人身风险保障的需求。对此,人身保险与社会保险并无区别。

(2) 同以社会再生产人的要素为对象。人身保险与社会保险的保险标的都是人的身体或寿命,只不过社会保险的标的是依法限定的,而人身保险的标的是以保险合同限定的。

(3) 同以概率论和大数法则为制定保险费率的数理基础。人身保险与社会保险都需要准确合理地厘定保险费率,因而编制和使用生命表对人身保险与社会保险都很重要。

(4) 同以建立保险基金(或叫"保险准备金")作为提供经济保障的物质基础。为了使被保险人在遭受人身风险事故后能获得及时可靠的经济保障,人身保险与社会保险都要将收取的保险费建立专门的保险基金,并按照基本相同的投资原则进行运用,以确保保险基金的保值增值,增强偿付能力。

2. 人身保险与社会保险的区别

(1) 经营主体不同。人身保险的经营主体必须是商业保险公司,对此各国保险法都有相应规定。《保险法》第六条规定:"保险业务由依照本法设立的保险公司以及法律、行政法规规定的其他保险组织经营,其他单位和个人不得经营保险业务。"而社会保险可以由政府或其设立的机构办理,也可以委托金融经营机构,如基金公司、银行和保险公司代管,社会保险带有行政性特色。在我国,经办社会保险的机构是由劳动和社会保障部授权的社会保险机构。

(2) 行为依据不同。人身保险是依合同实施的民事行为,保险关系的建立是以保险合同的形式体现的,保险双方当事人享受的权利和履行的义务也是以保险合同为依据的。而社会保险则是依法实施的政府行为,享受社会保险的保障是宪法赋予公民或劳动者的一项基本权利。为保证这一权利的实现，国家必须颁布社会保险的法规并强制实施。

（3）实施方式不同。人身保险合同的订立必须贯彻平等互利、协商一致、自愿订立的原则，除少数险种外，大多数险种在法律上没有强制实施的规定。而社会保险则具有强制实施的特点，凡是社会保险法律法规规定范围内的社会成员，必须一律参加，没有选择的余地，而且对无故拒交或迟交保险费的要征收滞纳金，甚至追究法律责任。

（4）适用的原则不同。人身保险是以合同体现双方当事人关系的，双方的权利与义务是对等的，即保险人承担赔偿和给付保险金的责任完全取决于投保人是否交纳保险费以及交纳的数额，也就是多投多保，少投少保，不投不保。因而，人身保险强调的是"个人公平"原则。而社会保险因其与政府的社会经济目标相联系，以贯彻国家的社会政策和劳动政策为宗旨，强调的是"社会公平"原则。投保人的交费水平与保障水平的联系并不紧密，为了体现政府的职责，不管投保人交费多少，给付标准原则上是统一的，甚至有些人可以免交保险费，但同样能获得社会保险的保障。

（5）保障功能不同。人身保险的保障目标是在保险金额限度内对保险事故所致损害进行保险金的给付。这一目标可以满足人们一生中生活消费的各个层次的需要，即生存、发展与享受都可以通过购买人身保险得到保障。而社会保险的保障目标是通过社会保险金的支付保障社会成员的基本生活需要，即生存需要，因而保障水平相对较低。

（6）保费负担不同。交付保险费是人身保险投保人应尽的基本义务，而且保险费中不仅仅包含死亡、伤残、疾病等费用，还包括了保险人的营业与管理费用，投保人必须全部承担。因而，人身保险的收费标准一般较高。而社会保险的保险费通常是个人、企业和政府三方共同负担的。至于各方的负担比例，则因项目不同、经济承担能力不同而各异。

（二）保险与救济

保险与救济同为帮助他人安定自身经济生活的一种方法。但是，两者的根本性质是不同的。

（1）提供保障的主体不同。保险保障是由商业保险公司提供的，是一种商业行为；救济包括民间救济和政府救济。民间救济由个人或单位提供，这类救济纯粹是一种施舍行为，一种慈善行为；而政府救济属于社会行为，通常被称为社会救济。

（2）提供保障的资金来源不同。保险保障以保险基金为基础，主要来源于投保人交纳的保险费，其形成也有科学的数理依据，而且国家对保险公司有最低偿付能力标准的规定。而民间救济的资金是救济方自己拥有的，因而救济资金的多少取决于救济方自身的财力。政府救济的资金则来源于国家财政，因而政府救济资金的多少取决于国家的财力。救济资金的来源限制了救济的时间、地区、范围和数量。

（3）提供保障的可靠性不同。保险以保险合同约束双方当事人的行为，任何一方违约都会受到惩罚，因而被保险方能得到及时可靠的保障；而民间救济则是一种单纯的临时性施舍，任何一方都不受法律约束。尤其对于救济人而言，其行为完全自由，是否救济、救济多少均由自己决定，因而被救济方所得到的保障只能是临时的、不稳定的，而且也是不可靠的。至于政府救济，虽然不是合同行为，但却受到法律的约束。政府不能任意决定是否救济、救济多少，因而政府救济是及时可靠的。

（4）提供的保障水平不同。保险保障的水平取决于保险双方当事人的权利和义务，即保险的补偿或给付水平要根据损失情况而定；同时，与投保人的交费水平直接相联系，因而能使被保险人的实际损失得到充分的保障。而救济是单方面的行为，救济者与被救济者之间不存在权利与义务的关系，民间救济更是一种单方的、无偿的授予行为。被救济方无须为获得救济而承担任何义务，因而救济的水平并不取决于被救济方的实际损失，而是取决于救济方的心愿和能力。至于政府救济，要依法实施，但一般救济标准很低，通常依当地的最低生活水平而定。

（三）保险与储蓄

保险与储蓄都是以现在的剩余资金做未来所需的准备，即同为"未雨绸缪"之计，因而都体现一种有备无患的思想，尤其是人身保险的生存保险及两全保险的生存部分，几乎与储蓄难以区分。但是，两者属于不同的经济范畴，有着明显的差异。

（1）消费者不同。保险的消费者必须符合保险人的承保条件，经过核保可能会有一些人被拒保或有条件地承保；储蓄的消费者可以是任何单位或个人，一般没有特殊条件的限制。

（2）技术要求不同。保险集合多数面临同质风险的单位和个人的风险而分摊少数单位和个人的损失，需要有特殊的分摊计算技术；而储蓄则总是使用本金加利息的公式，无须特殊的分摊计算技术。

（3）受益期限不同。保险由保险合同规定受益期限，只要在保险合同的有效期间，无论何时发生保险事故，被保险人均可以在预定的保险金额内得到保险赔付，其数额可能是其所交纳的保险费的几倍、几十倍甚至于几百倍；而储蓄则以本息返还为受益期限，只有达到了一定的期间，储户才能得到预期的利益，即储存的本金及利息。

（4）行为性质不同。保险用全部投保人交纳的保险费建立的保险基金对少数遭受损失的被保险人提供补偿或给付，是一种互助行为；而储蓄是个人留出一部分财产作准备，以应对将来的需要，无须求助他人，完全是一种自助行为。

（5）消费目的不同。保险消费的主要目的是应付各种风险事故造成的经济损失；而储蓄的主要目的是为了获得利息收入。

四、保险的职能

保险作为一种特殊的经济制度，有着独有的职能和作用，在社会生活和生产中发挥着不可或缺的影响力。

（一）保险保障功能

保障功能是保险的基本功能，也是核心功能。保险保障功能具体表现为财产保险的补偿功能和人身保险的给付功能。通过财产损失补偿使得已经存在的社会财富因灾害事故所致的实际损失在价值上得到了补偿，在使用价值上得以恢复，从而使社会再生产过程得以连续进行；人身保险的给付是在保险合同约定的保险事故发生或者约定的年龄到达或者约定的期限届满时，保险人按照约定进行的，能够使被保险人及其受益人在医疗救治、养老、儿童教育等方面得到及时的经济帮助。

阅读材料　　**2010年保险业重灾赔付5 520万**

中国保险业在2010年发生的青海玉树地震、舟曲泥石流、伊春空难、上海高层住宅火灾等四起重大灾害事故中共赔付5 520万元。

中国保监会昨日公布了上述灾害的理赔数据。

其中，玉树地震，截至目前共接报案148起，共支付赔款389.4万元。

舟曲泥石流灾害，甘肃省共有9家公司接到报案289件，共支付赔款1 770.8万元。未赔付案件主要存在两种情形：一是被保险人失踪，与受益人无法取得联系。二是被保险人忙于灾后恢复重建等事宜，保险公司主动联系多次，但目前投保人尚未提供相关索赔材料。

黑龙江伊春空难，目前确认机上96人中有73人在21家保险公司投保各类人身保险，共支付赔款2 455.7万元。

上海11·15特大火灾，截至目前，累计赔付904.1万元。

上述保险赔付共计5 520万元。此外，据保监会介绍，在理赔的同时，保险业广大员工还踊跃捐款，支援玉树地震和舟曲泥石流的抢险救灾工作，共向玉树灾区捐款6 748.9万元，向舟曲灾区捐款730多万元。两次灾害，保险业合计捐助金额达7 478.9万元。捐款数额远超赔付金额。

保监会表示，下一步，将加强与有关部门的沟通联系，充分利用保险公司在应急响应、灾情评估、灾害救助方面的技术和经验，依托保险机构网络优势和人、财、物的调动能力，增强防灾抗灾的社会力量，完善社会灾害事故防范救助体系，进一步提高全社会风险管理能力。

2011年03月02日01：51 来源：国际金融报作者：黄晶华

阅读资料

记者仝春建　来自保监会的统计数据显示，2010年，全国农业保险保费收入135.68亿元，较2009年同期增长1.89亿元。全年支付赔款100.69亿元，共有约2 100万户次的受灾农户得到保险补偿。其中，种植业保险赔款68.5亿元，森林保险赔款1.8亿元，养殖业保险赔款30.4亿元。2010年，农险覆盖农户1.4亿户次，共有约2 100万户次的受灾农户得到保险补偿。

2010年，全国种植业保险（不含森林保险）保费收入107.92亿元，同比增长10%，占比79.54%；森林保险保费收入3.31亿元，同比增长76%，占比2.44%；养殖业保费收入24.45亿元，同比减少27.85%，占比18.02%。养殖业中能繁母猪保险保费收入13.30亿元，同比减少42.52%，占比9.80%。2010年农险承保的主要粮油棉作物达到6.8亿亩，同比增加3%；承保森林4.8亿亩，同比增加68%；承保牲畜6.3亿头（羽、只），其中能繁母猪2 468万头。

根据资料分析，2010年我国农业保险发展主要呈现六大特点。

一是覆盖面积稳步扩大，功能作用充分发挥。以种植业保险为例，承保主要粮油棉作物约占全国播种面积的35%，全国水稻保险的平均承保覆盖率达到49%。在覆盖面不断扩大的同时，农业保险已成为农民灾后恢复生产和灾区重建的重要资金来源，保险业为2010年洪涝灾害累计支付赔款27亿元。

二是支持力度不断加大，承保品种不断增加。配合中央财政保费补贴政策，保险业新开展了马铃薯、青稞、牦牛、藏系羊、天然橡胶保险等试点。目前，开办险种已达14个，覆盖了所有粮食主产区，并按照中央关于"菜篮子"工程有关要求，开展了蔬菜保险试点。

三是农房保险取得突破，特色品种不断涌现。2010年，开办农房保险的省份已从最初的福建、浙江两省拓展至17个省，保险责任已扩展为基本涵盖了绝大部分自然灾害和意外事故。在地方政府支持下，保险业开发出了食用菌、水产养殖、林果、肉鹅、生姜等特色保险产品。

四是保障水平不断提高，基层政府负担逐步降低。油料作物保障从210元/亩增加到228元/亩。在不增加农民保费交费标准的前提下，基层市（县）配套补贴比例逐步降低，2010年，各级市（县）提供保费补贴16.64亿元，同比下降3.33%，有效减轻了基层特别是种粮大县的财政负担，提高了地方政府推动农业保险工作的积极性。

五是市场运作逐步规范，农民利益充分保护。2010年，保监会以规范市场行为、狠抓理赔时限和确保理赔到户为工作重点，切实做好农民利益保护工作。

六是市场主体不断增加，经营风险总体可控。农业保险经办主体从最初的6家增加到近20家，基本实现了粮食生产大省均有2家以上的农业保险经营机构，初步实现了积极适度竞争。

（二）资金融通功能

资金融通功能是指将保险资金中的闲置部分重新投入到社会再生产过程中所发挥的金融中介作用。保险业是金融业三大支柱之一，作为金融市场和金融机构的重要组成部分，保险的资金融通职能表现得淋漓尽致。保险的融资功能主要体现在两个方面：一是通过在银行存款等货币市场为金融企业注入资金，间接地完成资金融通的功能；二是通过资本市场投资，比如以股票债券等方式直接进行资金的融通，为社会提供金融支持。

阅读材料

参照2010年的数据，我国保险市场规模继续保持了良好的发展态势，2010年1—11月的保费收入已经同比增长31.6%，规模达到了1.34万亿元。其中，人身险保费收入约9 913亿元，同比增长31%；财险保费收入约3 528亿元，同比增长33.6%。保险业资产总额与2009年同期相比增加了约9 899亿元，达到了4.9万亿元，同比增长25.3%；投资约3.25万亿元，同比增加6 616亿元，增长率为25.5%。保险资金的配置仍然以银行存款和债券等固定收益类资产为主要对象。在2010年下半年，银行存款占比不到30%，债券投资略高于50%，二者合计占80%左右；权益类资产占比约16.9%，其他投资占2.9%。根据中国人寿、中国平安和中国太保资料，截至2010年三季报，中国人寿、中国平安、中国太保持有银行存款占总资产的比例分别为31.2%、12%（合并了非保险业务的报表）、22%，债券及其他固定收益类投资占比分别为48.5%、63.7%和54.1%。

从投资收益来看，中国人寿、中国平安和中国太保在2010年上半年的投资收益率分别为5.02%、3.8%和4.3%。自2005年以来，我国保险业保费收入年均增长24.2%，保险机构共实现投资收益7 201.2亿元，年均投资收益率超过6%。

（三）社会管理功能

保险的社会管理功能不同于国家对社会的直接管理，它是通过保险内在的特性，促进经济社会的协调以及社会各领域的正常运转和有序发展来实现和完成的。保险的社会管理功能是在保险业逐步发展成熟并在社会发展中的地位不断提高和增强之后衍生出来的一项功能，主要体现在社会保障管理、社会风险管理、社会关系管理和社会信用管理四个方面。

阅读材料　**多险并存维护权益　山东保险业社会职能突显**

作为一种市场化的风险转移机制、社会互助机制和社会管理机制，保险的本质与构建和谐社会，促进社会公平正义的要求相一致。据山东保监局局长任建国介绍，近年来，山东保险业在加强流动人口和特殊人群管理、建设基层社会管理和服务体系、健全公共安全体系、参与多层次社会保障体系建设等方面，发挥了重要作用。

维护群众权益

以交强险，医疗、校方、旅行社、承运人等责任保险为例，这些险种都是国际通行的保障各类事故受害人利益的有效制度安排，能让受害人及时获得补偿和救治，在维护群众权益方面发挥着越来越重要的作用。

数据显示，2010年山东保险业为经济社会承担各类风险责任达11万亿元，支付赔款达190亿元，今年截至10月，我省累计支付赔款与保险金197.37亿元，有效降低了政府管理社会的成本，提高了解决纠纷的效率。

此外，我国有2.4亿农民工生活在城市的边缘，农民工等流动人口的保障问题是我国加强社会管理的难题。而为农民工提供保险保障、为外出务工人员提供意外伤害保险、为特殊人群提供保险保障等手段，都能较好地服务于对流动人口和特殊人群的管理。

促进社会和谐

治安保险对于完善基础社会管理和服务体系意义重大。山东的治安保险的操作模式为：社区（村集体）分别与居民、保险公司签订协议。

根据协议，社区居民以户为单位，每年交纳30~36元的治安费和保险费。其中10元用于村民的家庭财产保险费，剩余的钱由保险公司返回街道综治办或村集体，用于招聘保安和购买治安器材，成立社区巡防队，开展辖区内的治安巡逻，并为每位巡防队员购买总额为1万元的人身意外伤害保险。

治安保险的推出，打破了过去完全依靠政府投入的社区治安防范模式，实现了由政府主导，向市场要经费、要警力、要平安的转变。同时，促进了社区群防群治的责任机制进一步完善。治安保险推广以后，我省形成了以治安保险为抓手，以警务室建设为依托，统筹规划、同步发展的局面，有效整合了基层"三防"（人防、物防、技防）资源，大大提高了基层治安防范的整体效能。

保障农业生产

"农业保险的建议我每年都提"，任建国告诉记者，农业保险在补偿受灾农民经济损失、帮助恢复生产生活等方面发挥了较好的"稳定器"的作用。

据数据显示，2010年，我国农业保险实现保费收入135.7亿元，参保农户达1.4亿户次，为全国11.59亿亩粮油作物和林木提供了3 369亿元的风险保障，为6.34亿头（只）畜禽水产养殖物提供了573亿元的风险保障，1 979万户次农民得到了93亿元的保险补偿，取得了较好的社会效益。

以山东商河为例，2010年，商河县农业保险投保面积159.49万亩，小麦、玉米投保面积基本实现了全覆盖，棉花投保面积居济南市首位。2010年秋季，商河县多次出现强降雨等灾害性天气，造成主要农作物大面积受灾，农业保险总计发放保险赔偿金为1 400余万元。

参与社保体系建设

保险作为一项社会性很强的事业，当人们遭受损失或伤害时，能给予及时有效的补偿和保障，帮人们渡过难关，通过扩大商业养老和健康保险的覆盖面，可使百姓更好地老有所养、病有所医。

据悉，目前我国各地都在积极探索引入商业保险参与新型农村合作医疗及城镇基本医疗保险的经办管理，涌现出了"湛江模式""新乡模式"等典型做法。而在山东，幸福人寿山东分公司承保了济南市历城区特困群众大病补充医疗保险，并取得了良好的效果。

实践证明，立足保障和改善民生，运用商业保险完善医疗保障体系，对提高我国医疗保障体系运行效率和社会保障水平，进一步转变政府职能，推进社会管理创新，具有重要的促进作用。

资料来源：中国新闻网 2011 年 12 月 19 日

保险的三项功能是一个有机联系、相互作用的整体。保险保障功能是保险最基本的功能，是保险区别于其他行业的最根本的特征。资金融通功能是在经济补偿功能基础上发展起来的，是保险金融属性的具体体现，也是实现社会管理功能的重要手段。正是由于具有资金融通功能，才使保险业成为国际资本市场的重要资产管理者，特别是通过管理养老基金，使保险成为社会保障体系的重要力量。社会管理功能的发挥，在许多方面都离不开经济补偿和资金融通功能的实现。同时，随着保险社会管理功能逐步得到发挥，将为经济补偿和资金融通功能的发挥提供更加广阔的空间。因此，保险的三大功能之间既相互独立，又相互联系、相互作用，从而形成了一个统一而又开放的现代保险功能体系。

任务二 保险的分类

现代保险发展到今天，理论和技术已相当成熟，随着保险领域不断扩大，险种也日趋丰富，依据不同的分类标准，保险可以划分为不同的类别。

在正式介绍分类之前，先对本教材的分类有一个基本说明。有的教材把集合具有同类危险的众多经济单位或个人建立基金，为少数成员因该危险事故所致经济损失提供经济保障的一种危险转移机制，作为保险的定义。从这一层面，国家财政后备基金、社会保障基金、合作形式的后备基金、商业保险基金都可以纳入保险的范畴，是广义保险的概念，而本教材所指的保险，如无明确说明的一般仅指商业保险的范畴。

一、按照实施方式分类

按实施方式分类，保险可分为强制保险和自愿保险。

（一）强制保险

强制保险（又称"法定保险"）是由国家（政府）通过法律或行政手段强制实施的一种保险。强制保险的保险关系虽然也是产生于投保人与保险人之间的合同行为，但是，合同的订立受制于国家或政府的法律规定。强制保险的实施方式有两种选择：一是保险标的与保险人均由法律限定；二是保险标的由法律限定，但投保人可以自由选择保险人，如机动车交通事故责任强制保险。

（二）自愿保险

自愿保险是在自愿原则下，投保人与保险人双方在平等的基础上，通过订立保险合同而建立的保险关系。自愿保险的保险关系，是当事人之间自由决定、彼此合意后所建立的合同关系。投保人可以自由决定是否投保、向谁投保、中途退保等，也可以自由选择保险金额、保障范围、保障程度和保险期限等；保险人也可以根据情况自愿决定是否承保、怎样承保等。

二、按照保险标的分类

按照保险标的分类，可将保险分为财产保险与人身保险。

（一）财产保险

财产保险是以财产及其有关利益为保险标的的一种保险。包括财产损失保险、责任保险、信用保险等保险业务。

（1）财产损失保险。财产损失保险是以各类有形财产为保险标的的财产保险。其主要包括的业务种类有：企业财产保险、家庭财产保险、运输工具保险、货物运输保险、工程保险、特殊风险保险和农业保险等种类。

（2）责任保险。责任保险是指以被保险人对第三者的财产损失或人身伤害依照法律应负的赔偿责任为保险标的的保险。其主要业务种类有：公众责任保险、产品责任保险、雇主责任保险和职业责任保险等。

（3）信用保险。信用保险是以各种信用行为为保险标的的保险。其主要业务种类有：一般商业信用保险、出口信用保险、合同保证保险、产品保证保险和忠诚保证保险等。

（二）人身保险

人身保险是以人的寿命和身体为保险标的的保险。包括人寿保险、健康保险、意外伤害保险等保险业务。

（1）人寿保险。人寿保险是以被保险人的寿命作为保险标的，以被保险人的生存或死亡为给付保险金条件的一种人身保险。其主要业务种类有：定期寿险、终身寿险、两全寿险、年金保险、投资连结保险、分红寿险和万能寿险等。

（2）健康保险。健康保险是以被保险人的身体为保险标的，使被保险人在疾病或意外事故所致伤害时发生的费用或损失获得补偿的一种人身保险业务。其主要业务种类有：医疗保险、疾病保险和收入补偿保险等。

（3）意外伤害保险。意外伤害保险是指以被保险人的身体为保险标的，以意外伤害而致被保险人身故或残疾为给付保险金条件的一种人身保险。其主要业务种类有：普通意外伤害保险、特定意外伤害保险等。

三、按照承保方式分类

按承保方式分类，可将保险分为原保险、再保险、共同保险和重复保险。

（一）原保险

原保险是保险人与投保人之间直接签订保险合同而建立保险关系的一种保险。在原保险关系中，保险需求者将其风险转嫁给保险人，当保险标的遭受保险责任范围内的损失时，保险人直接对被保险人承担赔偿责任。

（二）再保险

再保险（也称"分保"）是保险人将其所承保的风险和责任的一部分或全部，转移给其他保险人的一种保险。转让业务的是再保险分出人，接受分保业务的是再保险分入人。这种风险转嫁方式是保险人对原始风险的纵向转嫁，即第二次风险转嫁。

(三) 共同保险

共同保险（也称"共保"）是由几个保险人联合直接承保同一保险标的、同一风险、同一保险利益的保险。共同保险的各保险人承保金额的总和不超过保险标的的保险价值。在保险实务中，可能是多个保险人分别与投保人签订保险合同，也可能是多个保险人以某一保险人的名义签发一份保险合同。与再保险不同，这种风险转嫁方式是保险人对原始风险的横向转嫁，它仍属于风险的第一次转嫁。

(四) 重复保险

重复保险是指投保人以同一保险标的、同一保险利益、同一保险事故同时分别与两个或两个以上保险人订立保险合同，其保险金额之和超过保险价值的一种保险。与共同保险相同，重复保险也是投保人对原始风险的横向转嫁，也属于风险的第一次转嫁。

与共同保险的区别在于：重复保险的保险金额之和超过保险价值。

此处涉及两个概念，即保险金额、保险价值。

保险金额是指一个保险合同约定保险公司承担赔偿或给付保险金责任的最高限额。

保险价值是指投保人对保险标的所享有的保险利益在经济上用货币估计的价值额，一般是保险标的的实际价值。实务中由于保险期限、保险利益的叠加导致构成重复保险的，往往容易引起纠纷，判别的关键就在于比较保险金额和保险价值这两个数据。

阅读材料

保险的法律分类

保险形态的法定分类法源于各国的法律，由于各个国家的保险法规对保险分类的规定不同，因而保险形态分类在各个国家之间不尽相同。法定分类法的确立是出于国家对保险业进行宏观管理的目的。如美国的法律将保险分为财产和意外保险、人寿和健康保险两大类；日本的法律将保险分为损害保险和生命保险两大类；而我国《保险法》将保险分为财产保险和人身保险两大类。

一、财产保险和人身保险

我国新《保险法》将商业保险分为财产保险和人身保险两大类。《保险法》第九十五条规定："(一) 人身保险业务，包括人寿保险、健康保险、意外伤害保险等保险业务；(二) 财产保险业务，包括财产损失保险、责任保险、信用保险、保证保险等保险业务。"

二、损害保险和生命保险

日本属于此种分类。损害保险是从法律的角度对保险事故所造成的结果进行性质上的认定；生命保险则是从社会角度来认识保险事故所处的状态，如人的生存、伤残、死亡、健康状况。

三、损害保险、人寿保险和伤害保险

德国属于此种分类。德国《保险合同法》第二章将保险分为损害保险、人寿保险、伤害保险三类。其中，损害保险分为火灾保险、冰雹保险、动物保险、运输保险、责任保险、法律保护保险。

四、财产和意外保险、人寿和健康保险

美国各州均属于此种分类。在美国约5 000家保险公司中，财产和意外险保险公司约有3 000家，人寿和健康保险公司约有2 000家。

五、寿险与非寿险

瑞士将保险业务分为寿险和非寿险，非寿险分为财产保险、意外伤害保险和健康保险。这也是国际习惯分类，依据是经营技术不同。欧盟颁布关于保险法律方面的第一代指令，将保险分为寿险和非寿险。非寿险第一指令的全称为：欧盟理事会关于非寿险业设立与营业法令协调的指令。该指令将欧盟成员国的非寿险业务分为：伤害和疾病保险、汽车保险、海上运输保险、航空保险、火灾等财产损失保险、责任保险、信用及保证保险、一切险八类。寿险第一指令的全称为：欧盟理事会关于寿险业设立与经营法令协调的指令。该指令关于寿险业的经营范围包括：人寿保险、年金、附加险、终身健康保险等，其中，人寿保险包括生存保险、死亡保险、两全保险、还本保险、婚姻保险和生育保险。

任务三 保险的起源和发展

一、保险的古老起源与原始形态

人类社会从一开始就面临着自然灾害和意外事故的侵扰。在与大自然抗争的过程中，古代人们就萌生了对付灾害事故的保险思想和原始形态的保险方法。

我国历代王朝都非常重视积谷备荒。春秋时期孔子"耕三余一"的思想就是颇有代表性的见解。孔子认为，每年如能将收获粮食的三分之一积储起来，这样连续积储3年，便可存足1年的粮食，即"余一"。如果不断地积储粮食，经过27年可积存9年的粮食，就可达到太平盛世。春秋战国以后已逐步形成一套仓储制度，称为"委积"制度；汉代设有备荒赈济的"常平仓"；隋朝设有"义仓"，宋朝和明朝还设有"社仓"。历代的行仓储制，不断创造发展，形式多样，名称各异，但基本功能未变。尽管我国古代早就有分散风险、积粮备荒的保险思想，但由于封建制度，商品经济不发达，缺乏经常性的海上贸易，所以在中国古代社会没有产生商业性的保险活动。

在国外，保险思想和原始的保险雏形在古代也已经产生。据史料记载，公元前2 500年，在西亚两河（底格里斯河和幼发拉底河）流域的古巴比伦王国，国王下令僧侣、法官及村长等对他们所辖境内的居民收取赋金，用以救济遭受火灾及其他天灾的人们。这被公认是世界上最早的保险。到了中世纪，欧洲各国城市中相继出现各种行会组织，这些行会具有互助性质，其共同出资救济的互助范围包括：死亡、疾病、伤残、年老、火灾、盗窃、沉船、监禁、诉讼等不幸的人身和财产损失事故，但互助救济活动只是行会众多活动中的一种，在此基础上产生了相互合作的保险组织。

二、近现代保险的形成与发展

（一）海上保险

海上保险是一种最古老的保险，近代保险也是从海上保险发展而来的。

人类历史的发展，一直与海洋密不可分。海上贸易的获利与风险是共存的，在长期的航海实践中逐渐形成了由多数人分摊海上不测事故所致损失的方式——共同海损分摊。

早在公元前2000年，地中海一带就有了广泛的海上贸易活动。当时由于生产力水平低下，船舶构造非常简单，要使船舶在海上遭风浪时不致沉没，最有效的抢救办法是抛弃部分货物，以减轻载重量。为了使被抛弃的货物能从其他受益方获得补偿，当时的航海商提出了一条共同遵循的原则："一人为众，众人为一"（One for all，all for one）。在公元前916年，罗地安海立法中规定:"为了全体利益,减轻船只载重而抛弃船上货物,其损失由全体受益方来分摊。"在罗马法典中也提到了共同海损必须在船舶获救的情况下,才能进行损失分摊。由于这种由大家共同承担危险,船东或货主一起分摊损失的方法含有海上保险的内核,所以人们把它视为海上保险的萌芽。

现代海上保险是由古代巴比伦和腓尼基的船货抵押借款思想逐渐演化而来的。公元前8世纪至公元前7世纪,海上抵押借贷在从事海上商业的腓尼基人和罗得人之间开始出现,虽然历经几个世纪的演变,究其核心,船舶抵押借款契约,是指船主在出外航行急需用款时,把船舶和船上的货物作为抵押品向当地商人取得航海资金的借款,如果船舶安全归来,船主归还贷款,并支付高额的利率;如果船舶中途沉没,债权即告结束,船主不必偿还借款本息。这种借款方式实际上体现了海上保险的初级形式,放款人相当于保险人,借款人相当于被保险人,船舶或货物相当于保险标的,高出普通利息的差额相当于保险费,如果船舶沉没,借款就等于提前预付的赔款。船货抵押借款制度具有保险的一些基本特征,因而被认为是海上保险的初级形式。

意大利是近代海上保险的发源地。11世纪末,十字军东侵以后,意大利商人控制了东方和西欧的中介贸易,在经济繁荣的意大利北部的佛罗伦萨、伦巴第、热那亚等城市,商人之间已采取与现代形式相类似的海上保险制度。不过,这种海上保险缺乏与这种内容相适应的外在形式,即没有真正意义的海上保险单。

世界上最古老的保险单:热那亚商人乔治勒克维伦于1347年开出的船舶航程保单。由于这张保险单没有写明保险人应承担的风险责任,它还不是一张完满的现代式的保单。

第一份具有现代意义的保险单是1384年订立的比萨合同,佛罗伦萨开出承保从法国运往意大利比萨的一批货物的保险单,这张保单中有明确的保险标的、明确的保险责任,如"海难事故,其中包括船舶破损、搁浅、火灾或沉没造成的损失或伤害事故"。到1397年,佛罗伦萨出立的保单已经有承保"海上灾难、天灾、火灾、抛弃、王子的禁止、捕捉"等字样,当时的保险单,一般是由专业的撰状人起草的。这个时期,意大利在海上保险中独领风骚。莎士比亚在《威尼斯商人》中就写到海上保险及其种类。第一家海上保险公司也于1424年在热那亚出现。1524年,佛罗伦萨总结以往海上保险的做法,制定了一部比较完整的保险条例,并规定了标准的保单格式,这成为世界上最早的保险条款。

英国海上保险的发展。12-13世纪,意大利伦巴第商人寻求移往能使其安居并可自由地从事商业活动的国家去生活,开始在比利时、法国和英国等地定居,并把他们的贸易理念、保险习惯做法带到了相应的国家,比如英国。15世纪以后,新航线的开辟使大部分西欧商品不再经过地中海,而是取道大西洋。英国的对外贸易获得迅速发展,海上保险的中心逐渐转移到英国。16世纪时,英国商人从外国商人手里夺回了海外贸易权,积极发展贸易及保险业务。到16世纪下半叶,经英国女王特许在伦敦皇家交易所内建立了保险商会,专门办理保险单的登记事宜。1601年伊丽莎白女王制定第一部有关海上保险的成文法,即《涉及保险单的立法》,规定在保险商会内设立仲裁庭,以解决海上保险的争议案件。1720年经女王批准,英国的"皇家交易"和"伦敦"两家保险公司正式成为经营海上保险的专业公司。1906年,英国参照世界各国,制定了《海上保险法》,这是一部对很多国家的海上保险立法都有重要影响的法律,被世界各国视为海上保险法的范本。在英国海上贸易迅猛发展同时,西欧其他国家也进入了黄金时期,法国、荷兰、德国均颁布了海上保险的法令,标志着海上保险已经走向成熟。

阅读材料

　　1688 年，劳埃德先生在伦敦塔街附近开设了一家以自己名字命名的咖啡馆，为在竞争中取胜，劳埃德慧眼独具，发现可以利用国外归来的船员经常在咖啡馆歇脚的机会，打听最新的海外新闻，进而将咖啡馆办成一个发布航讯消息的中心。由于这里海事消息灵通，每天富商满座，保险经纪人利用这一时机，将承保便条递到每位饮咖啡的保险商手里，由他们在便条末尾按顺序签署自己的姓名及承保金额，直到承保额总数与便条所填保险金额相符为止。随着海上保险的不断发展，劳埃德承保人的队伍日益壮大，影响不断扩大。1871 年英国议会正式通过一项法案，使它成为一个社团组织——劳合社。现今其承保范围已不仅是单纯的海上保险。2000 年，劳合社在北京设立了代表处；2007 年，在上海成立了全资子公司——劳合社再保险（中国）有限公司；2010 年 10 月，正式更名为劳合社保险（中国）有限公司。

（二）火灾保险

　　火灾保险起源于 1118 年冰岛设立的 Hrepps 社，该社对火灾及家畜死亡损失负赔偿责任。17 世纪初德国盛行互助性质的火灾救灾协会制度，1676 年，第一家公营保险公司——汉堡火灾保险局由几个协会合并宣告成立。但真正意义上的火灾保险是在伦敦大火之后发展起来的。1666 年 9 月 2 日，伦敦城被大火整整烧了五天，过火面积占伦敦面积的 83.26%，13 000 多户住宅被毁，财产损失 1 200 多万英镑，20 多万人流离失所、无家可归。灾后的幸存者非常渴望能有一种可靠的保障，来对火灾所造成的损失得到补偿，因此火灾保险对人们来说已显得十分重要。在这种状况下，聪明的牙医巴蓬于次年独资设立营业处，办理住宅火险，1680 年他同另外三人集资 4 万英镑，成立火灾保险营业所，1705 年更名为菲尼克斯，即凤凰火灾保险公司。在巴蓬的主顾中，相当一部分是伦敦大火后重建家园的人们。巴蓬的火灾保险公司根据房屋租金计算保险费，并且规定木结构的房屋比砖瓦结构房屋保费增加一倍。这种依房屋危险情况分类保险的方法是现代火险差别费率的起源，火灾保险成为现代火险的最初形式，在时间上与海上保险形成的时间差不多。正因为差别费率的设计，巴蓬有现代保险之父的美誉。1710 年年，波凡创立了伦敦保险人公司，后改称太阳保险公司，接受不动产以外的动产保险，营业范围遍及全国。18 世纪末到 19 世纪中期，英、法、德等国相继完成了工业革命，机器生产代替了原来的手工操作，物质财富大量集中，使人们对火灾保险的需求也更为迫切。这一时期火灾保险发展异常迅速，火灾保险公司的形式以股份公司为主。进入 19 世纪，在欧洲和美洲，火灾保险公司大量出现，承保能力有很大提高。1871 年芝加哥一场大火造成 1.5 亿美元的损失，其中保险公司赔付 1 亿美元，可见当时火灾保险的承保面之广。随着人们的需要，火灾保险所承保的风险也日益扩展，承保责任由单一的火灾扩展到地震、洪水、风暴等非火灾危险范围，保险标的也从房屋扩大到各种固定资产和流动资产。19 世纪后期，随着帝国主义的对外扩张，火灾保险传到了发展中国家和地区。

（三）人身保险

　　人身保险起源于海上保险。起初，这是一部血泪史。15 世纪末，欧洲的奴隶贩子把运往美洲的非洲奴隶当做货物进行投保，当时虽并未以人身保险命名，但却是最早将人的生命作为保险标的而投保的一种标志。后来船上的船员也可投保；如遇到意外伤害，由保险人给予经济补偿，这些应该是人身保险的早期形式。17世纪中叶，意大利银行家洛伦佐·佟蒂设计了"联合养老保险法"，也称"佟蒂法"。"佟蒂法"的特点就是把利息付给认购群体的生存者，如该群体成员全部死亡，则停止给付，其实是一种类似于养老年金的保险制度。1693年，英国著名的数学家、天文学家埃蒙德·哈雷（Halley），以西里西亚的布雷斯劳市的市民死亡统计为基础，世界上第一张完整的生命表（哈雷生命表），它精确表示了每个年龄的死亡率，奠定了现代人寿保险的数理基础，标志着精算科学的开端。18世纪中叶，辛普森（Simpson）根据哈雷的生命表，做成依死亡率增加而递增的费率表，为精算学进一步奠定了基础。18世纪中期，道德森（Dodson）创立了公平保费的计算方法，依照年龄差等计算保费，提出了"均衡保险费"的理论，从而促进了人身保险的发展。1762年，世界上第一家人寿保险公司——英国人寿及遗嘱公平保险社成立。该公司最早建立了对寿险公司更为实用的经验死亡率表，并设立精算技术部门，分析保险需求和利润来源，测定人口死亡率，采用均衡保费理论来计算保费，这标志着现代人寿保险的开始。英国形成的人身保险制度先传入德国和法国，后又传入美国，并在美国得到长足发展。第二次世界大战后，日本的寿险业务也迅速崛起。1987年，世界寿险保费收入总量首次超过非寿险业务保费收入，这种情况延续至今。

（四）责任保险

责任保险是依据法律对第三方受害者的一种经济保障，是伴随法制不断健全，保险不断发展的产物。它起源于19世纪初期的欧美国家，20世纪第二次世界大战以后在工业化国家迅速发展。1855年，英国铁路乘客保险公司首次向铁路部门提供铁路承运人责任保障，开了责任保险的先河。1870年，建筑工程公众责任保险诞生；1875年，马车第三者责任保险开始出现；1880年，英国颁布《雇主责任法》，当年即有专门的雇主责任保险公司成立；1885年，世界上第一张职业责任保单——药剂师过失责任保险单由英国北方意外保险公司签发；1886年承包人责任保险产生；1888年，升降梯责任保险问世；1895年，汽车第三者责任险面世；1900年责任保险扩大到产品责任，第一张产品责任保险单由英国海上事故保险公司出具。1923年会计师责任保险独立承保。进入20世纪，责任保险迅速兴起和发展，大部分的资本主义国家都把很多的公众责任以法律规定形式强制投保。之后的几十年，责任险的险别日益细化，成为服务领域广阔、内涵丰富、门类齐全、品种繁多的专业性险种，发展成为保险市场上主要业务险种之一。

（五）再保险

再保险最早产生于欧洲海上贸易发展时期，最早的海上再保险可追溯到1370年。当时，一家叫格斯特·克鲁丽杰的保险人，承保自意大利热那亚到荷兰斯卢丝之间的航程，并将其中的一段经凯的斯至斯卢丝之间的航程责任转让给其他保险人，这是再保险的开始。17、18世纪由于商品经济和世界贸易的发展，特别是1666年的伦敦大火，使保险业产生了巨灾损失保障的需求，为国际再保险市场的发展创造了条件。17世纪初，英国皇家保险交易所和劳合社开始经营再保险业务。1681年，法国国王路易十六曾公布法令，规定"保险人可以将自己承保的保险业务向他人进行再保险"。18世纪，荷兰鹿特丹的保险公司将承保到西印度的海上保险向伦敦市场再保险，1731年德国汉堡法令允许经营再保险业务，1737年西班牙贝尔堡法律和1750年瑞典的保险法律都有类似的规定。从19世纪中叶开始，在德国、瑞士、英国、美国、法国等国家相继成立了再保险公司，办理水险、航空险、火险、建筑工程险以及责任保险的再保险业务，形成了庞大的国际再保险市场。第二次世界大战以后，发展中国家的民族保险业随着国家的独立而蓬勃发展，使国际再保险业进入了一个新的历史时期。

20世纪末，世界各国的保险公司，作为一个独立的经济部门，无论规模大小都要将其所承担的风险责任依据大数法则及保险经营财务稳定性的需要，在整个同业中分散风险。再保险已成为保险总体中不可缺少的组成部分。

项目三 人身保险

项目案例

2000年，成都市龙泉驿区西河镇村民卢某为经常在外打工的丈夫投保了×人寿保险公司的全家福和人身意外伤害保险。2008年10月29日，卢某得知丈夫在打工时不幸触电身亡。这个消息如同晴天霹雳，几乎将她击垮。丈夫是家中的顶梁柱，失去了丈夫，自己和两个未成年的孩子以及两位需要赡养的老人今后该如何生活？就在卢某悲痛欲绝的时候，其所投保的×人寿保险公司龙泉支公司及时处理了这起赔案，第一时间送来了保险金。就是这笔保险金，为卢某和两个孩子、两位老人以后的生活撑起了一把伞；就是这笔保险金，让卢某重新燃起对生活的希望，为两个孩子规划着将来。

"天有不测风云，人有旦夕祸福"。人的一生可能会面临各种各样的风险，譬如伤残、失业、衰老甚至死亡等，这些风险事故一旦发生，不仅会给自己和家人带来情感上的伤害和打击，还会给家庭、社会带来一系列经济上的损失。因此，当人们发生风险时，他的家人不仅需要精神上的安慰，还需要物质上的支持。风险是客观存在的，我们所能做的就是在风险事故发生之前，采取一些有效措施以减小其发生的频率和损失的程度。一旦这些风险发生时，也能够尽量减小其对家庭生活水平、经济条件的影响。投保人身保险正是转嫁这些风险最有效的措施之一，人身保险可以说是风险发生后提供物质帮助的一种方式。正如美国著名的"保险之父"休布纳（S. S. Huebner）博士所说："家庭主力有义务为那些靠他供养并获益的其他家庭成员而保障自己的生命。"。

任务一 人身保险概述

一、人身保险的含义

人身保险是以人的生命和身体为保险标的的一种保险。人身保险的投保人根据合同约定，向保险人支付保险费，保险人对于合同约定的保险责任，即当被保险人死亡、伤残、疾病或者达到合同约定的年龄、期限时承担给付保险金责任。

人身风险的客观存在是人身保险产生和发展的前提。当人的生命作为保险保障的对象时，它是以生存和死亡两种状态存在的；当人的身体作为保险保障的对象时，它是以人的健康、生理机能和劳动能力状态存在的。因此，人的生、老、病、死、残等均是人生所面临的风险，而死亡、伤残、疾病、年老则构成人身保险的保险责任，即人们在日常生活中可能遇到的意外伤害、疾病、衰老、死亡等各种不幸事件。

二、人身保险的特点

由于人身保险标的的特殊性，使得人身保险具有与其他保险种类不同的特点，主要表现为以下几点。

（一）人身保险是一种定额给付性保险

人身保险的保险标的是人的寿命和身体，而人的寿命和身体是不能用货币来衡量其价值的。因此，人身保险的保险金额是由投保人和保险人双方当事人共同约定后确定的。当发生保险事故时，保险人按照约定的保险金额进行给付。双方约定该保险金额的依据为"需要+能力"，即被保险人对人身保险"需要"的程度和投保人交纳保费的"能力"。对于人身保险的需求程度可以采用"生命价值"理论进行粗略的测算，而交费能力则主要是通过投保人的职业和经济收入来判断。

（二）人身保险具有长期性和储蓄性

人身保险合同，特别是人寿保险合同往往是长期合同，保险期限短则数年，长则达数十年或一个人的一生，即投保人交纳保费的时间与保险人支付保险金的时间之间有很长的距离。此外，保险费的交纳期和保险金额的领取期也可以长达几十年。

此外，人身保险中的人寿保险在为被保险人提供经济保障的同时，兼有储蓄性的特点。人的死亡率随年龄的增加而增加，而人身保险的保费采用的是均衡保费制，这样投保人早期交纳的保费高于其当年的死亡成本，多余的部分保险公司则以预定的利率进行积累。对于终身死亡保险和两全保险来说，储蓄性极强，保费的投资收益使得投保人不仅可以获得保障，同时可以享受投资所带来的收益。由于保单具有储蓄性，能够积累现金价值，保单持有人可以用保单进行抵押贷款，退保时也可以得到保单的现金价值。

（三）人身风险的必然性、变动性和相对稳定性

在人身保险中，人的生老病死必然会发生，即保险事故的发生具有必然性，但何时、何地、何种情形下发生具有不确定性。以生命风险作为保险事件的人寿保险，其主要风险因素是死亡率，死亡率随着人年龄的增加而增加，同时又受很多其他因素的影响，如性别、职业等。同时，随着经济的发展、医疗卫生水平和生活水平的提高，同一事故发生所带来的死亡率可能会逐渐降低，因此说死亡率是变动的。但是对整体的死亡率经验而言，死亡率因素与其他非寿险风险事故发生的概率相比较，又具有相对的稳定性。

（四）人身保险保险利益确定的特殊性

首先，就保险利益的产生而言，人身保险保险利益取决于投保人与被保险人之间的关系；其次，就保险利益的量的限定而言，在人身保险中，投保人对被保险人所拥有的保险利益不能用货币来衡量，因而人身保险的保险利益也就没有量的规定性，即保险利益一般是无限的；再次，就保险利益的时效而言，在人身保险中，保险利益是订立合同的前提条件，并不是维持保险合同效力、保险人给付保险金的要件。

三、人身保险的分类

（一）按照保险保障范围分类

按照保障范围的不同，人身保险可以分为人寿保险、人身意外伤害保险和健康保险。人

寿保险是以人的生命为保险标的，以人的生存或死亡为给付保险金的条件，当发生保险事故时，保险人履行给付保险金责任的一种人身保险；人身意外伤害保险是以被保险人因遭受意外事故造成死亡或残疾为给付保险金条件的人身保险；健康保险是指被保险人因病不能从事工作，以及因病造成死亡或残疾时，由保险人负责给付医疗费用或保险金的保险。

（二）按照保险期限分类

按照保险期限长短的不同，人身保险可以分为长期业务、一年期业务和短期业务。长期业务是保险期限超过一年的人身保险业务，一年期业务是保险期限为一年的人身保险业务，短期业务是保险期限不足一年的人身保险业务。

具体来讲，人寿保险大多为长期业务；健康保险可以是长期业务，也可以是一年期业务；人身意外伤害保险以一年期业务居多，也有许多为短期业务，如只保一次航程、一次旅程的旅客或公共场所游客意外伤害保险。

（三）按照投保方式分类

按照投保方式的不同，人身保险可以分为个人保险和团体保险。个人保险是指一张保险单只为一个人提供保障的保险；团体保险是指一张总的保险单为某一团体单位的所有成员或其中的大多数员工（一般要求至少为总人数的75%）提供保障的保险。

（四）按照是否分红分类

按照保单是否分红，人身保险可以分为分红保险和不分红保险。分红保险是指被保险人可以每期以红利的形式分享保险人盈余的保险，即被保险人在得到保险保障的同时，还可以分享保险人的经营成果，红利给付金额取决于保险公司的实际经营业绩。不分红保险就是被保险人不分享保险人的利润分配，投保此类保险的目的只在于获得保险保障。

任务二 人 寿 保 险

一、人寿保险的含义

人寿保险以被保险人的生命为保险标的，以被保险人生存或死亡作为保险事故（即给付保险金条件）的一种人身保险。在人寿保险中，投保人根据合同约定，向保险人支付保险费，在保险期内被保险人死亡或被保险人生存至保险期届满，保险人应按保险合同向被保险人（或受益人）给付约定的保险金额。人寿保险所承保的风险可以是死亡、也可以是生存、或者同时承保生存和死亡，是人身保险最主要和最基本的险种。

人寿保险是人身保险中产生最早的一个险种。最早人们认为死亡是人类面临的最大人身风险，所以，人们最先寻求的人身保障是以死亡为条件的保险保障，人寿保险由此也就最先发展起来。随着经济的发展、社会的进步，人们不仅希望生存，而且希望长寿，那么，维持生存与长寿就需要相当的生活费用，为此，又出现了生存保险以及将死亡保险与生存保险相结合的两全保险。

二、人寿保险的主要类型

在人寿保险实务上，人寿保险产品按设计类型分为普通型人寿保险和新型人寿保险。普通型人寿保险也称为传统人寿保险，按保险责任的不同可以分为死亡保险、生存保险和两全保险。新型人寿保险包括变额人寿保险（投资连结保险）、万能保险、分红保险等。

（一）普通型人寿保险

总体上看，普通型人寿保险一直处于寿险业务核心位置。普通型人寿保险按保险责任的不同可以分为死亡保险、生存保险和两全保险（又称生死合险）。在这三种基本形式的基础上，可将其进行不同的组合以满足不同群体的保障需求。

1. 死亡保险

死亡保险是以被保险人死亡为保险事故，发生保险事故后，由保险人给付保险金的人寿保险。保险人承担的基本责任就是被保险人的死亡。死亡保险保障的是被保险人的家属或依赖其生活的人在被保险人死亡后，还能维持原来的生活水平而不致陷入生活困境。死亡保险如果是有期限的为定期死亡保险，不限定期限为终身死亡保险。

（1）定期死亡保险。定期死亡保险又称为定期寿险，提供的是某一特定期间的死亡保障。特定期间有两种表示法：① 以特定的年数表示（如5年期死亡保险）；② 以特定的年龄表示（如保至50岁）。无论以哪种方法表示，只要被保险人在保险有效期内死亡，保险人就给付保险金。如果被保险人在保险期间内未发生死亡事故，生存至保险期满，则保险合同即告终止，保险人既不退还已交保费，也不给付保险金。如想继续获得此种保障，必须重新投保。

定期寿险是寿险业务中产生最早的险种，主要特点有：① 保险期限灵活。保险期限由投保人自由选择，可长可短，短的只有几个月，长的有几十年；② 保险费率相对较低。由于定期寿险提供的是一定期限的死亡保障，而且每份投保的给付并不必然发生，因此保险责任相对较小，费率较低；③ 纯保障性，无储蓄性，无现金价值。被保险人在保险期间内死亡，保险人给付保险金，否则，保险人不给付保险金。

定期寿险的应用：由于定期寿险提供的是特定期间内的死亡保障，且保费较低，因此它适宜于那些短期内急需得到保险保障和家庭负担较重，经济承受能力较差，又有保险需求的人投保。另外，对于刚进入社会的年轻人和子女尚未成年的人也适合投保定期寿险来转嫁风险。除此之外，偏重死亡保障的人也适宜于投保定期寿险。

（2）终身死亡保险。终身死亡保险又称终身寿险，是一种不定期限的死亡保险。保单签发生效后，只要投保人按时交纳保费，被保险人在任何时候死亡，保险人都得给付保险金。

终身寿险的特点：① 给付的必然性。由于人固有一死，因此每一张有效的终身寿险的保单必然要给付保险金。② 保障的是他人利益。被保险人死亡后，保险人向受益人给付保险金。③ 具有储蓄性，终身寿险属长期性保险，保单都会逐渐积累现金价值，因此带有一定的储蓄成分。④ 保险费率高于定期寿险。由于其保障被保险人的终生，保险期限长，且必然会给付保险金，故相同保额下，终身寿险费率高于定期寿险。因而终身寿险适宜于需要终身保障和终身储蓄的人投保。

终身寿险按其保费交纳方法的不同，可分为普通终身寿险、限期交费终身寿险和趸交终身寿险三种。

① 普通终身寿险（又称终身交费的终身寿险）：指投保人按照合同的约定定期交纳保险费（通常按年交纳），一直交费至被保险人死亡为止的终身寿险。只要被保险人活着，就得继续交费，不过习惯上如被保险人已届生命表的"最终年龄"（105岁），保险人将自动放

弃自此而后的保险费，并给付全额的保险金。

② 限期交费终身寿险：指投保人按照合同约定，在特定期间内交清保费的终身寿险。交费期结束后，仍然享有保险保障直至被保险人死亡。特定期间可以特定的年数（如 5 年、10 年等），也可以特定年龄（如交费至被保险人年满 60 周岁）来表示。特定期间的表示方法以及其交费期的长短可视投保人的需求及具体情况而定。它适宜于收入期间有限而又需要长期死亡保障的人投保。

③ 趸交终身寿险：指投保人在投保时一次将全部保费交付完毕的终身寿险。趸交保费的终身寿险具有较高的储蓄性，因此对于偏重储蓄的人较有吸引力。在国外，它还常被用来抵消遗产税的税负问题。但对于普通收入者而言，短时间内交清全部保险费是非常困难的。

比较三种终身寿险，就储蓄成分而言，趸交终身寿险 > 限期交费终身寿险 > 普通终身寿险。就保障成分而言，普通终身寿险 > 限期交费终身寿险 > 趸交终身寿险。

2. 生存保险

生存保险是指被保险人如果生存至保险期满，保险人给付保险金的一种人寿保险。生存保险与死亡保险恰好相反，在生存保险中，保险金的给付是以被保险人在期满时生存为条件，如果被保险人中途死亡，保险人既不给付保险金，也不退还已交的保费。生存保险可以分为普通生存保险和年金保险两种。

（1）普通生存保险。普通生存保险是以被保险人在保险期满或达到合同约定的某一年龄时仍然生存为给付保险金条件，并一次性给付保险金的保险。这种纯粹的生存保险如果不加以限制，就会使不幸者更加不幸，有利者更加有利，最后可能导致与赌博性质差不多的结果，因而在现实业务中普通的生存保险并不多见，不作为独立的险种销售，而是与死亡保险或其他人身保险相结合。

（2）年金保险。年金保险就是在被保险人生存期间，按合同的规定，有规则地、定期地支付保险金于被保险人的一种生存保险。因此年金保险也是生存保险的一种存在形式，是目前使用最广泛的生存保险。常见的年金保险有养老年金保险和少儿教育金保险。

养老年金保险的作用就是为老年人提供生活保障，投保人在年轻时投保交费，到年老退休的时候可以定期领取一笔保险金，作为晚年生活的经济来源；少儿教育金保险也是年金保险的一种形式，父母在子女年幼时投保，待子女满一定年龄时（如上高中或大学时），开始领取年金额，作为子女上学的费用，至毕业时停止给付。对于年金保险，被保险人在领取年金之前，投保人必须交清所有的保费。

年金保险的种类纷繁复杂，若分类标准不同，年金保险的内容也就有所不同。

① 按照交费方法的不同，分为趸交年金和期交年金。趸交年金的投保人一次交清全部保险费，期交年金的投保人分期交纳保险费。

② 按照年金给付开始的时间不同，分为即期年金和延期年金。

即期年金是指当投保人交纳所有的保费后，保险人立即按期给付年金。即期年金一般采取趸交保费方式。

延期年金是指保险合同成立后，经过一定期间或达到一定年龄后且当被保险人仍然生存时才开始给付年金。延期年金一般采取分期交纳保费的方式。

③ 按照被保险人的数量不同，分为个人年金、联合年金和联合及最后生存者年金。

个人年金：被保险人仅为一人，并以其生存作为给付保险金条件。

联合年金:有两个或两个以上的被保险人,以所有被保险人均生存作为给付保险金条件,只要有一人先行死亡,保险金就停止给付。

联合及最后生存者年金:被保险人也为两人以上,而年金给付继续到最后一个生存者死亡为止。此种年金保险的投保人通常为夫妻二人。

项目知识链接

平安人寿附加少儿高中教育年金保险(分红型,2004)投保示例

0岁男孩,投保平安附加少儿高中教育年金保险(分红型,2004),基本保险金额5万元,交至15岁,年交保险费2 115元。

图例分析如图1-5所示。

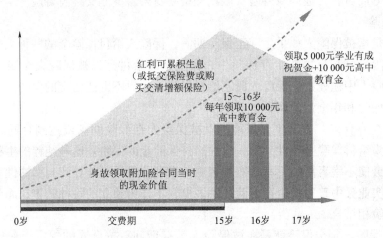

图1-5 年金保险的图例分析

基本保险利益:

高中教育保险金:被保险人生存至15岁、16岁、17岁的保单周年日,每年可领取10 000元高中教育保险金;

学业有成祝贺金:被保险人生存至17岁的保单周年日,可领取5 000元学业有成祝贺金,附加险合同终止;

身故保障:被保险人于附加险合同生效日起至其17岁的保单周年日前身故,可领取被保险人身故当时附加险合同的现金价值,附加险合同终止。

3. 两全保险

两全保险又称为生死合险,是被保险人无论在保险期内死亡还是生存至保险合同期限届满,保险人都给付保险金的一种人寿保险。两全保险是把定期死亡保险和生存保险相结合的一种人寿保险。两全保险都规定有期间,被保险人在保险有效期内死亡,保险人给付受益人约定数额的死亡保险金;若被保险人生存至保险期满,保险人则向被保险人给付生存保险金。在一定的期限内,人非生即死,故与终身寿险相似,两全保险的保险金的给付也是必然的。

两全保险有下列特点:

(1)保险责任全面。两全保险是寿险业务中承保责任最全面的一个险种,无论被保险

人在期间内生存或是死亡，保险人均给付保险金。因此，它不仅保障被保险人由于生存而引起的收支失衡的需要，而且可以排除由于被保险人死亡给家庭经济生活带来的困难或与其有经济利害关系的人的经济影响的后顾之忧，在使受益人得到保障的同时，也使被保险人本身享受其利益。它是生存保险和死亡保险结合的产物。

（2）保险费率高。由于两全保险保险责任涵盖生存和死亡，故每张保单的给付必然会发生，保险费率相对较高，因此不适宜经济负担能力较差的人购买。

（3）储蓄性极强，保单具有现金价值。两全保险的纯保费由危险保费和储蓄保费构成。危险保费用于当年的死亡给付，储蓄保费则逐年积累形成现金价值，既可用于中途退保时支付退保金，又可用于生存给付。

（二）新型人寿保险

前文所讲的传统人寿保险具有保费固定、保险金额固定、利率固定等特点，未能充分考虑通货膨胀的影响，由于人寿保险的长期性，在发生保险事故时，极易产生实际保障程度不足的现象，因此，急需对传统人寿保险产品进行改革。如何实现保障程度的灵活调整，排除通货膨胀的影响，保证被保险人的实际保障，成为保险人开发险种首要考虑的问题。在此情形之下，各国寿险公司推出了一系列集投资与保障为一体的新型险种，即新型人寿保险。

新型人寿保险产品除了具有保险保障服务之外，还具有投资功能，保费、保险金额可以调整。新型人寿保险产品主要包括：分红保险、投资连结保险（变额人寿保险）、万能人寿保险。

1. 分红保险

分红保险是指保险公司将其实际经营成果优于定价假设的盈余，按一定比例，向保单持有人进行分配的人寿保险产品。这里的保单持有人，是指按照合同的约定，享有保险合同利益和红利请求权的人。从本质上看，分红保险属于传统寿险的业务范畴。

分红保险的保单持有人享受保险公司部分经营成果。目前，中国保监会规定保险公司应至少将分红业务当年度可分配盈余的70%分配给客户；与此同时，客户也要承担一定的投资风险，由于每年保险公司的经营状况不一样，客户所能得到的红利也不一样。在保险公司经营状况良好的年份，客户就会分到较多的红利；但如果保险公司的经营状况不佳，客户能分到的红利就比较少，甚至没有。因此，分红保险是保险公司和客户在一定程度上共同承担了投资风险。分红保险的被保险人身故后，受益人在获得约定的保险金额时，还可以得到未领取的累积红利和利息。

（1）分红保险的红利来源。分红保险以寿险公司的可分配盈余为保单红利的来源，盈余（或红利）的产生是由很多因素决定的，但最为主要的因素是利差益、费差益、死差益三个方面。

① 利差益：当保险公司实际投资收益率高于预定利率时，则产生利差益。

② 费差益：是指公司的实际营业费用少于预计营业费用所产生的利益。

③ 死差益：对于以死亡作为保险责任的寿险，死差益是由于实际死亡率小于预定死亡率而产生的利益。

（2）红利分配。《个人分红保险精算规定》中要求：红利的分配应当满足公平性原则和可持续性原则；保险公司每一会计年度向保单持有人实际分配盈余的比例不低于当年可分配盈余的70%。

红利分配有两种方式：第一，现金红利。现金红利分配指直接以现金的形式将盈余分配给保单持有人。保险公司可以提供多种红利领取方式，比如现金、抵交保费、累积生息以及购买交清保额等。采用累积生息的红利领取方式的，红利累积利率的有效期至少为6个月。第二，增额红利。增额红利分配指在整个保险期限内每年以增加保额的方式分配红利，增加的保额作为红利一旦公布，则不得取消。采用增额红利方式的保险公司可在合同终止时以现金方式给付终了红利。

2. 投资连结保险（变额人寿保险）

投资连结保险又称为变额人寿保险，是一种保费固定，保险金额随投资账户收益的变化而变化的人寿保险。在我国，投资连结保险是指包含保险保障功能并至少在一个投资账户拥有一定资产价值的人身保险产品。投保人交纳的保险费在扣除初始费用和死亡分摊后，进入不同类型的投资账户。投保人可以选择其投资账户，投资风险完全由投保人承担。投资连结保险产品的保单现金价值直接与独立账户资产投资业绩相连，没有最低保证。

投资连结保险是一种寿险与投资相结合的产品，具有以下特点：

（1）投资连结保险开设不同的分立账户：保障账户和投资账户。投保人交纳的保费分为两部分，一部分进入保障账户，负责保单费用及死亡给付的分摊；另一部分进入投资账户专门用来投资，投资收益直接影响保险金额。

（2）保险的保障功能与投资功能高度统一。投保人在购买保险保障的同时，可以获得其保险基金投资的选择权，享受期望的高投资回报。投资连结保险死亡给付包括两部分：保单约定的最低死亡给付额（固定的）和可变的死亡给付额。可变的死亡给付额和现金价值均与投资账户收益挂钩。

（3）投资账户的风险完全由客户自己承担，且投资账户的收益没有最低保证。

投资连结保险作为一种保险产品，其保险责任与传统寿险产品类似，不仅有死亡、残疾给付、生存保险金领取等基本责任，一些产品还加入了保费豁免、重大疾病等保险责任。中国保监会规定，投资连结保险产品必须包含一项或多项保险责任。

投资连结保险产品仅可收取以下费用：初始费用，买入卖出差价，风险保险费，保单管理费，资产管理费，手续费，退保费用。且投资连结保险对投保人有更高的透明度，投保人在任何时候都可以通过电脑查询其保险单的保险成本、费用支出以及独立账户的资产价值，使投保人明明白白地消费，确保了投保人的利益。

3. 万能人寿保险

万能人寿保险（简称万能寿险），是指可以任意支付保险费以及任意调整死亡保险金给付金额的人寿保险，即是一种交费灵活，保险金额可以调整的人寿保险。也就是说，投保人交纳了一定量的首期保险费以后，可以选择在任何时间支付任何金额的保险费，并且任意提高或降低死亡给付金额，只要保单积存的现金价值足够支付以后各期的成本和费用就可以了。

万能寿险规定交纳保费及变更保险金额均比较灵活，有较大的弹性，可充分满足客户不同时期的保障需求；另外，与投资连结保险不同，万能保险具有较低的保证利率；既有保证的最低利率，又享有高利率带来高回报的可能性，从而可以对客户产生较大的吸引力。

万能寿险保单的运作具有高度的透明性。寿险公司定期向客户公布万能险保单的信息状况，向客户说明保费、保额、利率、保单成本及现金价值的发生数额及变动情况。万能寿险弹性的保费交纳制度和可调整的保障程度，提供了一个人一生仅用一张寿险保单解决人身保障问题的可能性，十分适合于人生终身保障的规划。

(三) 人寿保险标准保单条款

1. 不可抗辩条款

不可抗辩条款又称为不可争条款，指人寿保险合同生效满一定时期之后，就成为不可争的文件，保险人不能再以投保人在投保时违反最大诚信原则，没有履行告知义务（误报、漏报、瞒报某些事实）等理由主张保险合同自始无效而拒绝给付保险金。

保险合同是最大的诚信合同，在人寿保险中，对于足以影响保险人是否同意承保的因素，如被保险人的年龄、职业、健康状况等，投保人或被保险人应履行如实告知的义务，不得有任何隐瞒和欺骗；而在投保时，如果投保人故意隐瞒或因为重大过失而导致不实申报，足以影响保险人对风险的评估，保险人有权解除合同。但为防止由于保险人滥用合同的解除权而给被保险人和受益人带来损失，在保险合同中引入不可抗辩条款。即使投保人在签订合同时有欺诈行为，但经过法定期限后，合同也当然继续有效，因此，这是限制保险人权利、维护被保险人利益的一项措施。我国《保险法》规定，这个期限为两年，即在合同成立的前两年为可抗辩期，超过两年后，保险公司不得再主张解除合同。

阅读材料　　　　　　　　**《保险法》第十六条第二、三款**

投保人故意或者因重大过失未履行前款规定的如实告知义务，足以影响保险人决定是否同意承保或者提高保险费率的，保险人有权解除合同。

前款规定的合同解除权，自保险人知道有解除事由之日起，超过三十日不行使而消灭。自合同成立之日起超过二年的，保险人不得解除合同；发生保险事故的，保险人应当承担赔偿或者给付保险金的责任。

项目案例链接

【案情】2005年8月，刘先生向某人寿保险公司投保了一份重大疾病险，保险金为10万元。填写投保单时，刘先生没有在该投保单上的告知事项中表明自己有既往疾病，8月底，保险公司签发了保险单。2008年10月，刘先生因左肾多囊出血住院治疗，2009年1月，经医治无效死亡。

2009年3月，受益人提出理赔。保险公司在理赔查勘的过程中发现，刘先生在2004年曾因肾病（肾病属于该重大疾病险承保的疾病）做过检查。于是，保险公司以刘先生在投保时未告知既往肾病病情，没有履行如实告知义务、带病投保为由拒赔，并解除合同。刘先生家人起诉保险公司，要求法院判决其支付保险金10万元。

【分析】依据2009年10月1日修订后的新《保险法》，此合同自签订至事故发生已超过两年，所以保险公司已丧失抗辩权，该合同成为不可争合同，因此，保险公司应按照合同约定承担责任。

2. 年龄误告条款

年龄误告条款规定，如果投保人在投保时误告了被保险人的年龄，保险合同依然有效，但应该进行更正和调整。由于被保险人的年龄是保险人决定承保以及确定费率的依据，因此对于投保人有意或无意报错被保险人的年龄，我国《保险法》规定了相应的处理办法。《保险法》第三十二条规定：投保人申报的被保险人年龄不真实，并且其真实年龄不符合合同约定的年龄限制的，保险人可以解除合同，并按照合同约定退还保险单的现金价值。投保人申报的被保险人年龄不真实，致使投保人支付的保险费少于应付保险费的，保险人有权更正并要求投保人补交保险费，或者在给付保险金时按照实付保险费与应付保险费的比例支付。投保人申报的被保险人年龄不真实，致使投保人支付的保险费多于应付保险费的，保险人应当将多收的保险费退还投保人。

年龄误告的情形和处理办法见表1-9。

表1-9 年龄误告的情形和处理办法

年龄误告的情形	处理办法
申报年龄不真实，且真实年龄不符合投保要求	保险人解除合同并退还现金价值
申报年龄 < 实际年龄	补交保险费或调低保险金额
申报年龄 > 实际年龄	退还多收保费

项目案例链接

【案情】2002年3月，张女士为9岁的儿子投保了某保险公司的"子女教育婚嫁金"保险，年交保费至18岁。但在投保时把年龄误报为8岁。2005年10月，张女士的儿子遭遇意外住院治疗，她担心保险公司以谎报年龄，没有如实告知为由拒绝给付医疗理赔金。

【分析】对于年龄没有如实告知，保险法中有特别的规定：申报的被保险人年龄不真实，并且其真实年龄不符合合同约定的年龄限制的，保险人可以解除合同，并在扣除手续费后，向投保人退还保险费，但是自合同成立之日起逾二年的除外。据此，张女士儿子的真实年龄符合投保要求，而且投保至今已有3年，保险合同有效，保险公司不能拒赔。不过，张女士投保的保险合同规定，9周岁投保者每年需交保费78.9元，而8周岁投保者每年只交保费69.1元，张女士每年少交9.8元的保费。在得到保险公司的理赔金之前，张女士必须补齐每年少交的保费，或者按照实交保费与应交保费的比例减少保险金的给付。

3. 宽限期条款

人身保险合同是长期性合同，在较长的交费期内，投保人可能会出现疏忽、外出、生病、经济困难等客观情况导致不能按时交纳保费，如果保险合同因此而失效的话对于投保人和被保险人均是不公平的，同时也会给保险人带来业务上的损失，因此规定了宽限期条款。

宽限期条款指在分期交费的人寿保险中，如果投保人支付首期保费后，未按时交纳续期保险费时，一般会给予一定的宽限时间，即宽限期。在宽限期内，保险合同仍然有效，如果发生保险事故，保险人仍予负责，但要从保险金中扣除所欠的保险费。我国《保险法》规定保险合同的宽限期为60天。

4. 中止和复效条款

人身保险的保险合同在有效期间内，由于缺乏某些必要条件（如宽限期后仍未交纳保险费）而使合同暂时失去效力的，称为合同效力中止；效力中止的合同可以为投保人保留一段时间的申请复效权，即合同复效。一般来说，保单复效比重新投保一份新的保单更有利,复效的保险合同与原合同具有相同的效力,保险费、保险责任、保险金额均不发生变化。

申请复效要满足下列条件:

(1)申请复效不能超过规定的期限。我国《保险法》规定,保险合同效力中止的,投保人可以于两年内申请复效,两年内未达成复效协议的,保险人有权解除合同(如图 1-6 所示)。

(2)被保险人要符合可保条件。在保单效力中止期间,被保险人的健康、生活、职业等条件会发生变化,经验表明,健康状况不好的人往往更愿意提出复效申请,因此,为了避免逆选择,在申请复效时,投保人需提供被保险人的健康证明、体检报告等材料。

(3)投保人提出复效申请时须补交效力中止期间未交的保险费及利息。

(4)必须归还保险单所有质押贷款。

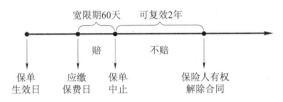

图 1-6 宽限期、效力中止和申请复效期限示意图

阅读材料

《保险法》第三十六条

合同约定分期支付保险费,投保人支付首期保险费后,除合同另有约定外,投保人自保险人催告之日起超过三十日未支付当期保险费,或者超过约定的期限六十日未支付当期保险费的,合同效力中止,或者由保险人按照合同约定的条件减少保险金额。

被保险人在前款规定期限内发生保险事故的,保险人应当按照合同约定给付保险金,但可以扣减欠交的保险费。

《保险法》第三十七条

合同效力依照本法第三十六条规定中止的,经保险人与投保人协商并达成协议,在投保人补交保险费后,合同效力恢复。但是,自合同效力中止之日起满二年双方未达成协议的,保险人有权解除合同。

项目案例链接

【案情】2008 年 12 月,吴先生在某保险公司投保一份长期意外险,约定每年 12 月保单生效日将交纳保费。2009 年 12 月,吴先生因疏忽而忘记交纳保费,2010 年 2 月,他在自家房顶上修理烟囱时不慎摔下致死。事后,保险公司调查发现吴先生的意外险尚未交纳当期保费。幸运的是,保单处于 60 天"宽限期"内,效力并未终止。由此,扣除应交保费后,保险公司向其家属赔付了 11.5 万元理赔金。

5. 自杀条款

自杀条款是人寿保险的常用条款之一。我国《保险法》规定,在包含死亡责任的人寿保险合同中,保险合同生效后的两年内被保险人因自杀死亡属除外责任,保险人不给付保险金,仅退还保单的现金价值;而保险合同生效满两年之后被保险人因自杀死亡,保险人要承担保险责任,按照约定的保险金额给付保险金。自杀条款是为了规避被保险人自杀骗保的道德风险。

构成故意自杀需要具备两个条件:即主观上,行为人必须有结束自己生命的意愿;客观上,行为人必须实施了足以使自己死亡的行为。

值得注意的是:对于复效的保险合同,两年的自杀免赔期间要从复效时刻重新起算。

《保险法》第四十四条

以被保险人死亡为给付保险金条件的合同,自合同成立或者合同效力恢复之日起二年内,被保险人自杀的,保险人不承担给付保险金的责任,但被保险人自杀时为无民事行为能力人的除外。

项目案例链接

【案情一】小章是一个活泼可爱的女孩子,18岁那年,父亲给她投保了一份终身寿险。第二年,小章的男朋友忽然移情别恋,给了小章极大的打击。正在小章情绪低落的时候,她在学校的考试中也没能及格。于是,小章的情绪越发低落。在自己不能排解的情况下,小章选择了服毒自杀。她的这种选择给父母带来了沉重的打击,于是向保险公司申请索赔。思考:保险公司是否承担赔偿责任?

【分析】首先本案例中小章是个完全民事行为能力人,其自杀行为在合同成立两年内,并且小章不仅在行为上实施了足以使自己死亡的行为,而且她当时神志正常,有强烈的求死愿望,因此根据自杀条款的规定,不属于保险公司保险责任。

【案情二】2001年10月,司机姚某驾驶汽车时使用手机,由于注意力不集中发生车祸,撞伤了两个行人。其中一个行人伤势严重,有生命危险。交通管理部门经过事故现场勘察,认定姚某应负全部责任。姚某得知后,精神恍惚,到后来神志错乱不能自控,经诊断是患了突发性精神分裂症,还没等事故善后处理完毕,就趁家人不备跳河自杀身亡。如果姚某于2000年购买了人寿保险,能否得到保险公司的赔偿?

【分析】依据民法的一般原理,精神病人和10周岁以下未成年人属于无民事行为能力人,无民事行为能力人实施的行为在法律上是无效的。本案中死者姚某由于突发精神分裂症,已成为一个无民事行为能力人,其所实施的一切行为(包括自杀)在法律上都是不能产生效力的,因此虽然本案的自杀行为是在合同生效的两年内,但依据《保险法》第44条之规定,保险公司仍然应当承担给付保险金的责任。

6. 不丧失价值条款

如前面内容所讲,人寿保险中除定期寿险外,保单均具有现金价值。不丧失价值条款即指人寿保单所有人享有保单现金价值的权利,不因保单效力的变化而丧失;保险合同解约或终止时,保单的现金价值依然存在,且保单所有人有权选择有利于自己的方式来处理保单所有的现金价值。处理保单现金价值的方法有以下三种:

(1)退保时,保险人退还现金价值;

(2)变成展期定期保险,即用现金价值作为趸交保费,购买与原保单具有相同保险金额的定期保险,保险期间为净现金价值所能购买的最长期限,即保障程度不发生变化;

（3）变成减额交清保险，即用现金价值作为趸交保费，购买保险金额变化，保险期间与原保单相同的交清保险，即保险期限和保险责任不变。

7. 自动垫交保费条款

如果保险合同生效满一年期限（一般是两年）之后，投保人没有按期交纳保险费，保险人则自动以保单项下积存的现金价值垫交保险费，直至将保单现金价值用完为止。自动垫交保费条款能够尽可能维持保险合同的效力。在垫交保费期间，投保人若再交纳保费，应补交所欠保费及利息。垫交保费期间，保险合同仍然有效，发生保险事故，保险公司承担保险责任。保单现金价值垫付保费使用完毕后，保险合同终止。此条款的前提是保单具有的现金价值足够交付所欠保费，且是否自动垫交保费由投保人和保险人事先约定并在保单上注明。

8. 保单贷款条款

人寿保险合同生效满一定期限（一般是两年）后，投保人可以以保险单为抵押向保险人或第三者申请贷款。人寿保险的保险单具有现金价值，一般规定在保险单经过两年后，可将保单抵押给保险人申请贷款。实际操作中，一般贷款额度不超出保单现金价值的一定比例，比如80%；贷款期限不超过一年。当贷款本利和达到保单现金价值时，投保人应按照保险人通知的日期归还款项，否则保险合同终止。

阅读材料

新华人寿保险股份有限公司红双喜
两全保险（分红型）（C款）条款（2002）

第十六条　保单质押贷款　本合同已交足二年以上保险费且保险期间满二年时，经被保险人书面同意，投保人可凭保险单向本公司申请质押贷款。经本公司同意，贷款金额以贷款时"现金价值净额"的70%为限，每次贷款期限不得超过六个月。贷款利息在贷款到期时应与本金一并归还，逾期不还者，贷款本息与其他各项欠款本息达到保险单现金价值全数时，本合同终止。

上述所称"现金价值净额"是指本合同有效保险金额对应的现金价值扣除欠交的保险费及利息以及其他欠款本息后的余额。

投保人申请保单质押贷款须填写申请书，并凭保险单、最近一期交费凭证、投保人的户籍证明及身份证明办理。

任务三　健康保险

一、健康保险的含义

健康保险是以人的身体为保险标的，对因健康原因（疾病、意外伤害等）引起的费用支出或收入损失提供补偿或给付的保险。健康保险并不是保证被保险人不受疾病困扰、不受伤害，而是以被保险人因疾病等原因需要支付医疗费、护理费，因疾病造成残疾以及因生育、疾病或意外伤害暂时或永久不能工作而减少劳动收入为保险事故的一种人身保险。

健康保险主要有以下两层含义：① 健康保险承保的保险事件是疾病和意外伤害事故两种。疾病主要是由人体内部的生理或疾病因素造成的；意外伤害事故则由人们非本意的、外来的、突然的因素所造成的。② 健康保险所承保的危险是因疾病（包括生育）导致的医疗费用开支损失和因疾病或意外伤害致残导致的正常收入损失。

疾病和意外伤害事故带给人们的结果可能是同样的，即到医院治疗而支出医疗费用或者耽误工作而减少劳动收入。因此，健康保险正是针对这两种后果而规定其保险责任为提供人们在医疗费用开支和收入损失上的保障。

健康保险的可保疾病，通常必须具备三个条件：

（1）内部原因的疾病。强调内部原因对人们健康构成威胁甚至危害，实质上是将健康保险与意外伤害保险区分开来的一个重要标准。健康保险要求的疾病必须是由人身体内部的某种原因引发的，即是由于某个或多个器官、组织、甚至系统病变而致功能异常，从而出现各种病理表现的情况，比如肺炎会引起发烧，肠炎直接反映为腹泻等。

（2）非先天性疾病。保险的一个重要特征就是对那些在保险期间内发生的保险事故由保险人根据保险合同履行补偿或给付义务，健康保险要求疾病发生在保险合同的效力期间。根据这样的原则，一切身体上先天存在的缺陷，比如先天性心脏病、先天性目盲、耳聋等，都不属于健康保险承保范围之内。

（3）必须是由于非长存的原因所造成的。在人的一生中，要经历生长、成年、衰老的过程，因此在机体衰老的过程中，也会显示一些病态，比如随着年龄的增长出现视力下降，记忆力减退，这是人生必然要经历的生理现象，属于生理上长存的原因。对每一个人来讲，衰老是必然的，但在衰老的同时，诱发出其他疾病却是偶然的，需要健康保险来提供保障。

二、健康保险的特点

（一）健康保险多为短期合同

健康保险的期限与人寿保险不同，除重大疾病保险外，绝大多数为一年期的短期合同。主要原因：一是医疗服务成本呈递增趋势；二是疾病发生率每年变动较大，保险人很难计算出一个长期适用的保险费率。因此，健康保险一般都属于短期保险。

（二）健康保险具有综合性

健康保险的内容广泛而复杂，保险事故包括疾病、由疾病所致残疾或死亡等。由于疾病所导致的医疗费用和收入的损失是损失补偿型的，被称为单纯的健康保险。由疾病所致残疾的，除了要求对医疗费用进行补偿外，还要求补偿被保险人的经济收入损失，属于残疾保险。因疾病所致死亡的，还要求补偿因被保险人的死亡而支出的丧葬费用及其遗属的生活费用，属于死亡保险。因此，健康保险既是独立的保险业务，又具有综合保险的性质。

（三）健康保险承保的风险程度与被保险人年龄、职业和身体状况有密切关系

随着被保险人年龄的增长，疾病发生的概率逐渐增加；被保险人从事职业的不同，也直接影响其是否易患某些职业性疾病；同时，被保险人体质的好坏也与疾病的发生有着密切的关系。因此，健康保险的承保条件一般比寿险严格得多，对投保健康保险的被保险人要仔细审查诸如体格、家庭病史、既往症等风险因素，必要时还需要进行身体检查。

（四）健康保险是集补偿性与给付性于一体的人身保险

在健康保险中，对被保险人因为疾病在医院医治所发生的医疗费用支出和由此引起的其他费用损失，保险人进行补偿，这类险种属于补偿性的。因此，对于健康保险中，由于第三者责任造成被保险人发生医疗费用或收入的损失，如果被保险人已从第三方得到补偿，保险人可以不进行赔偿；如果保险人已向被保险人给付保险金，则可以依法享有对第三人（肇

事方）的代位为追偿权。由疾病导致被保险人残废或死亡的，保险人支付的保险金又具有给付性质。健康保险是"集补偿性与给付性于一体的人身保险"。

三、健康保险的种类

健康保险按承保的内容分类，可以分为医疗保险、疾病保险、收入损失保险和长期护理保险。

（一）医疗保险

医疗保险，又称医疗费用保险，是指提供医疗费用保障的保险，保障的是被保险人因疾病或生育需要治疗时支出的医疗费用损失。其中，费用包括医生的医疗费和手术费、药费、住院费、护理费、检查费和医疗设施的使用费等。各种不同的健康保险所保障的费用一般是其中的一项或若干项组合。常见的医疗保险有普通医疗保险、住院保险、综合医疗保险等。

（二）疾病保险

疾病保险指以保险合同约定的疾病的发生为给付保险金条件的保险。疾病保险主要包括重大疾病保险和特种疾病保险两种。通常疾病保险的保险金额比较高，给付方式一般是在确诊为合同约定的疾病后，立即一次性支付保险金额。

1. 重大疾病保险

2007年4月3日，中国医师协会和中国保险行业协会制定出台了《重大疾病保险的疾病定义使用规范》，该规范规定：自2007年8月1日起，若以"重大疾病保险"命名的保险，必须包括成年人最常见的25种疾病中发病最高的6种：恶性肿瘤、急性心肌梗塞、脑中风后遗症、冠状动脉搭桥术、重大器官移植术或造血干细胞移植术、终末期肾病。除此六种疾病外，对于该规范疾病范围以内的其他疾病种类，保险公司可以选择使用。

> **阅读材料**
>
> ## 中国保险协会《重大疾病保险的疾病定义使用规范》
>
> 重大疾病保险宣传材料的相关规定：在重大疾病保险的宣传材料中，如果保障的疾病名称单独出现，应当采用以下主标题和副标题结合的形式。
> （1）恶性肿瘤——不包括部分早期恶性肿瘤
> （2）急性心肌梗塞
> （3）脑中风后遗症——永久性的功能障碍
> （4）冠状动脉搭桥术（或称冠状动脉旁路移植术）——须开胸手术
> （5）重大器官移植术或造血干细胞移植术——须异体移植手术
> （6）终末期肾病（或称慢性肾功能衰竭尿毒症期）——须透析治疗或肾脏移植手术

2. 特种疾病保险

特种疾病保险是专门为被保险人患上特种疾病而发生的医疗费用提供补偿的健康保险。此类保险多为护理性质，如牙科、眼科保健保险。

（三）收入损失保险

收入损失保险又称为失能收入损失险，是指以因保险合同约定的疾病或者意外伤害导致工作能力丧失为给付保险金条件，为被保险人在一定时期内收入减少或者中断提供保障的保险。具体是指当被保险人由于疾病或意外伤害导致残疾，丧失劳动能力不能工作以致失去收入或减少收入时，由保险人在一定期限内分期给付保险金的一种健康保险。

失能收入损失险的保险金主要依被保险人的选择，保险公司每月或每周提供同样金额的收入补偿。然而失能收入损失险所提供的保险金，不一定能完全补偿被保险人因伤残而遭到的收入损失，它的给付限额低于被保险人在伤残以前的正常收入水平，这是为了促使伤残的被保险人尽早重返工作岗位。失能收入损失保险不仅能补偿不幸者的一定的收入损失，还保障了他们失能后的生活水平。对收入占家庭收入主要部分的"顶梁柱"来说，选购这样的保险产品，是对家庭负责任的一种表现。

阅读材料   **国内首款"失能收入损失保险"面市**

2008年11月11日，中国人民健康保险股份有限公司推出了国内首款失能收入损失保险（简称失能险），将专门通过团体营销渠道在全国销售，主要目标客户为那些对劳动保护要求较高的行业，如铁路、地铁等基建行业的企事业单位。

失能险是健康保险的一种，它与医疗险、疾病险、护理险等险种共同构成了健康保险产品的完整体系。失能险具有较强的公益性，企事业单位为其员工团体投保了该险种后，一旦员工在保险期间因工伤或非工伤原因，完全或部分丧失劳动能力，保险公司即给付失能收入损失保险金，使他们能维持失能后的生活水平。

此次该款名称为"金福利"的团体失能保险，保险期间为1年，投保所交保费为每人480元，被保险人发生保险事故后，领取保险金的方式有两种，既可以采取月领的方式，领取至被保险人身故、恢复健康或给付期满为止；也可以采取一次性领取的方式。

人保健康产品开发部总经理乔善波表示，失能保险可以与目前企业参加的工伤保险互为补充。对于劳动者残疾后的损失，工伤保险只能解决部分由于工伤导致的伤残费用，而失能保险还能解决非工伤原因如疾病、意外等导致的伤残费用。

（四）长期护理保险

长期护理保险是为因年老、疾病或伤残而需要长期照顾的被保险人提供护理服务费用补偿的健康保险。

长期护理保险的保险范围分为医护人员看护、中级看护、照顾式看护和家中看护四个等级，长期护理保险保险金的给付期限有一年、数年和终身等几种不同的选择，同时也规定有20天、30天、60天、90天、100天或者说80天等多种免责期。

四、健康保险的特殊条款

在健康保险合同中，除适用一般人寿保险合同的不可抗辩条款、宽限期条款、不丧失价值条款等条款外，健康保险合同的条款设计上还往往有核保的考虑。因为健康保险是以被保险人的本身利益为目的而投保的，且其承保事故不如人寿保险那么明确，道德危险或危险的逆向选择可能性大，因此在健康保险合同中需要有为核保目的而设计的条款，如观察期条款、免赔额条款、比例给付条款、给付限额条款、免责期条款等。

（一）观察期条款

规定观察期条款是为了防止可能出现的逆选择。观察期是指健康保险合同订立后到保险人开始履行保险金给付责任的一段时期（90天或180天），只有观察期满之后，保单才正式生效，观察期内发生保险事故，保险人不承担责任。

项目案例链接

【案情】自贡的许女士在2005年11月17日购买了一份女性重大疾病保险，该保险的观察期为90天，2006年1月10日，不幸降临到许女士身上，她被查出患有乳腺癌。她了解到，重大疾病保险是及时给付型保险，只要医院确诊就可以获得足额保险金。她遂于2006年1月20日向保险公司提出理赔请求。但保险公司查看保单情况后，做出拒赔决定，理由是：该保单还在观察期内，保险公司不需要承保。

【分析】保险公司的拒赔做法是合理的。因为为了防范带病投保等骗保行为，也为了降低保险公司风险，在重疾险合同中都有一条规定，就是："保险责任从观察期结束之日起开始，如果保险事故是在观察期内发生的，保险公司不负赔偿责任。"根据保险合同，没有过观察期，也就意味着保险责任还没有正式生效，许女士当然也就无法得到赔偿。

这个案例提醒大家在购买健康保险时，比较观察期的长短也是一个重要的考量因素。根据《健康险管理办法》，短期健康保险产品的保险责任等待期（观察期）不得超过90天；长期健康保险产品的保险责任等待期不得超过180天。以重大疾病险为例，目前市面上的产品有的观察期长达180天，但有的仅有90天，甚至60天，在价格、保险责任等差不多的情况下，选择观察期短的保险当然对我们投保人更有利些。

（二）免赔额条款

免赔额条款是医疗保险的主要特征之一，这种规定对保险人和被保险人都有利。在医疗费用方面，保单中规定了免赔额，即保险费用给付的最低限额，保险人只负责超过免赔额的部分。规定了免赔额之后，小额的医疗费由被保险人自负，大额的医疗费由保险人承担。这种一定比例的自负费用能够促使被保险人努力去恢复身体，而不会去利用没有必要的服务和医疗设备；而且并不意味着医疗保险就可以随便拿药、住院，医疗保险并不是无限度的。

（三）比例给付条款

又称为共保比例条款，是保险人采用与被保险人按一定比例共同分摊被保险人的医疗费用的方式进行保险赔付的方式。此种情形下，相当于保险人与被保险人的共同保险。如果同一份健康保险合同既有共保条款又有免赔额条款，则是指保险人对超出免赔额以上部分的医疗费用支出，采用与被保险人按一定比例共同分摊的方法进行保险赔付。这样，既有利于被保险人对医疗费用的控制，也有利于保障被保险人的经济利益，从而达到保险保障的目的。

（四）给付限额条款

在补偿性质的健康保险合同中，保险人给付的医疗保险金有最高限额规定，如单项疾病给付限额、住院费用给付限额、手术费用给付限额、门诊费用给付限额等。健康保险的被保险人的个体差异很大，其医疗费用支出的高低差异也很大，因此为保障保险人和大多数被保险人的利益，规定医疗保险金的最高给付限额，可以控制总的支出水平。而对于具有定额保险性质的健康保险，如大病保险等，通常没有赔偿限额，而是依约定保险金额实行定额赔偿。

(五) 免责期条款

也称等待期，是指健康保险中由于疾病及其导致残疾、死亡发生后到保险金给付之前的一段时间。健康保险的保险合同在"保险金的申请和给付"条款中一般都要加上"等待期"的约定，时间长短不一，短的只有3、5日，长的可达90日。在等待期内一切经济上的负担要由被保险人自己承担，这就避免了被保险人以暂时性疾病或以其他不当手段制造保险事故假冒来骗取保险金，给保险人的经营带来不利的影响；第二则是保险人可以充分利用这段时间进行调查、核实，杜绝不良现象发生，以保证经营的需要。

阅读材料　　**中国人民健康保险股份有限公司**

守护专家意外医疗（推广版）团体医疗保险责任条款见表1-10。

表1-10　守护专家意外医疗（推广版）团体医疗保险责任条款

项目	保险责任及责任免除
意外伤害事故费用限额	由投保人与本公司共同约定被保险人的每次意外伤害事故及全年意外伤害事故的费用限额，并在保险单中载明
保险责任	本合同保险期间为一年。保险期间内，本公司承担下列保险责任
等待期设置	本合同的保险责任无等待期
意外伤害医疗保险金	被保险人因遭受意外伤害事故，在医院急诊或普通病房住院进行治疗，对每次意外伤害事故发生之日起180天内产生的合理且必需的急救车费及符合投保所在地社会基本医疗保险支付范围的、合理且必需的医疗费用（包括床位费用、药品费用、护理费用、诊疗费用、治疗费用、检查化验费用、手术费用），本公司在约定的费用限额以内，扣除约定的免赔额后，按约定的比例给付意外伤害医疗保险金

任务四　意外伤害保险

一、人身意外伤害保险的含义

(一) 意外伤害的含义

意外伤害包括意外和伤害两层含义。首先被保险人要受到"伤害"，"伤害"是指被保险人的身体受到侵害的客观事实，由致害物、致害对象、致害事实三个要素构成。其中致害物必须是外来的，且致害物侵害的对象为被保险人的身体，才能构成伤害；其次，所遭受的伤害必须是"意外"的，这里的"意外"是就被保险人的主观状态而言，侵害的发生是被保险人事先所不能预见或无法预见的，或违背被保险人的主观意愿的。

(二) 意外伤害保险的定义

人身意外伤害保险简称意外伤害保险，是指以意外伤害而致身故或残疾为给付保险金条件的人身保险。投保人向保险人交纳一定量的保险费，如果被保险人在保险期限内遭受意外伤害并以此为直接原因或近因，在自遭受意外伤害之日起的一定时期内造成死亡、残废、支出医疗费或暂时丧失劳动能力，则保险人给付被保险人或其受益人一定量的保险金。

二、构成意外伤害的条件

意外伤害保险中所称意外伤害是指，在被保险人没有预见到或违背被保险人主观意愿的情况下，突然发生的外来致害物对被保险人的身体明显、剧烈的侵害的客观事实。构成意外伤害必须具备三个条件：

（一）意外伤害必须是外来的、非疾病的原因引起的

是指伤害是由于被保险人身体外部原因造成的，如车祸、被歹徒袭击、溺水、食物中毒、光辐射、化学性的酸、碱、毒剂、毒气等。由身体内部原因（如疾病）造成的伤害不属于意外伤害的范畴。

（二）意外伤害必须是非本意的

是指意外事件的发生并非被保险人的主观意愿，也是被保险人未预料到的，如飞机坠毁等。被保险人故意的自伤、自残所导致的伤害，以及被保险人可以预见到、可以抗拒的事件造成的伤害，都不属于非本意的。如正常的被保险人从五楼跳下造成伤害，这是他应该能够预见到的后果，打架、斗殴、酒后驾车等造成的伤残或死亡，由于其结果是可以预料并事先可防止的，因此这些都不属于非本意的，都不是意外伤害保险的保险责任。另有一些事故虽然可以预见或避免，但由于无法抗拒或履行职责不得回避，也应列入"意外"范围，如轮船着大火被迫跳海逃生，见义勇为与歹徒搏斗而负伤等。

（三）意外伤害必须是突发的

造成意外伤害的直接原因是突然出现的，没有较长的过程，如落水、触电、跌落等。而长期接触汞造成汞中毒，长期接触粉尘造成尘肺病，这些伤害都是经过长期积累，逐步形成的，而且是可以预见和预防的，故不属于意外事故。

上述构成意外伤害的三个条件必须同时具备，缺一不可，缺少任何一个条件都不能构成意外伤害保险中的意外伤害。

项目案例链接

【案情】申先生2005年在光大永明人寿保险有限公司北京分公司为父亲投保了综合个人意外伤害保险。2006年3月26日其父在超市购物时意外身亡，死亡原因为"非正常死亡"。保险公司受理了理赔申请。但3个月后，保险公司表示拒绝承担意外身故保险金给付责任。申先生起诉要求保险公司给付保险金5万元并支付利息。

此案焦点是被保险人死亡是否属于意外事故。申先生提出他理解的"意外"是新华字典的定义，即意料之外、想不到的事，多指不幸的事，而保险公司认为保险合同的名词释义对"意外"已有明确约定，是指外来的、非本意的、突然的、剧烈的、非疾病的，因申先生之父的死亡并没有外来的原因致死，所以不属于意外身故。

根据警方的死亡证明，申先生之父的死亡原因为"非正常死亡"。保险公司认为，"非正常死亡"不能等同于"意外身故"。法院支持了保险公司的说法，认为现有证据不能证明老人死亡是外来原因所致，因此不符合合同约定的"意外身故"的理赔条件。

【分析】在本案中申先生父亲的死亡应属于猝死，那么猝死是否属于意外伤害？世界卫

生组织定义：发病后6小时内死亡为猝死。特点：① 死亡急骤；② 死亡出人意料；③ 自然死亡或非暴力死亡，死得不明不白。此定义的释义：指平时貌似健康的人，因潜在的自然疾病突然发作或恶化，而发生的急骤死亡。更准确的解释则是：器官不堪负荷而身亡的，都称之为猝死。根据这一定义可知，导致猝死的原因是自身潜在的原因，并非外来的原因，因此，猝死不满足意外伤害的条件，故申先生父亲的死亡不属于意外伤害保险的保险责任。

三、意外伤害保险的分类

意外伤害保险按投保方式的不同，可以分为个人意外伤害保险和团体意外伤害保险。

（一）个人意外伤害保险

个人意外伤害保险是指由一个自然人（即投保人）投保，被保险人通常为一人的意外伤害保险。个人意外伤害保险还可以进一步细分如下：

1. 按实施的方式分类

按实施的方式的不同分类，个人意外伤害保险可分为自愿意外伤害保险和强制意外伤害保险。

自愿意外伤害保险的双方当事人在自愿基础上通过平等协商订立合同，投保人可以选择是否投保以及向哪家保险公司投保，保险人也可以选择是否承保及承保条件。人们在日常生活、工作中可能遇到的大部分意外伤害保险均为自愿的；强制意外伤害保险又称法定意外伤害保险，是指由国家机关通过颁布法律、法规强制施行的意外伤害保险。凡属法律、法规所规定的强制施行范围内的人，必须投保，无选择余地。如我国铁路旅客意外伤害强制保险。

2. 按保险危险分类

按保险危险的不同，个人意外伤害保险可分为普通意外伤害保险和特定意外伤害保险。

普通意外伤害保险承保在保险期限内发生的各种可保意外伤害，而不是特别限定的某些意外伤害。实务中大多数意外伤害保险属于此类，比如个人人身意外伤害保险、团体人身意外伤害保险、学生团体平安保险等。特定意外伤害保险的保险责任范围仅限于在特定时间、特定地点或特定原因发生的意外伤害。其中最主要的是旅行意外伤害保险、交通事故意外伤害保险和电梯乘客意外伤害保险。

（1）旅行意外伤害保险，以被保险人在旅行途中，因意外事故遭受伤害为保险事故。保险人一般对约定的旅行路线和旅行期间的保险事故承担责任。如飞机失事或船舶碰撞而致旅客的伤害即是。目前，我国对于乘飞机、轮船、汽车旅行时购买的旅行意外伤害保险均为自愿保险，只有铁路旅客的保险费是附加到票价中的强制保险。

（2）交通事故意外伤害保险，主要针对交通工具遇到交通事故给被保险人造成的伤害、残疾和死亡，而且赔偿范围扩大到交通工具之外的等候场所。它所承保的危险有：

① 作为乘客的被保险人在交通工具行驶、飞行过程中所遭受的意外伤害事故；

② 作为乘客的被保险人在交通工具搭乘场所（候车、候机、候船）时所遭受的意外伤害事故；

③ 作为行人的被保险人因遭受空中物体坠落而遭受的意外伤害事故；

④ 被保险人被交通工具所撞，或因交通工具发生火灾、爆炸所遭受的意外事故。

（3）电梯乘客意外伤害保险，指被保险人乘电梯时发生意外事故造成伤残或死亡时，由保险人给付赔偿责任的保险。投保人是置办电梯或者安装电梯的社会组织或经济单位，被保险人是使用电梯的乘客，保险责任仅限于在专门载乘顾客的专用电梯内的意外事故。

3. 按保险期限分类

个人意外伤害保险可分为一年期意外伤害保险、极短期意外伤害保险和多年期意外伤害保险。

一年期意外伤害保险的保险期限为一年，实务中一年期的产品占大部分，比如，个人人身意外伤害保险、人身意外伤害综合保险和附加意外伤害保险等。极短期意外伤害保险是保险期限不足一年、往往只有几天、几小时甚至更短的意外伤害保险。航空意外伤害保险、公路旅客意外伤害保险、旅游保险、游泳池人身意外伤害保险、索道游客意外伤害保险等均属此类产品。多年期意外伤害保险的保险期限超过一年，但这类产品一般不多。

（二）团体意外伤害保险

团体保险是指使用一份总保单向一个团体的多个成员提供人身保险保障的一类保险业务。以该团体的全部或大部分成员为被保险人，对被保险人因意外事故导致死亡、残疾或产生医疗费用的，保险人按合同约定给付保险金的意外伤害保险。实务中团体意外伤害保险业务占有相当大的比例。

团体意外伤害保险的保险责任和给付方式等均与个人意外伤害保险相同，但保单效力方面有所不同。团体意外伤害保险中，被保险人一旦脱离投保的团体，保单效力对该被保险人即行终止，投保团体可以为该被保险人办理退保手续，而保单对其他被保险人仍然有效。

四、意外伤害保险的可保风险

意外伤害保险承保的风险是意外伤害，但并非一切意外伤害都是其所能承保的，按照是否可保划分，意外伤害可以分为不可保意外伤害、特约承保意外伤害和一般可保意外伤害三种。

（一）不可保意外伤害

不可保意外伤害，也可理解为意外伤害保险的除外责任，即保险人不应该、也不能够承保的意外伤害，如果承保，则违反法律的规定或违反社会公共利益。对于不可保意外伤害，在意外伤害保险条款中应明列为除外责任。不可保意外伤害一般包括：被保险人在犯罪活动中、在寻衅殴斗中所受的意外伤害；被保险人在酒醉、吸食（或注射）毒品后发生的意外伤害以及由于被保险人的自杀行为造成的伤害。

（二）特约承保意外伤害

特约承保意外伤害，即从保险原理上讲虽非不能承保，但保险人考虑到保险责任不易区分或限于承保能力，一般不予承保，只有经过投保人与保险人特别约定，有时还要另外加收保险费后才予承保的意外伤害。可特约承保的意外伤害包括：由于战争、核辐射等原因造成被保险人的意外伤害；被保险人在从事登山、跳伞、滑雪、赛车、拳击、江河漂流、摔跤等剧烈的体育活动或比赛中遭受意外伤害；以及由于医疗事故造成的意外伤害（如医生误诊、检查时造成的损伤、手术切错部位、药剂师发错药品等）。

（三）一般可保意外伤害

一般可保意外伤害是在一般情况下都可以承保的意外伤害。除不可保意外伤害、特约承保意外伤害以外，均属一般可保意外伤害。一般可保意外伤害必须是被保险人身体上的伤害,且必须是由外界原因、意外事故所致的伤害。

五、意外伤害保险的保险责任

意外伤害保险的保险责任是被保险人因意外伤害所致的死亡和残废,不负责疾病所致的死亡。只要被保险人遭受意外伤害的事件发生在保险期内,而且自遭受意外伤害之日起的一定时期内(责任期限内,如90天、180天等)造成死亡残废的后果,保险人就要承担保险责任,给付保险金。

意外伤害保险的保险责任的三个必要条件:① 被保险人在保险期间内遭受了意外伤害;② 被保险人在责任期限内死亡或残疾;③ 被保险人所遭受的意外伤害是死亡或残疾的最根本、最直接的原因。

项目四 财产保险

任务一 财产保险概述

阅读材料 行业保费收入增速有望维持在20%以上

2009年以来国内财产险行业保费收入呈现高速增长,2008年11月至2011年11月的年均复合增长率为24.0%,其中2009年的增速为22.3%,2010年同比增长了34.5%,2011年前11月同比增长了18.3%。我们认为增长的主要原因,是由于四万亿刺激政策出台后,新车(特别是私车)销量大增,带动车险保费收入高速增长。

就行业平均而言,非车险业务保费收入约占总保费收入的25%左右。就平安产险和太保产险公布的数据,过去三年两家公司年均增速的算术平均值分别为34.5%和22.4%。我们预计,2012年行业非车险业务保费收入增速虽然会略低于车险业务的增速,但超过20%的可能性仍较大。

综合而言,我们认为2012年国内财产险行业的保费收入增速会超过20%,根据是2012年财产险行业保费收入增速的敏感性分析,阴影部分的平均值为21.1%。我们预计,国内主要保险公司的开门红情况将好于市场预期,部分公司的增速可能高于去年同期。

资料来源:瑞银证券责任有限公司报告

一、财产保险的概念

财产保险的概念有广义与狭义之分。广义的财产保险是指以财产及有关经济利益和损害赔偿责任为保险标的的保险。我国《保险法》第九十五条在规定财产保险业务时,就体现了广义的财产保险的范围,即"财产保险业务,包括财产损失保险、责任保险、信用保险、保证保险等保险业务"。狭义的财产保险则是指以物质财产为保险标的的保险,狭义的财产保险通常称为财产损失保险。

二、财产保险的特征

(一)财产风险的多样性

不同的财产面临着不同的风险。如:作为家庭财产一项中的房屋,因为其地址固定,所以会面临着遭受暴雨、暴风、洪水等自然灾害和火灾、爆炸等意外事故的风险。作为家庭财产另一项中的家用汽车,则因为其经常处于行驶中的特点,除了上述的自然灾害、意外事故风险外,还可能遭受与外界运动或静止物体发生碰撞的风险,由此还会引致车辆驾驶人员的责任风险等。因此,财产的多样性决定了财产风险的多样性,承保财产风险的财产保险也随之多种多样。

(二) 保险标的必须可以用货币衡量

不同财产保险种类承保不同的保险标的。从广义的角度来说,财产保险的保险标的包括财产及有关的经济利益、损失赔偿责任等。其存在形式可以分为有形财产、无形财产或有关利益。有形财产包括厂房、机器设备、机动车辆、船舶、货物等;无形财产或有关利益包括各种费用、产权、预期利润、信用与责任等。

但无论财产保险标的种类多么纷繁复杂,都必须具备一个重要条件,即必须是可以用货币来衡量的财产和利益方可成为财产保险的保险标的,而不能用货币衡量的财产或利益不能作为财产保险的保险标的,如空气、江河、国有土地等。

(三) 保险利益的特殊性

仅就财产保险中的财产损失保险而言,与人身保险相比,财产损失保险的保险利益的特殊性主要体现在以下三个方面:

(1) 就保险利益的产生而言,财产保险的保险利益产生于人与物之间的关系,即投保人(或被保险人)与保险标的之间的关系;人身保险的保险利益则产生于人与人之间的关系。

(2) 就保险利益的量的限定而言,在财产保险中,保险利益有量的规定性,即不仅要考虑保险利益是否存在,还要考虑保险利益的额度大小。投保人对保险标的的保险利益仅限于保险标的的实际价值,因此保险金额须以财产的实际价值为限,保险金额超过财产的实际价值部分将因该保险利益不存在而无效;人身保险的保险利益,除债权人和债务人之间的保险利益外,一般没有量的规定。

《保险法》第五十五条第三款规定:保险金额不得超过保险价值。超过保险价值的,超过部分无效,保险人应当退还相应的保险费。

(3) 就保险利益的时效而言,在一般情况下,财产保险的保险利益要求在损失发生时存在。一旦投保人或被保险人对保险标的的保险利益丧失,即使发生了保险事故,保险人也不会承担赔偿责任;人身保险的保险利益则要求在保险合同订立之时存在。在发生保险事故时,投保人对被保险人是否仍旧具有保险利益不会影响保险保险人的给付。

《保险法》第四十八条规定 保险事故发生时,被保险人对保险标的不具有保险利益的,不得向保险人请求赔偿保险金。

《保险法》第三十一条最后一款规定人身保险保险利益的存在时效,即订立合同时,投保人对被保险人不具有保险利益的,合同无效。

(四) 保险金额的确定有客观依据

财产保险保险金额的确定一般参照保险标的的实际价值,或者根据投保人的实际需要参照最大可能损失、最大可预期损失确定其所购买的财产保险的保险金额。确定保险金额的依据即为保险价值,保险人和投保人在保险价值限度以内,按照投保人对该保险标的存在的保险利益程度来确定保险金额，作为保险人承担赔偿责任的最高限额。由于各种财产都可依据客观存在的质量和数量来计算或估计其实际价值的大小，因此，在理论上，财产保险的保险金额的确定具有客观依据。

（五）保险期限的特殊性

财产保险的保险期限较短。普通财产保险的保险期限通常为1年或者1年以内，并且保险期限就是保险人实际承担保险责任的期限。但也存在一些特殊情况，例如，在工程保险中，尽管在保险单上列明有保险期限，但保险人实际承担保险责任的起止点往往要根据工程的具体情况确定，即受到承保风险的区间限制。保险责任的起止点可以向前追溯至运输期和制造期，向后延至试车期、保证期和潜在缺陷保证期。这就是说，工程保险的保险期限实际上包括了制造期、运输期、主工期、试车期、保证期和潜在缺陷保证期。

在货物运输保险和运输工具航程保险中，保险期限实际上是一个空间范围。例如，我国海上运输货物保险的保险期限的确定依据"仓至仓"条款，即保险人对被保险人货物所承担责任的空间范围是从货物远离保险单所载明的起运港发货人的仓库时开始，一直到货物运抵保单所载明的目的港收货人的仓库时为止；在远洋船舶航程保险中，保险期限以保单上载明的航程为准，即自起运港到目的港为保险责任的起讫期限。

（六）保险合同具有损失补偿性

与人身保险不同，财产保险是一种损失补偿合同。保险人只有在合同约定的保险事故发生并造成被保险人的财产损失时才承担经济补偿责任，而且补偿的额度以被保险人在经济利益上恢复到损失以前的状况为限，不允许被保险人获得额外利益。因此，在财产保险合同中，尽管可能出现超额保险、不足额保险、重复保险等现象，但是保险人在赔付的过程中都会按照损失补偿原则进行处理。例如，对于超额保险规定超出部分无效，只对保险金额范围内的损失承担责任，对于重复保险的损失赔偿实行损失分摊原则，使各保险公司的赔偿不至于超过保险标的的实际价值；对于不足额保险实行比例赔付原则；对于由于第三者的行为导致被保险人遭受保险责任范围内损失的，则实行保险人先行赔偿、再依法行使代位求偿权的原则等。

任务二　财产损失保险

财产损失保险是以各种有形的物质财产、相关的利益及其责任为保险标的的保险，构成了狭义财产保险的概念。其主要包括的险种有：企业财产保险、家庭财产保险、运输工具保险、货物运输保险、工程保险、特殊风险保险和农业保险等种类。

一、企业财产保险

企业财产保险是一个综合性险种，目前我国财产保险市场上各家财产保险公司提供多个险别供客户选择。仅以中国人民财产保险股份有限公司为例，其提供的企业财产保险险别就有30种之多：财产基本险、财产险附加险、财产一切险、财产综合险、电厂财产基本险、电厂财产一切险、电厂财产综合险、电厂机器损坏保险、电厂机器损坏保险附加险、电厂营业中断保险、电厂营业中断保险附加险、风电企业营业中断保险、风电企业营业中断保险附加险、风电企业运营期一切险、风电企业运营期一切险附加险、机器损坏保险、机器损坏保险附加险、计算机保险、商业楼宇财产基本险、商业楼宇财产一切险、商业楼宇财产综合险、现金保险、现金保险附加险、营业中断保险、营业中断保险附加险、高新技术企业财产保险、高新技术企业财产保险、高新技术企业关键研发设备保险、高新技术企业营业中断保险、珠宝商综合保险等。

财产保险所承保的保险标的，既有有形财产，如厂房、建筑物、机器设备；也有相关利益，如合理预期的营业利润。企业财产保险是为工商、建筑、交通运输、饮食服务行业、国家机关、社会团体等，对因保险单中列明的各种自然灾害和意外事故引起的保险标的的直接损失、从属后果损失和与之相关联的费用损失提供经济补偿的财产保险。

下面仅就中国人民财产保险股份有限公司企业财产基本险条款（2009版）的主要条款进行介绍：

（一）保险标的

第二条 本保险合同载明地址内的下列财产可作为保险标的：

（1）属于被保险人所有或与他人共有而由被保险人负责的财产；

（2）由被保险人经营管理或替他人保管的财产；

（3）其他具有法律上承认的与被保险人有经济利害关系的财产。

第三条 本保险合同载明地址内的下列财产未经保险合同双方特别约定并在保险合同中载明保险价值的，不属于本保险合同的保险标的：

（1）金银、珠宝、钻石、玉器、首饰、古币、古玩、古书、古画、邮票、字画、艺术品、稀有金属等珍贵财物；

（2）堤堰、水闸、铁路、道路、涵洞、隧道、桥梁、码头；

（3）矿井（坑）内的设备和物资；

（4）便携式通讯装置、便携式计算机设备、便携式照相摄像器材以及其他便携式装置、设备；

（5）尚未交付使用或验收的工程。

第四条 下列财产不属于本保险合同的保险标的：

（1）土地、矿藏、水资源及其他自然资源；

（2）矿井、矿坑；

（3）货币、票证、有价证券以及有现金价值的磁卡、集成电路（IC）卡等卡类；

（4）文件、账册、图表、技术资料、计算机软件、计算机数据资料等无法鉴定价值的财产；

（5）枪支弹药；

（6）违章建筑、危险建筑、非法占用的财产；

（7）领取公共行驶执照的机动车辆；

（8）动物、植物、农作物。

（二）保险责任

第五条 在保险期间内，由于下列原因造成保险标的的损失，保险人按照本保险合同的约定负责赔偿：

（1）火灾；

（2）爆炸；

（3）雷击；

(4) 飞行物体及其他空中运行物体坠落。

前款原因造成的保险事故发生时，为抢救保险标的或防止灾害蔓延，采取必要的、合理的措施而造成保险标的的损失，保险人按照本保险合同的约定也负责赔偿。

第六条 保险事故发生后，被保险人为防止或减少保险标的的损失所支付的必要的、合理的费用，保险人按照本保险合同的约定也负责赔偿。

（三）责任免除

第七条 下列原因造成的损失、费用，保险人不负责赔偿：
（1）投保人、被保险人及其代表的故意或重大过失行为；
（2）行政行为或司法行为；
（3）战争、类似战争行为、敌对行动、军事行动、武装冲突、罢工、骚乱、暴动、政变、谋反、恐怖活动；
（4）地震、海啸及其次生灾害；
（5）核辐射、核裂变、核聚变、核污染及其他放射性污染；
（6）大气污染、土地污染、水污染及其他非放射性污染，但因保险事故造成的非放射性污染不在此限；
（7）保险标的的内在或潜在缺陷、自然磨损、自然损耗、大气（气候或气温）变化、正常水位变化或其他渐变原因，物质本身变化、霉烂、受潮、鼠咬、虫蛀、鸟啄、氧化、锈蚀、渗漏、自燃、烘焙；
（8）暴雨、洪水、暴风、龙卷风、冰雹、台风、飓风、暴雪、冰凌、沙尘暴、突发性滑坡、崩塌、泥石流、地面突然下陷下沉；
（9）水箱、水管爆裂；
（10）盗窃、抢劫。

第八条 下列损失、费用，保险人也不负责赔偿：
（1）保险标的遭受保险事故引起的各种间接损失；
（2）广告牌、天线、霓虹灯、太阳能装置等建筑物外部附属设施，存放于露天或简易建筑物内部的保险标的以及简易建筑本身，由于雷击造成的损失；
（3）锅炉及压力容器爆炸造成其本身的损失；
（4）任何原因导致供电、供水、供气及其他能源供应中断造成的损失和费用；
（5）本保险合同中载明的免赔额或按本保险合同中载明的免赔率计算的免赔额。

第九条 其他不属于本保险合同责任范围内的损失和费用，保险人不负责赔偿。

二、家庭财产保险

家庭财产保险简称家财险，是个人和家庭投保的最主要险种之一。凡存放、坐落在保险单列明的地址，属于被保险人自有的家庭财产，都可以向保险人投保家庭财产保险。目前我国财产保险市场上各家财产保险公司提供多个险别供客户选择。仅以中国人民财产保险股份有限公司为例，其提供的家庭财产保险险别就有16种之多："和谐家园"家庭财产保险、"和谐家园"家庭财产保险附加险、个人贷款抵押房屋保险、个人贷款抵押房屋保险附加险、个人贷款抵押房屋综合保险、个人贷款抵押房屋综合保险附加险、家财险附加险、家庭财产保险基本险（房屋）、家庭财产保险基本险（室内财产）、家庭财产盗抢险、家庭财管道破裂及水渍保险、家庭财产火灾爆炸保险、家庭财产综合保险、家庭财产综合保险附加险、家庭住房装修工程保险、家用电器用电安全保险等。

下面仅就中国人民财产保险股份有限公司家庭财产综合险条款（2009版）的主要条款进行介绍：

（一）保险标的

第二条 本保险合同的保险标的为被保险人所有、使用或保管的、坐落于保险单载明地址的房屋内的下列财产：

（1）房屋及其室内附属设备（如固定装置的水暖、气暖、卫生、供水、管道煤气及供电设备、厨房配套的设备等）；

（2）室内装潢；

（3）室内财产：家用电器和文体娱乐用品；衣物和床上用品；家具及其他生活用具。

投保人就以上各项保险标的可以选择投保。

第三条 下列财产未经保险合同双方特别约定并在保险合同中载明保险价值的，不属于本保险合同的保险标的：

（1）属于被保险人代他人保管或者与他人共有而由被保险人负责的第二条载明的财产；

（2）存放于院内、室内的非机动农机具、农用工具及存放于室内的粮食及农副产品；

（3）经保险人同意的其他财产。

第四条 下列财产不属于本保险合同的保险标的：

（1）金银、珠宝、钻石及制品，玉器、首饰、古币、古玩、字画、邮票、艺术品、稀有金属等珍贵财物；

（2）货币、票证、有价证券、文件、书籍、账册、图表、技术资料、电脑软件及资料，以及无法鉴定价值的财产；

（3）日用消耗品、各种交通工具、养殖及种植物；

（4）用于从事工商业生产、经营活动的财产和出租用做工商业的房屋；

（5）无线通讯工具、笔、打火机、手表，各种磁带、磁盘、影音激光盘；

（6）用芦席、稻草、油毛毡、麦秆、芦苇、竹竿、帆布、塑料布、纸板等为外墙、屋顶的简陋屋棚及柴房、禽畜棚、与保险房屋不成一体的厕所、围墙、无人居住的房屋以及存放在里面的财产；

（7）政府有关部门征用、占用的房屋，违章建筑、危险建筑、非法占用的财产；

（8）其他不属于第二条、第三条所列明的家庭财产。

（二）保险责任

第五条 在保险期间内，由于下列原因造成保险标的的损失，保险人按照本保险合同的约定负责赔偿：

（1）火灾、爆炸；

（2）雷击、台风、龙卷风、暴风、暴雨、洪水、雪灾、雹灾、冰凌、泥石流、崖崩、突发性滑坡、地面突然下陷；

（3）飞行物体及其他空中运行物体坠落，外来不属于被保险人所有或使用的建筑物和其他固定物体的倒塌。

前款原因造成的保险事故发生时，为抢救保险标的或防止灾害蔓延，采取必要的、合理的措施而造成保险标的的损失，保险人按照本保险合同的约定也负责赔偿。

第六条 保险事故发生后，被保险人为防止或减少保险标的的损失所支付的必要的、合理的费用，保险人按照本保险合同的约定也负责赔偿。

（三）责任免除

第七条 下列原因造成的损失、费用，保险人不负责赔偿：
（1）战争、敌对行为、军事行动、武装冲突、罢工、骚乱、暴动、恐怖活动、盗抢；
（2）核辐射、核爆炸、核污染及其他放射性污染；
（3）被保险人及其家庭成员、寄宿人、雇佣人员的违法、犯罪或故意行为；
（4）地震、海啸及其次生灾害；
（5）行政行为或司法行为。

第八条 下列损失、费用，保险人也不负责赔偿：
（1）保险标的遭受保险事故引起的各种间接损失；
（2）家用电器因使用过度、超电压、短路、断路、漏电、自身发热、烘烤等原因所造成本身的损毁；
（3）坐落在蓄洪区、行洪区，或在江河岸边、低洼地区以及防洪堤以外当地常年警戒水位线以下的家庭财产，由于洪水所造成的一切损失；
（4）保险标的本身缺陷、保管不善导致的损毁；保险标的的变质、霉烂、受潮、虫咬、自然磨损、自然损耗、自燃、烘焙所造成本身的损失；
（5）本保险合同中载明的免赔额。

第九条 其他不属于本保险合同责任范围内的损失和费用，保险人不负责赔偿。

三、运输工具保险

运输工具保险是一个综合性的险种，不仅仅包括财产损失保险，还包括责任保险，它是以各种运输工具本身（如汽车、飞机、船舶、火车等）和运输工具所引起的对第三者依法应负的赔偿责任为保险标的的保险，主要承保各类运输工具遭受自然灾害和意外事故而造成的损失，以及对第三者造成的财产直接损失和人身伤害依法应负的赔偿责任。一般按运输工具不同分为机动车辆保险、飞机保险、船舶保险、其他运输工具保险（包括铁路车辆保险、排筏保险）。

下面就《中国保险行业协会机动车商业保险示范条款》为例进行介绍：

（一）保险责任

第六条 保险期间内，被保险人或其允许的合法驾驶人在使用被保险机动车过程中，因下列原因造成被保险机动车的直接损失，保险人依照本保险合同的约定负责赔偿：
（1）碰撞、倾覆、坠落；
（2）火灾、爆炸；
（3）外界物体坠落、倒塌；
（4）雷击、暴风、暴雨、洪水、龙卷风、冰雹、台风、热带风暴；
（5）地陷、崖崩、滑坡、泥石流、雪崩、冰陷、暴雪、冰凌、沙尘暴；
（6）受到被保险机动车所载货物、车上人员意外撞击；

（7）载运被保险机动车的渡船遭受自然灾害（只限于驾驶人随船的情形）。

第七条 发生保险事故时，被保险人或其允许的合法驾驶人为防止或者减少被保险机动车的损失所支付的必要的、合理的施救费用，由保险人承担；施救费用数额在被保险机动车损失赔偿金额以外另行计算，最高不超过保险金额的数额。

（二）责任免除

第八条 在上述保险责任范围内，下列情况下，不论任何原因造成被保险机动车的任何损失和费用，保险人均不负责赔偿：

（1）事故发生后，被保险人或其允许的驾驶人在未依法采取措施的情况下驾驶被保险机动车或者遗弃被保险机动车逃离事故现场，或故意破坏、伪造现场、毁灭证据；

（2）驾驶人有下列情形之一者：

① 饮酒、吸食或注射毒品、服用国家管制的精神药品或者麻醉药品；

② 无驾驶证，驾驶证被依法扣留、暂扣、吊销、注销期间；

③ 驾驶与驾驶证载明的准驾车型不相符合的机动车；

④ 实习期内驾驶公共汽车、营运客车或者执行任务的警车、载有危险物品的机动车或牵引挂车的机动车；

⑤ 驾驶出租机动车或营业性机动车无交通运输管理部门核发的许可证书或其他必备证书；

⑥ 学习驾驶时无合法教练员随车指导；

⑦ 非被保险人允许的驾驶人；

（3）被保险机动车有下列情形之一者：

① 发生保险事故时被保险机动车行驶证、号牌被注销的，或未按规定检验或检验不合格；

② 被扣押、收缴、没收、政府征用期间；

③ 在竞赛、测试期间，在营业性场所维修、保养、改装期间；

④ 被利用从事犯罪行为。

第九条 下列原因导致的被保险机动车的损失和费用，保险人不负责赔偿：

（1）地震及其次生灾害；

（2）战争、军事冲突、恐怖活动、暴乱、污染（含放射性污染）、核反应、核辐射；

（3）人工直接供油、高温烘烤、自燃、不明原因火灾；

（4）被保险机动车被转让、改装、加装或改变使用性质等，导致被保险机动车危险程度显著增加，且被保险人、受让人未及时通知保险人；

（5）被保险人或其允许的驾驶人的故意行为。

第十条 下列损失和费用，保险人不负责赔偿：

（1）因市场价格变动造成的贬值、修理后因价值降低引起的减值损失；

（2）被保险机动车全车被盗窃、被抢劫、被抢夺、下落不明，以及在此期间受到的损坏，或被盗窃、被抢劫、被抢夺未遂受到的损坏，或车上零部件、附属设备丢失；

（3）自然磨损、朽蚀、腐蚀、故障、本身质量缺陷；

（4）车轮单独损坏，玻璃单独破碎，无明显碰撞痕迹的车身划痕，以及新增设备的损失；

（5）发动机进水后导致的发动机损坏；

（6）遭受保险责任范围内的损失后，未经必要修理并检验合格继续使用，致使损失扩大的部分；

（7）投保人、被保险人或其允许的驾驶人知道保险事故发生后，故意或者因重大过失未及时通知，致使保险事故的性质、原因、损失程度等难以确定的，保险人对无法确定的部分，不承担赔偿责任，但保险人通过其他途径已经及时知道或者应当及时知道保险事故发生的除外；

（8）因被保险人违反本条款第十六条规定，导致无法确定的损失。

第十一条 保险人在依据本保险合同约定计算赔款的基础上，按照下列方式免赔：

（1）被保险机动车一方负次要事故责任的，实行5%的事故责任免赔率；负同等事故责任的，实行10%的事故责任免赔率；负主要事故责任的，实行15%的事故责任免赔率；负全部事故责任或单方肇事事故的，实行20%的事故责任免赔率；

（2）被保险机动车的损失应当由第三方负责赔偿，无法找到第三方的，实行30%的绝对免赔率；

（3）因违反安全装载规定导致保险事故发生的，保险人不承担赔偿责任；违反安全装载规定、但不是事故发生的直接原因的，增加10%的绝对免赔率；

（4）投保时指定驾驶人，保险事故发生时为非指定驾驶人使用被保险机动车的，增加10%的绝对免赔率；

（5）投保时约定行驶区域，保险事故发生在约定行驶区域以外的，增加10%的绝对免赔率；

（6）对于投保人与保险人在投保时协商确定绝对免赔额的，本保险在实行免赔率的基础上增加每次事故绝对免赔额。

（三）保险金额

第十二条 保险金额按投保时被保险机动车的实际价值确定。

投保时被保险机动车的实际价值由投保人与保险人根据投保时的新车购置价减去折旧金额后的价格协商确定或其他市场公允价值协商确定。

折旧金额可根据本保险合同列明的参考折旧系数表确定。

（四）赔偿处理

第十三条 发生保险事故时，被保险人或其允许的合法驾驶人应当及时采取合理的、必要的施救和保护措施，防止或者减少损失，并在保险事故发生后48小时内通知保险人。被保险人或其允许的合法驾驶人根据有关法律法规规定选择自行协商方式处理交通事故的，应当立即通知保险人。

第十四条 被保险人或其允许的合法驾驶人根据有关法律法规规定选择自行协商方式处理交通事故的，应当协助保险人勘验事故各方车辆、核实事故责任，并依照《道路交通事故处理程序规定》签订记录交通事故情况的协议书。

第十五条 被保险人索赔时，应当向保险人提供与确认保险事故的性质、原因、损失程度等有关的证明和资料。

被保险人应当提供保险单、损失清单、有关费用单据、被保险机动车行驶证和发生事故时驾驶人的驾驶证。

属于道路交通事故的，被保险人应当提供公安机关交通管理部门或法院等机构出具的事故证明、有关的法律文书（判决书、调解书、裁定书、裁决书等）及其他证明。被保险人或其允许的合法驾驶人根据有关法律法规规定选择自行协商方式处理交通事故的，被保险人应当提供依照《道路交通事故处理程序规定》签订记录交通事故情况的协议书。

第十六条 因保险事故损坏的被保险机动车，应当尽量修复。修理前被保险人应当会同保险人检验，协商确定修理项目、方式和费用。对未协商确定的，保险人可以重新核定。

第十七条 被保险机动车遭受损失后的残余部分由保险人、被保险人协商处理。如折归被保险人的，由双方协商确定其价值并在赔款中扣除。

第十八条 因第三方对被保险机动车的损害而造成保险事故，被保险人向第三方索赔的，保险人应积极协助；被保险人也可以直接向本保险人索赔，保险人在保险金额内先行赔付被保险人，并在赔偿金额内代位行使被保险人对第三方请求赔偿的权利。

被保险人已经从第三方取得损害赔偿的，保险人进行赔偿时，相应扣减被保险人从第三方已取得的赔偿金额。

保险人未赔偿之前，被保险人放弃对第三方请求赔偿的权利的，保险人不承担赔偿责任。

被保险人故意或者因重大过失致使保险人不能行使代位请求赔偿的权利的，保险人可以扣减或者要求返还相应的赔款。

保险人向被保险人先行赔付的，保险人向第三方行使代位请求赔偿的权利时，被保险人应当向保险人提供必要的文件和所知道的有关情况。

第十九条 机动车损失赔款按以下方法计算：

（1）全部损失

赔款 =（保险金额 – 被保险人已从第三方获得的赔偿金额）×（1 – 事故责任免赔率）×（1 – 绝对免赔率之和）– 绝对免赔额

（2）部分损失

被保险机动车发生部分损失，保险人按实际修复费用在保险金额内计算赔偿：

赔款 =（实际修复费用 – 被保险人已从第三方获得的赔偿金额）×（1 – 事故责任免赔率）×（1 – 绝对免赔率之和）– 绝对免赔额

（3）施救费

施救的财产中，含有本保险合同未保险的财产，应按本保险合同保险财产的实际价值占总施救财产的实际价值比例分摊施救费用。

第二十条 保险人受理报案、现场查勘、核定损失、参与诉讼、进行抗辩、要求被保险人提供证明和资料、向被保险人提供专业建议等行为，均不构成保险人对赔偿责任的承诺。

第二十一条 被保险机动车发生本保险事故，导致全部损失，或一次赔款金额与免赔金额之和（不含施救费）达到保险金额，保险人按本保险合同约定支付赔款后，本保险责任终止，保险人不退还机动车损失保险及其附加险的保险费。

阅读材料

CCTV《每周质量报告》栏目于 2011 年 2 月 20 日以 "聚焦车险霸王条款" 为题做了一期报道，下面就主要内容文字描述如下：

主持人：今天我们关注的话题是汽车保险。目前我国的汽车保有量已经达到 2 亿辆左右，随着汽车产销量的大幅增长，汽车保险业也发展迅速。绝大多数车主都会给自己的爱车买份商业保险，其中不少车主给自己的车买的还是所谓的全险，目的就是为了能更加安心，因为很多车主都认为所谓全险就是自己的车无论碰到了什么问题，都可以找保险公司全额理赔。那么，事实真的像多数车主想的那样吗？所谓的全险能给车主们带来真正的安心吗？

记者：小张酷爱汽车，大学毕业不到两年就用自己几乎全部积蓄买了一部车，对于这部车当然也是爱护有加。为了这车开起来能更安心，小张按照保险推销人员的话给自己的车买了所谓的全险。

前不久，小张的车好好地在停车场排队等着进场的时候出了个小事故，交警认定对方是全责，但是之后肇事司机百般推托，就是不愿意赔偿，无奈之下，小张直接联系对方的保险公司，可是对方保险公司说，小张不是他们的客户，不和小张接触，无奈的小张听了这话想起来自己的车投了足额车损险，于是他觉得自己的保险公司应该能帮助他解决问题。但是小张告诉记者，他自己的保险公司也不管他，保险公司 95512 的客服人员明确说明：按照车损险的保险条款约定，出了事故，还要先划分责任，如果没有责任，自己的保险公司就不赔偿。

事有巧合，就在这次事故后不久，小张的车放在停车场里被剐了一下，肇事车辆逃逸。按照保险公司之前的说法，由于这次事故小张也没责任，所以，保险公司会不会赔给自己修车的钱，小张很没有底，但是由于实在找不到肇事方，小张只好硬着头皮再找自己的保险公司。保险公司的答复是，可赔给小张，也可不赔，如果赔了就只赔 70%。前一次无责不赔，这一次无责小赔。同是一家保险公司，这令小张实在无法理解。

记者对国内二十多家保险公司的车辆损失险合同进行了查阅，结果表明，这在理赔中提及的条款，在所有这些合同中都存在，其中只有个别词语的细微差别。

一位车险专业律师在工作中发现，由于保险公司坚持按责任赔付事实上带来了许多危害，一是侵害了消费者权益，给消费者带来许多麻烦；二来许多车主为了维护自己的权益甚至在无奈中选择了主动多承担责任，这也就多承担了法律风险。

2010 年 9 月，江苏车主陈新春也遭遇了类似的情况，将自己所投保的安邦财产保险股份有限公司告上了法庭。

最终法院判决保险公司根据车损全额的金额进行赔偿，诉讼费用的绝大部分也由保险公司负担。记者注意到判决书中明确写到，保险条款中规定：保险人依据被保险机动车驾驶人在事故中所负的事故责任比例承担相应的赔偿责任。但是该保险条款不符合投保人的缔约目的。同时作为提供保险合同的一方，保险人设定的上述合同条款，客观上免除了自身的民事责任，排除了被保险人在保险合同中的主要权利，按《合同法》的有关规定，认定该条款无效。

主持人：经过调查我们发现，法律专家都认为按责任赔付的条款是不合理的，属于无效条款，但是在绝大多数的汽车保险合同中，这样的条款却依然堂而皇之地存在着。在这个条款背后隐藏着这样几个值得关注的问题，一个是 "有责才赔" "无责不赔" 的条款无疑是在保护违法者的利益,也就是说那些在驾车过程中违法违章的司机利益能得到保障,而遵章守法的司机利益却无法得到保护;另一个是只要投保人通过法律途径对保险公司提起诉讼,保险公司通常都会败诉,但是保险公司为何还要保留这样的条款呢?原因是主动通过法律的途径保护自己权益的车主比例并不多,因为很多车主并不了解这当中的问题,有的即便认为它不合理,也会觉得打官司太麻烦,所以绝大多数车主只能是忍气吞声、无奈接受。而更深层次的问题是,"有责才赔""无责不赔"这种不合理的霸王条款虽然被法院判定为无效条款,但是它为什么能够置消费者权益不顾公然存在,为什么没有被保险公司和相关监管部门废除呢?

四、货物运输保险

货物运输保险是以运输途中的货物作为保险标的,保险人对由自然灾害和意外事故造成的货物损失负赔偿责任的保险。在我国,进出口货物运输最常用的保险条款是海洋货物运输保险条款(Ocean Marine Cargo Insurance Clause),简称为中国条款(C.I.C.—China Insurance Clause),该条款是由中国人民保险公司制定,中国人民银行及中国保险监督委员会审批颁布。C.I.C.保险条款按运输方式来分,有海洋、陆上、航空和邮包运输保险条款四大类;对某些特殊商品,还配备有海运冷藏货物、陆运冷藏货物、海运散装桐油及活牲畜、家禽的海陆空运输保险条款,以上条款,投保人可按需选择投保。

下面仅就中国人民财产保险股份有限公司海洋运输货物保险条款(2009版)的主要条款进行介绍:

(一)责任范围

本保险分为平安险、水渍险及一切险三种。被保险货物遭受损失时,本保险按照保险单上订明承保险别的条款规定,负赔偿责任。

1. 平安险

本保险负责赔偿:

(1)被保险货物在运输途中由于恶劣气候、雷电、海啸、地震、洪水自然灾害造成整批货物的全部损失或推定全损。当被保险人要求赔付推定全损时,须将受损货物及其权利委付给保险人。被保险货物用驳船运往或运离海轮的,每一驳船所装的货物可视做一个整批。推定全损是指被保险货物的实际全损已经不可避免,或者恢复、修复受损货物以及运送货物到原订目的地的费用超过该目的地的货物价值。

(2)由于运输工具遭受搁浅、触礁、沉没、互撞、与流冰或其他物体碰撞以及失火、爆炸意外事故造成货物的全部或部分损失。

(3)在运输工具已经发生搁浅、触礁、沉没、焚毁意外事故的情况下,货物在此前后又在海上遭受恶劣气候、雷电、海啸等自然灾害所造成的部分损失。

(4)在装卸或转运时由于一件或数件整件货物落海造成的全部或部分损失。

(5)被保险人对遭受承保责任内危险的货物采取抢救、防止或减少货损的措施而支付的合理费用,但以不超过该批被救货物的保险金额为限。

(6)运输工具遭遇海难后,在避难港由于卸货所引起的损失以及在中途港、避难港由于卸货、存仓以及运送货物所产生的特别费用。

(7)共同海损的牺牲、分摊和救助费用。

(8) 运输契约订有"船舶互撞责任"条款，根据该条款规定应由货方偿还船方的损失。

2. 水渍险

除包括上列平安险的各项责任外，本保险还负责被保险货物由于恶劣气候、雷电、海啸、地震、洪水自然灾害所造成的部分损失。

3. 一切险

除包括上列平安险和水渍险的各项责任外，本保险还负责被保险货物在运输途中由于外来原因所致的全部或部分损失。

（二）除外责任

本保险对下列损失不负赔偿责任：

1. 被保险人的故意行为或过失所造成的损失。
2. 属于发货人责任所引起的损失。
3. 在保险责任开始前，被保险货物已存在的品质不良或数量短差所造成的损失。
4. 被保险货物的自然损耗、本质缺陷、特性以及市价跌落、运输延迟所引起的损失或费用。
5. 本公司海洋运输货物战争险条款和货物运输罢工险条款规定的责任范围和除外责任。

（三）责任起讫

1. 本保险负"仓至仓"责任，自被保险货物运离保险单所载明的起运地仓库或储存处所开始运输时生效，包括正常运输过程中的海上、陆上、内河和驳船运输在内，直至该项货物到达保险单所载明目的地收货人的最后仓库或储存处所或被保险人用做分配、分派或非正常运输的其他储存处所为止。如未抵达上述仓库或储存处所，则以被保险货物在最后卸载港全部卸离海轮后满六十天为止。如在上述六十天内被保险货物需转运到非保险单所载明的目的地时，则以该项货物开始转运时终止。

2. 由于被保险人无法控制的运输延迟、绕道、被迫卸货、重新装载、转载或承运人运用运输契约赋予的权限所作的任何航海上的变更或终止运输契约，致使被保险货物运到非保险单所载明目的地时，在被保险人及时将获知的情况通知保险人，并在必要时加交保险费的情况下，本保险仍继续有效，保险责任按下列规定终止。

（1）被保险货物如在非保险单所载明的目的地出售，保险责任至交货时为止，但不论任何情况，均以被保险货物在卸载港全部卸离海轮后满六十天为止。

（2）被保险货物如在上述六十天期限内继续运往保险单所载原目的地或其他目的地时，保险责任仍按上述第（一）款的规定终止。

五、工程保险

工程保险是对建筑工程、安装工程及各种机器设备因自然灾害和意外事故造成物质财产损失和第三者责任进行赔偿的保险。它是以各种工程项目为主要承保对象的保险。工程保险是财产保险的延伸和发展，它起源于英国，在第二次世界大战后迅速发展起来，已被公认为保障建筑工程质量和安全最为有效的方式之一。

随着保险技术的不断发展，工程保险已经不仅仅局限于为建筑工程和安装工程保驾护航。仅就中国人民财产保险股份有限公司一家保险公司而言，已经开发出9种产品为多种工程提供保障，包括：安装工程一切险、道路工程建筑工程一切险、地铁工程安装工程一切险、地铁工程建筑工程一切险、风电企业建安工程一切险、风电企业建安工程一切险附加险、工程险附加险、建筑和安装工程保险、建筑工程一切险等。

下面仅就中国人民财产保险股份有限公司建筑、安装工程保险条款（2009版）的主要条款进行介绍：

（一）保险标的

第二条 本保险合同的保险标的为：

（1）工程合同所列明的工程项目；

（2）建设单位提供的物料，包括已运抵施工现场的建筑材料、结构件、在制品、属于工程预算内的应安装的机器设备、零配件等。

第三条 下列财产未经保险合同双方特别约定，并在保险合同中载明保险金额的，不属于本保险合同的保险标的：

（1）工地内原有的财产。

（2）属于工程造价范围之内，但在工地以外的财产。

（3）现场清理费用。该费用是指发生保险事故后，被保险人为修复保险标的而清理施工现场所发生的必要的、合理的费用。

第四条 下列财产不属于本保险合同的保险标的：

（1）施工用机器、装置和设备；

（2）领有公共运输执照的车辆、船舶和飞机；

（3）其他未在本保单中列明的财产。

（二）保险责任

第五条 在保险期间内，在本保险合同中列明的建筑期或安装期间和施工场地内，由于下列自然灾害或意外事故原因造成保险标的的损失，保险人按照本保险合同的约定负责赔偿：

（1）火灾、爆炸；

（2）雷击、暴雨、洪水、暴风、龙卷风、冰雹、台风、飓风、暴雪、冰凌、突发性滑坡、崩塌、泥石流、地面突然下陷下沉、地震、海啸；

（3）空中运行物体的坠落；

（4）升降机、行车、吊车、脚手架的倒塌造成其他保险财产的损失；

（5）安装技术不善所引起的事故，并造成其他保险财产的损失；

（6）超负荷、超电压、电弧、短路和其他电气原因引起的事故，并造成其他保险财产的损失。

第六条 试车责任

经保险人与被保险人特别约定，并在保险合同中注明，保险人负责赔偿在保险合同中列明的试车期和施工场地内由于试车所造成的安装设备本身的损失。

第七条 保险事故发生后，被保险人为防止或减少保险标的的损失所支付的必要的、合理的费用，保险人按照本保险合同的约定也负责赔偿。

（三）责任免除

第八条 由于下列原因造成保险标的的损失、费用和责任，保险人不负责赔偿：

(1) 战争、军事行动、敌对行为、武装冲突、暴乱、罢工、没收征用及因政府命令或有关行政当局命令；
(2) 核裂变、核聚变、核武器、核材料、核辐射及放射性污染；
(3) 被保险人及其代表的故意或重大过失行为；
(4) 盗窃、抢劫及恶意破坏。

第九条 下列各项损失、费用和责任，保险人不负责赔偿：
(1) 全部停工或部分停工期间所发生的一切损失、费用和责任；
(2) 堆放在露天的保险财产，用芦席、布、草、纸板、塑料布做棚顶的工棚，以及堆放在工棚内的保险财产，由于暴风、龙卷风、暴雨、雪灾、冰雹所造成的损失；
(3) 自然磨损、内在或潜在缺陷、物质本身变化、自热、氧化、锈蚀、渗漏、鼠咬、虫蛀、大气（气候或气温）变化、正常水位变化或其他渐变原因造成保险财产的损失和费用。

第十条 下列各项损失和费用，保险人也不负责赔偿：
(1) 建设单位已接管或已签发完工证书或已投入使用的财产的损失和费用；
(2) 设计错误、缺陷或未按设计要求和技术规范施工所造成的损失和费用；
(3) 因原材料缺陷或工艺不善引起的保险财产的任何损失以及为换置、修理或矫正这些缺陷或工艺不善所支付的费用；
(4) 盘点时发现的短缺；
(5) 罚款、任何延误、合同被撤销、解除、无效、终止及其他任何后果损失；
(6) 超负荷、超电压、电弧、走电、短路、大气放电和其他电气原因造成保险财产本身的损失；
(7) 本保险合同中载明的免赔额或根据本保险合同载明的免赔率计算的免赔额；
(8) 其他不属于保险责任范围内的损失和费用。

任务三 责任保险

责任保险是指以投保人的法律赔偿风险为承保对象的一类保险。它属于广义财产保险范畴，适用于广义财产保险的一般经营理论，但又具有自己的独特内容和经营特点，从而是一类可以独成体系的保险业务。

根据业务内容的不同，责任保险可以分为公众责任保险、产品责任保险、雇主责任保险、职业责任保险和第三者责任保险五类业务，其中每一类业务又由若干具体的险种构成。

一、责任保险的基本特征

责任保险与一般财产保险相比较，其共同点是均以大数法则为数理基础，经营原则一致，经营方式相近（除部分法定险种外），均是对被保险人经济利益损失进行补偿，但是责任保险也有其特有的特征。

（一）责任保险产生与发展基础的特征

责任保险产生与发展的基础不仅是各种民事法律风险的客观存在和社会生产力达到了一定的阶段，而且是由于人类社会的进步带来了法律制度的不断完善，其中法制的健全与完善是责任保险产生与发展的最为直接的基础。

(二) 责任保险补偿对象的特征

尽管责任保险中保险人的赔款是支付给被保险人，但这种赔款实质上是对被保险人之外的受害方即第三者的补偿，从而是直接保障被保险人利益、间接保障受害人利益的一种双重保障机制。

(三) 责任保险承保标的的特征

责任保险承保的是各种民事法律风险，没有实体的标的。保险人在承保责任保险时，通常对每一种责任保险业务要规定若干等级的赔偿限额，由被保险人自己选择，被保险人选定的赔偿限额便是保险人承担赔偿责任的最高限额，超过限额的经济赔偿责任只能由被保险人自行承担。

(四) 责任保险承保方式的特征

责任保险的承保方式具有多样化的特征。在独立承保方式下，保险人签发专门的责任保险单，它与特定的物没有保险意义上的直接联系，而是完全独立操作的保险业务；在附加承保方式下，保险人签发责任保险单的前提是被保险人必须参加了一般的财产保险，即一般财产保险是主险，责任保险则是没有独立地位的附加险；在组合承保方式下，责任保险的内容既不必签订单独的责任保险合同，也无需签发附加或特约条款，只需要参加该财产保险便使相应的责任风险得到了保险保障。

(五) 责任保险赔偿处理中的特征

（1）责任保险的赔案，均以被保险人对第三方的损害并依法应承担的经济赔偿责任为前提条件，必然要涉及受害的第三者，而一般财产保险或人身保险赔案只是保险双方的事情；

（2）责任保险赔案的处理也以法院的判决或执法部门的裁决为依据，从而需要更全面地运用法律制度；

（3）责任保险中因是保险人代替致害人承担对受害人的赔偿责任，被保险人对各种责任事故处理的态度往往关系到保险人的利益，从而使保险人具有参与处理责任事故的权利；

（4）责任保险赔款最后并非归被保险人所有，而是实质上付给了受害方。

二、责任保险的承保

作为一类独成体系的保险业务，责任保险适用于一切可能造成他人财产损失与人身伤亡的各种单位、家庭或个人。具体而言，其适用范围包括：各种公众活动场所的所有者、经营管理者，各种产品的生产者、销售者、维修者，各种运输工具的所有者、经营管理者或驾驶员，各种需要雇佣员工的单位，各种提供职业技术服务的单位，城乡居民家庭或个人。

此外，在各种工程项目的建设过程中也存在着民事责任事故风险，建设工程的所有者、承包者等亦对相关责任事故风险具有保险利益；各单位场所（即非公众活动场所）也存在着公众责任风险，如企业等单位亦有着投保公众责任保险的必要性。

三、责任保险的一般责任范围

责任保险的保险责任和民事损害赔偿责任这二者既有联系又有区别，是不能完全等同的。一方面，责任保险承保的责任主要是被保险人的过失行为所致的责任事故风险，即被保险人的故意行为通常是绝对除外不保的风险责任，这一经营特点决定了责任保险承保的责任范围明显地小于民事损害赔偿责任的范围；另一方面，在医疗责任保险、雇主责任保险、机动车辆第三者责任强制保险中，责任保险又可以承保着超越民事损害赔偿责任范围的风险，这就是无过错责任，它超出了一般民事损害赔偿责任的范围，但保险人通常将其纳入承保责任范围。

责任保险的保险责任，一般包括两项内容：一是被保险人依法对造成他人财产损失或人身伤亡应承担的经济赔偿责任；二是因赔偿纠纷引起的由被保险人支付的诉讼、律师费用及其他事先经过保险人同意支付的费用。

四、责任保险的费率

责任保险费率的制定，通常根据各种责任保险的风险大小及损失率的高低来确定。从总体上看，保险人在制定责任保险费率时，主要考虑的影响因素主要包括如下几项：① 被保险人的业务性质及其产生意外损害赔偿责任可能性的大小；② 法律制度对损害赔偿的规定；③ 赔偿限额的高低。此外，承保区域的大小、每笔责任保险业务的量及同类责任保险业务的历史损失资料亦是保险人在制定责任保险费率时必须参照的依据。

五、责任保险的赔偿

从责任保险的发展实践来看，赔偿限额作为保险人承担赔偿责任的最高限额，通常有以下几种类型：① 每次责任事故或同一原因引起的一系列责任事故的赔偿限额，它又可以分为财产损失赔偿限额和人身伤亡赔偿限额两项。② 保险期内累计的赔偿限额，它也可以分为累计的财产损失赔偿限额和累计的人身伤害赔偿限额。③ 在某些情况下，保险人也将财产损失和人身伤亡两者合成一个限额，或者只规定每次事故和同一原因引起的一系列责任事故的赔偿限额而不规定累计赔偿限额。在责任保险经营实践中，保险人除通过确定赔偿限额来明确自己的承保责任外，还通常有免赔额的规定，以此达到促使被保险人小心谨慎、防止事故发生和减少小额、零星赔款支出的目的。

任务四　信用保险

信用是商品买卖中的延期付款或货币的借贷行为。这种借贷行为表现为以偿还为条件的商品和货币的让渡形式。即债权人用这种形式赊销商品或贷出货币，债务人则按规定日期支付贷款或偿还贷款，并支付利息。信用保险是在这种借贷活动中，商品赊销方（卖方）赊销商品后不能得到相应的偿付，即赊购方（买方）出现信誉危机后产生的。商品运动过程中使用价值的让渡和价值实现的分离是信用危机产生的必要条件，商品生产的盲目性则是信用危机产生的充分条件。信用危机的出现，在客观上要求建立一种经济补偿机制以弥补债权人所遭受的损失，从而能够充分发挥信用制度对商品生产的促进作用。可见，信用保险正是随着信用制度的发展而应运而生的。

一、信用保险的相关概念

信用保险（Credit Insurance）是指权利人向保险人投保债务人的信用风险的一种保险，是一项企业用于风险管理的保险产品。其主要功能是保障企业应收账款的安全。其原理是把债务人的保证责任转移给保险人，当债务人不能履行其义务时，由保险人承担赔偿责任。

（一）信用保险承保的风险

通常情况下，信用保险会在投保企业的贷款遭到延付的情况下，按照事先与企业约定好的赔付比例赔款给企业。引发这种拖延欠款的行为可能是政治风险（包括债务人所在国发生汇兑限制、征收、战争及暴乱等）或者商业风险（包括拖欠、拒收货物、无力偿付债务、破产等）。

（二）信用保险的保险费

投保信用保险需要支付一定的保费。通常保险费率较低，由债务人所在国风险以及债务人自身风险等标准厘定。

（三）信用保险的限制

信用保险的一般条件除与其他财产保险一样之外，还有以下限制：

（1）放款赊销，以对经常有清偿能力而且信用好的人或企业为限；

（2）被保险人应视为共保人，或规定损失超过一定百分比时，是由保险人就约定保险金额内负责。

二、信用保险的分类

信用保险分为以下三类：

（一）商业信用保险

商业信用保险主要是针对企业在商品交易过程中所产生的风险。在商品交换过程中，交易的一方以信用关系规定的将来偿还的方式获得另一方财物或服务，但不能履行给付承诺而给对方造成损失的可能性随时存在。比如，买方拖欠卖方货款，对卖方来说就是应收款项可能面临的坏账损失。

个别企业自认为提取坏账准备金已经是一种自行保险了，参加这种商业保险不仅要支付保费增加企业的成本费用，而且保险公司参与监督企业的经营活动会损害公司管理的独立性。然而情况并非如此。对于小公司来说，可用于周转的资金量较小，一笔应收款项成为坏账就可能使整个企业陷于瘫痪状态，所提取的坏账准备于事无补，发生这类情况的例子举不胜举；对于规模较大的公司来说，一般不会因少数几笔坏账就出现资金周转困难，但从我国这些年发生的"三角债"拖垮企业的众多事例中，可以看出信用保险是一项能避免信用风险、维持企业正常经营的有效措施。商业信用保险包括：贷款信用保险、赊销信用保险、预付信用保险等险别。

（二）出口信用保险

出口信用保险（Export Credit Insurance），也叫出口信贷保险，是各国政府为提高本国产品的国际竞争力，推动本国的出口贸易，保障出口商的收汇安全和银行的信贷安全，促进经济发展，以国家财政为后盾，为企业在出口贸易、对外投资和对外工程承包等经济活动中提供风险保障的一项政策性支持措施，属于非营利性的保险业务，是政府对市场经济的一种间接调控手段和补充，是世界贸易组织（WTO）补贴和反补贴协议原则上允许的支持出口的政策手段。目前，全球贸易额的 12%～15% 是在出口信用保险的支持下实现的，有的国家的出口信用保险机构提供的各种出口信用保险保额甚至超过其本国当年出口总额的三分之一。

（三）投资保险

投资保险又称政治风险保险，承保投资者的投资和已赚取的收益因承保的政治风险而遭受的损失。投资保险的投保人和被保险人是海外投资者。开展投资保险的主要目的是为了鼓励资本输出。作为一种新型的保险业务，投资保险于20世纪60年代在欧美国家出现以来，现已成为海外投资者进行投资活动的前提条件。

三、信用保险的作用

（一）有利于保证企业生产经营活动的稳定发展

银行向企业发放贷款必然要考虑贷款的安全性，即能否按期收回贷款的问题。企业投保了信用保险以后，就可以通过将保单作为一种保证手段抵押给贷款银行，通过向贷款银行转让保险赔款，要求保险人向贷款银行出具担保等方式，使银行得到收回贷款的可靠保证，解除银行发放贷款的后顾之忧。可见，信用保险的介入，使企业较容易得到银行贷款，这对于缓解企业资金短缺，促进生产经营的发展均有保障作用。

（二）有利于促进商品交易的健康发展

在商品交易中，当事人能否按时履行供货合同，销售货款能否按期收回，一般受到多种因素的影响。而商品的转移又与生产者、批发商、零售商及消费者有着连锁关系。一旦商品交易中的一道环节出现信用危机，不仅会造成债权人自身的损失，而且常常会引起连锁反应，使商品交易关系中断，最终阻碍商品经济的健康发展。有了信用保险，无论在何种交易中出现信用危机，均有保险人提供风险保障。因此，即使一道环节出了问题，也能及时得到弥补。

（三）有利于促进出口创汇

外贸出口面向的是国际市场。风险大，竞争激烈，一旦出现信用危机，出口企业就会陷入困境，进而影响市场开拓和国际竞争力。如果企业投保了出口信用保险，在当被保险人因商业风险或政治风险不能从买方收回货款或合同无法执行时，他就可以从保险人那里得到赔偿。因此，出口信用保险有利于出口企业的经济核算和开拓国际市场，最终促使其为国家创造更多的外汇收入。

任务五 保证保险

保证保险出现于18世纪末19世纪初，它是随商业信用的发展而出现的。最早产生的保证保险是诚实保证保险，由一些个人商行或银行办理。1852—1853年，英国几家保险公司试图开办合同担保业务，但因缺乏足够的资本而没有成功。1901年，美国马里兰州的诚实存款公司首次在英国提供合同担保，英国几家公司相继开办此项业务，并逐渐推向了欧洲市场。保证保险是随着商业道德危机的频繁发生而发展起来的。保证保险新险种的出现，是保险业功能由传统的补救功能、储蓄功能，向现代的资金融通功能的扩展，对拉动消费，促进经济增长无异会产生积极的作用。

一、保证保险的概念

从广义上说，就是保险人为被保证人向权利人提供担保的保险。它包括两类保险：一类是狭义的保证保险,另一类是信用保险。它们的保险标的都是被保证人的信用风险,当被保证人的作为或不作为致使权利人遭受经济损失时,保险人负经济赔偿责任。因此保证保险实际上是一种担保业务。

保证保险虽具担保性质,但对狭义的保证保险和信用保险而言,担保的对象却不同,两者是有区别的。凡被保证人根据权利人的要求,要求保险人承担自己(被保险人)信用的保险,属狭义的保证保险;凡权利人要求保险人担保对方(被保证人)信用的保险,属信用保险,权利人也即被保险人。

二、保证保险的特点

与一般的商业保险相比较,保证保险有如下特点:

第一,保证保险的当事人涉及三方:保险人(保证人)、被保证人(义务人)、权利人,一般保险的当事人只有保险人和被保险人。

第二,一般商业保险中,保险关系建立在预期"将发生损失"的基础上的,即有损失才有保险关系存在的必要性,而在保证保险中,保险人是在"没有风险"的预期下提供服务的,换句话说,如果保险人预期将发生损失,它将不向被保证人提供保险。

第三,在被保证人未能按照合同或协议的要求履行自己的义务,因此给权利人带来损失,而被保证人不能补偿这一损失时,由保险人代为赔偿。然后,保险人再向被保证人追偿。为了保证日后这项权利能够得以实施,保险人往往要求被保证人提供反担保。

第四,因为保证保险是一种担保业务,它基本上建立在无赔款的基础上,因此保证保险收取的保险费实质上是一种手续费,是利用保险公司的名义提供担保的一种报酬。

三、保证保险的种类

保证保险主要分为三类:合同保证保险、忠实保证保险、商业信用保证保险。

(一)合同保证保险

合同保证保险专门承保经济合同中因一方不履行经济合同所负的经济责任。合同保证保险实质上起着金融直辖市的作用,首先它涉及保证人、被保证人、权利人三方,而不像一般保险合同那样只有两方;第二,合同保证保险的保险费是一种服务费而不是用于支付赔款的责任准备。合同保证保险的历史不长,传统上是由银行出具信用证来担保涉外经济合同的履行。由于出立银行信用证条件较为苛刻,手续比较烦琐,就导致了对合同保证保险需求的增加,从而促进了保证保险业务的发展。

从法律意义上讲,保险人只有在被保证人无力支付时才有义务支付赔款,而保险人只对权利人有赔偿义务。在承保合同保证保险时,保险人既要考虑违约的风险,同时还要考虑汇率风险、政治风险,并要考虑到各国政治制度、法律制度、风俗习惯的判别。在确定风险程度时,被保证人的财务状况是一个决定性因素。在承保前,保险人往往要对被保证人的财务状况、资信度进行调查。调查的主要内容包括:有关被保证人基本情况的记录,包括被保证人的历史、在社会上的影响等;最近财务年度的财务账册及有关材料;合同业务的进展状况;反担保人的财务状况;与银行的往来信函;企业的组织、经营状况,信贷情况,财务审计及记账方法,附属企业的情况等。

（二）忠实保证保险

忠实保证保险通常承保雇主因其雇员的不诚实行为而遭受的损失。涉外忠实保证保险一般承保在我国境内的外资企业或合资企业因其雇员的不诚实行为而遭受的经济损失，也可承保我国劳务出口中，因劳务人员的不诚实行为给当地企业主造成的损失。

忠实保证保险与合同保证保险的区别在于：

（1）忠实保险涉及的是雇主与雇员之间的关系，而合同保险并不涉及这种关系；

（2）忠实保险的承保危险是雇员的不诚实或欺诈，而合同保险承保的危险主要是被保证人的违约行为；

（3）忠实保险可由被保证人购买，也可由权利人购买，而合同保证保险必须由被保证人购买。

（三）商业信用保证保险

商业信用保证保险是由权利人投保他人的信用，如他人不守信用而使权利人遭受损失，则由保险人负责赔偿。在我国商业信用保证保险主要是出口信用保险。

出口信用保险是以鼓励本国出口商扩大出口贸易为出发点，给本国出口商提供出口贸易收汇风险保障的一项特种业务，即由国家设立专门机构对本国出口商或商业银行向外国进口商或银行提供的信贷进行担保，当外国债务人拒绝付款时，这个机构负责支付遭拒付款部分的全部或部分损失。现在各工业发达国家、一些东欧国家，以及不少发展中国家都开办了此类业务。

办理出口信用保险一方面解除了出口企业收汇风险的后顾之忧，提高了出口企业在国际市场上的竞争能力，保证了出口企业的正常经济核算，另一方面帮助出口企业解决资金需要，扩大了出口企业的经营能力。因此，出口信用保险受到许多出口企业的欢迎。随着外贸体制的改革，出口信用保险的需求在今后一段时间内还会有进一步的扩大。从保险人的角度来看，如何在保证基本的收支平衡基础上，提供更全面、更有效的信用保证，也是一个亟需解决的重大课题。

项目五　保险市场与保险监管

阅读资料　**2011 年保监会共开出罚单 1 600 余份　罚金 8 400 多万**

根据中金在线统计，截至 12 月 31 日，中国保监会及其派出机构从 2011 年 1 月 1 日至 2011 年 12 月 31 日，在中国保监会网站（http：//www.circ.gov.cn/web/site0/tab3050/）公布包括对保险公司、个人以及保险代理机构等单位和个人的罚单共计 1 629 张，总罚金为 8 434.277 万元。其中对保险公司和个人的罚单共计 1 227 张，处罚罚金为 7 098.1 万元。对保险代理机构的罚单共 402 张，处罚罚金为 1 336.177 2 万元。

从中国保监会的处罚信息来看，保险公司违规行为集中在虚挂中介业务、财务数据不真实、非法套取费用、虚假赔案、阴阳保单、聘用无任职资格的销售人员、委托未取得合法资格的机构从事保险销售、账外支付激励费用、直接业务提取手续费、误导销售、承诺给投保人保险合同以外的利益、擅自变更营业场所等十余个方面。根据统计，今年保监会开出了 5 次 80 万及以上的大额罚单，其中，平安财险收到 3 次大额罚单。

对个人的处罚方面：2011年保监会对个人开出罚单641张，占到总罚单数的39.34%。个人处罚方面主要是因为虚假中介业务和虚假理赔和财务数据不真实负直接或连带责任而被处罚；考试舞弊及在业务过程中代抄风险语录也占有一定的比例。可见，保险公司急需加强对高管的监管，提高任职门槛，完善内部监控体系。

对保险代理机构的处罚方面：2011年保监会对保险代理机构开出罚单402张，处罚金额为1 336.177 2万元。目前，国内中介业务违法违规问题十分普遍，保险公司与保险中介机构之间关系不合法、不真实、不透明问题相当严重。对此，保监会采取了一系列措施，严惩中介违规，并一再强调将整治中介违规现象作为监管的重点，对违法违规行为绝不手软。保监会相关负责人也表示，明年将继续部署开展保险公司中介业务检查工作，各项准备工作正在进行中。

中金在线通过梳理中国保监会及其派出机构官方网站公布的千余份监管罚单，旨在揭露保险业乱象，将违规被罚较多的个人及公司大白于天下，希冀引起业界与监管部门的共同关注。希望在年度监管罚单公布后，保险公司能及时纠正违法违规现象，为创建保险市场和谐、守法的良好环境出一份力。我们应该向那些能及时纠正错误，以及未曾受到行政处罚的保险公司看齐，一起树立保险行业的良好形象。

资料来源：中金在线

任务一　保险市场概述

一、保险市场的概念和特征

（一）保险市场的概念

保险作为商品经济的产物和组成部分，必然与市场产生联系。所以保险市场是保险经济关系赖以生存和实现的形式，它有狭义和广义之分。狭义的保险市场主要是指以保险中介人为沟通渠道的、具有固定交易场所和稳定交易行为模式的保险经营场所。例如，16世纪英国伦敦的保险业务均集中在皇家交易所内进行。广义的保险市场是保险商品交换关系的总和或是保险商品供给与需求关系的总和，它既包括了保险商品交换的场所，也包括了保险商品交换过程中需求与供给关系及其有关的所有活动。

参照市场的含义，我们可以给保险市场下一个定义：保险市场是指保险商品进行交换的场所，是保险交易主体间所产生的全部交换关系的总和。保险市场既可以有固定的交易场所，也可以没有固定的交易场所。在保险市场上，既可以面对面地交易，又可以通过电脑、电话等通信工具达成交易。

（二）保险市场的特征

保险市场是金融市场的一个重要组成部分，它不同于商品市场或生产要素市场，有其独有的特征。

1. 保险市场直接经营风险

任何市场都有风险。但是，一般的市场交易中交易的对象是商品和劳务，并不是风险本身。而保险的经营对象恰好是风险，它通过对风险的聚集和分散来开展经营活动。这就需要保险人具有专业知识，能够满足各种各样的人对规避风险的需求。正是由于保险市场交易对象的特殊性，才导致了保险市场具有专业性强、经营面广的特点。

2. 保险市场是预期市场

保险合同签订后,被保险人不能立即从保险人那里得到保险支付,这是因为保险是对未来不确定事件的发生所带来的经济损失而进行补偿的一种承诺,只有在合同拟定的期限内,风险事件出现并造成损失时,合同才生效。不难看出,保险交易类似于一种期货交易,保险市场是一个预期性很强的市场。

3. 保险市场是非即时结清市场

所谓即时结清市场是指交易一旦结束,双方应立即知道交易结果的市场。一般意义上的商品市场和生产要素市场,都是即时结清市场,保险市场和以上所述市场不同,它是一个非即时结清市场。由于保险市场上交易客体的特殊性,使交易双方无法立即知道交易的结果,而必须在未来约定的时间内,看保险事件是否发生,然后,双方才能知道交易的最终结果。因此说,保险市场具有非即时结清的特点。

4. 保险市场是政府积极干预性市场

由于保险具有社会的广泛性,保险业的经营活动直接影响广大公众的利益。它所承担的是未来的损失赔偿责任,政府有责任保证保险人的偿付能力,以保障广大被保险人的利益。同时政府的监督和管理,对保护投保人获得合理的保险条件和费用支付条件也是必不可少的。所以即使在实行自由经济的国家,政府对保险业仍实行严格的监督和控制,如保单格式、保险费率、各项责任准备金、资金运用等都受到政府限制。所以保险市场在管理形态上基本上是属于政府积极干预性的市场。

二、保险市场的构成

一个完整的保险市场一般由保险主体、保险商品和保险价格三要素构成。保险主体一般由保险商品的供给方、保险市场的需求方和保险中介构成。保险商品是保险市场的客体。保险价格是被保险人为获得保险保障而由投保人向保险人交纳的费用,它通过保险费率来体现。

(一) 保险市场的主体

1. 保险商品的供给方

保险商品的供给方是指提供保险商品的各类保险人。保险人的组织形式多种多样,我们在下一节将作详细介绍。

2. 保险市场的需求方

各种各样的客户构成了保险市场的需求方。客户之所以购买保险商品,是因为他们存在着保险需求。社会中的每一个人,都面临着大量的危险,这些危险会给人们的生产和生活带来诸多不便。于是,人们便产生了对安全的需求。当保险出现后,安全需求就转化为保险需求。

3. 保险市场的中介

保险市场中介又称市场辅助人,是指介于保险人和投保人之间,促成双方达成交易的媒介人。保险市场中介主要包括保险代理人、保险经纪人和保险公估人,对此我们将在下一节详细介绍。

(二) 保险商品

保险商品是保险市场的客体。和一般商品不同,保险商品有着自己的特征。

1. 保险商品是一种无形商品。保险商品是一种劳务商品，它具有抽象性，无法被顾客具体感知。这种无形性是保险商品和其他实物商品最重要的区别之一。

2. 保险商品是一种"非渴求商品"，即人们不会主动去购买的商品。保险商品的这种特征源于人们对危险发生的不确定性所存在的侥幸心理。在这种心理的支配下，人们认为危险不会降临到自己头上，于是对购买保险不感兴趣，不会主动要求购买保险。

（三）保险价格

所谓保险价格，就是某种保险的单位保险金额的保险费。所谓单位保险金额，即以一定数额的货币量作为该种保险的一个计量单位。每一个计量单位的保险费，就是保险费率。

三、保险市场的种类

根据不同的标准，我们可以把保险市场作如下几种分类：

（一）财产保险市场与人身保险市场

按保险承保的标的划分，保险市场可分为财产保险市场和人身保险市场。财产保险市场是保险市场的重要组成部分，在这个市场上，保险公司承保的标的是各种财产，包括物质形态的财产以及与物质形态财产有关的利益。该市场又可分为财产保险市场、责任保险市场、信用保证保险市场。在人身保险市场上，保险公司承保的标的是人的生命和身体。人身保险市场又可分为人寿保险市场、意外伤害保险市场和健康保险市场等。

（二）国内保险市场与国际保险市场

按照保险活动范围来划分，保险市场可分为国内保险市场和国际保险市场。国内保险市场的发展程度和本国经济状况息息相关，国内的其他因素，如国家对保险业实施的宏观政策、地理环境、文化传统等，也会影响国内保险市场。国内保险市场可再分为地区性保险市场和全国性保险市场。国际保险市场是指由于保险人跨国经营保险业务而形成的市场。在国际市场上经营保险业务，面临的竞争会更激烈，当然，发展的空间也更大。目前，保险市场国际化已成为一种趋势，许多保险公司正实施全球化战略，以期占领更大的国际保险市场份额。国际保险市场可细分为区域性保险市场和全球性保险市场。

（三）原保险市场与再保险市场

按照保险交易的层次，保险市场可分为原保险市场和再保险市场。在原保险市场上，投保人和原保险人直接进行交易，原保险人承担全部危险责任，原保险市场可分为国内原保险市场和国际原保险市场。在再保险市场上，原保险人把其所承担的部分或全部危险责任转移给再保险人。再保险市场可分为国内分保市场和国际分保市场。

（四）自愿保险市场与强制保险市场

按保险实施的方式划分，保险市场可分为自愿保险市场和强制保险市场。在自愿保险市场上，投保人能够决定是否投保，保险人能够决定是否承保以及以什么条件承保。然后，双方在自愿平等的基础上，签订保险合同，确定权利义务关系。而在强制性保险市场上，政府常以法律的形式对有关问题加以规定，个人没有选择的余地，必须参加保险。

四、衡量保险发展水平的指标

(一) 保险费收入

改革开放以来,中国保险市场的保费收入已经从初期的 4.6 亿元发展到 2011 年的 1 万 4 千多亿元。变化如此之大的保费收入,表明中国已经或者正在逐步成长为当今世界新兴的保险大国。

但是,与那些保险业发展历史较早、规模较大的国家相比,中国保费收入的规模还显得有些微不足道。中国今天的保费收入只是美国的 4.4%、日本的 9.8%。当然,这种情况并不是中国的特有现象,几乎所有的发展中国家概莫能外。统计资料显示,全部发展中国家的寿险业务只占世界保险市场份额的 9%,全部发展中国家的非寿险业务只占世界保险市场份额的 9.7%。但是中国的保费收入的增长率是值得世界瞩目的。在过去 30 年里,中国的保费收入环比增长率达到 20% 以上,这是中国保险业发展的一大亮点。从世界保险发展历史来看,即使在经济发展势头处于上升时期,比如,在 20 世纪最后的 10 年即 1990—1999 年期间,世界寿险保费收入的增长率,发展中国家是 10.5%,工业化国家是 4.8%,世界平均水平是 5.3%。中国的保险发展速度既高于发达国家的水平,也高于发展中国家的水平。正是在这种古今中外均属罕见的事实面前,有人得出了发展中国家的保险市场是最具发展潜力的新兴市场,中国是世界上保险业发展最快的国家的结论。

(二) 保险深度

保险深度是指保费收入占国内生产总值(GDP)的比例,它是反映一个国家的保险业在其国民经济中的地位的一个重要指标。2011 年全球平均保险深度为 7%,中国为 3%。

(三) 保险密度

保险密度是指按照一个国家的全国人口计算的人均保费收入,它反映了一个国家保险的普及程度和保险业的发展水平。2011 年全球平均保险密度为 627.3 美元,中国为 1 062 元人民币。

(四) 保险资产

根据最新公布的数据,中国保险业 2012 年底总资产是 7.35 万亿元。评判一个事物的大与小,衡量一个事物的高与低,不仅要看它的绝对量,同时要看它的相对量。如果将 7.35 万亿的保险资产作为一个相对概念,可以从两个方面进行比较并得出结论:一是将它与其他金融行业的金融资产进行比较;二是将它与其他国家的保险公司的资产进行比较。

2012 年 11 月底银行业金融总资产为 127 万亿元,而美国友邦保险以及子公司的总资产达到 600 亿美元。美国 AIG 集团申请救助前的资产量有 1 万亿美元之多。所以无论从保险资产和银行资产的对比,还是和国外保险公司资产相比较,中国保险公司总资产都还有较大的发展空间。

(五) 保费收入占居民储蓄余额的比例

保费收入与居民储蓄余额之间存在着一定的比例关系。这种比例关系反映出一个国家保险业的发展水平。国际上公认的这种比例关系因国家的经济发展程度不同而不同。一般说来,保费收入占居民储蓄余额的比例,发达国家的平均值是 15%,发展中国家的平均值是 7%。

（六）每百万人拥有的保险公司数量

将每百万人所拥有的保险公司数量作为衡量保险业发展与否的一个指标，是国际上通常使用的一种方法。世界市场上存在两种截然不同的选择制度：一种是相对严格的市场准入制度，如日本、中国大陆和中国台湾地区等；一种是相对宽松的市场准入制度，如美国、英国、中国香港等国家或地区。所以，在这个指标下出现了美国有28家保险公司，日本和中国台湾都不足2家保险公司的区别。美国与日本尽管选择的市场准入制度截然不同，但两者同样是世界上保险业最发达的国家。中国的保险公司数量已经从当年的1家发展到今天的140多家。尽管中国每百万人所拥有的保险公司数量有限，但中国实行的不是"子公司制"，而是"分公司制"。在中国保险市场上存在的数量众多的分公司及其分公司下的中心支公司、支公司来为大众提供保险服务。

（七）保险渗透率和投保率

保险渗透率是指购买保险的家庭占家庭总数的比例，保险投保率是指购买保险的人数占总人数的比例或者是投保单的件数占总人数的比例。如果按照渗透率衡量保险业的发展程度，那么，保险渗透率越高，表明这个国家的保险业越发达，反之则否。根据统计资料显示，发达国家的保险渗透率达到90%，发展中国家的保险渗透率接近60%，而根据中国部分城市的抽样调查，保险渗透率尚在25%～30%之间。美国的投保率是157.62%（1996年），日本是594.43%（1996年），中国台湾是99.28%（1998年）。中国的投保率没有超过10%。

任务二 保险市场供给和需求

一、保险市场需求

（一）保险市场需求的概念

需求，就是指在一定时期内和一定条件下，消费者愿意并且能够购买某种商品或某种劳务的要求。保险需求就是个人或经济单位在某一特定时期内，在一定保险价格条件下，愿意并且能够购买保险服务的需求。

保险需求有两种表现形式：一种是有形的经济保障，体现在物质方面，即在自然灾害和意外事故发生之后，投保的个人或单位所得到的经济补偿和给付；另一种是无形的经济保障，体现在精神方面，即在获得保险经济保障之后，投保的个人或单位由于转嫁了意外经济损失风险而得到的心理上的安全感。

（二）影响保险需求总量的因素

1. 风险因素

无风险，无保险，风险是保险需求的首要条件。风险程度越高，范围越广，保险需求总量也就越大。反之，保险需求总量越小。保险需求总量与风险程度成正比例。

2. 经济发展因素

经济发展既是刺激保险需求产生的因素，也是促进保险需求总量扩充的因素。社会总产值的增长程度，特别是可用于保险的剩余产品的价值的增长幅度和居民收入增长幅度，是保险需求增长的决定性因素。保险需求总量与国民生产总值的增长成正比例。

3. 经济制度因素

现代保险属于商品经济范畴。保险发展的历史表明，现代保险是随着商品经济的产生而产生，随着商品经济的发展而发展。保险需求总量与商品经济制度发展程度成正相关关系。

4. 科学技术因素

科学技术是第一生产力。科学技术的不断进步及在经济生活中的应用，会不断开拓出新的生产领域，从而产生新的保险需求。保险需求总量与科学技术进步之间成正相关关系。

5. 风险管理因素

风险管理对保险需求总量的增减有直接影响。一般说来，风险管理好，出险频率低，保险需求量减少，反之，保险需求量增加。保险需求总量与风险管理优劣成反比例。

6. 价格因素

保险商品的价格就是保险费率。保险需求总量取决于可支付的保险费的数量，而不是愿意购买保险的数量。保险费率上升，保险需求下降；保险费率下降，保险需求回升。保险需求总量与保险价格成反反相关关系。

7. 利率因素

现代保险的相当部分是投资性保险，特别是长期性人身保险业务。银行利息率是影响投资者闲置资金流向的重要因素。如果利率高于保险公司收益，资金就会投向银行，保险需求减少；反之，则会投向保险公司，从而使保险需求扩大。保险需求总量与利率高低成反相关关系。

此外，民族文化习俗、宗教信仰、文化水平等对保险需求总量也会产生不同的影响。在上述诸多因素中，既有内生变量，也有外生变量，起最主要作用的是个人收入和保险价格两个因素。

（三）保险需求弹性

如前所述，在影响保险需求量的诸多因素中，内生变量中的个人收入和外生变量中的保险价格是最重要的两个因素。保险需求弹性，主要是指因保险价格的变动或消费者收入的变化所引起的对保险需求的变动率，实际上即随着决定和影响保险需求的诸因素（特别是保险价格和收入）的变化，保险需求随之增减的幅度，它反映保险需求量的变动对保险价格和收入变化的敏感程度。

保险需求弹性主要有以下三种：

1. 保险需求的价格弹性

价格对需求的影响是所有影响需求量诸因素中最灵敏的因素，保险需求的价格弹性也是需求诸多弹性中最突出的一种弹性。所谓需求的价格弹性，是指价格每变动一个单位所引起的需求量的变化程度。保险需求对价格变动的反应取决于保险这一商品的必需程度、可取代性和货币投入量。假如保险被消费者视为必需品的程度高，其使用价值不可被其他商品或劳务所取代，或用于购买保险劳务的货币投入量小，保险需求的价格弹性就弱，即保险需求量对保险价格的变化反应迟缓；反之，假如保险被消费者视为必需品的程度低，其使用价值可以被其他商品或劳务所替代，或用于购买保险劳务的货币投入量大，保险需求的价格弹性就强，即保险需求量对保险价格的变化反应灵敏。

2. 保险需求的收入弹性

保险需求的收入弹性，是指因国民收入和个人收入变化而引起对保险需求的变动率，或指收入每变动一个单位所引起的保险需求量变化的程度。它是衡量保险需求量对国民收入和个人收入变化反应程度的指标。一般来说，收入弹性都是正值，也就是说收入的增长，会引起保险需求更大幅度的增长。因为收入增长，储蓄、耐用消费品的消费也会随之增长，从而引起人们对保险的需求。在低收入不发达国家，保险被一般公众视为奢侈品，以收入多寡来决定是否购买保险。在发达国家，保险已成为社会经济活动和人们生活必不可少的必需品，收入增减影响的只是保险需求的数量问题，因此发达国家收入弹性较高，不发达国家收入弹性较低。

3. 保险需求的交叉弹性

保险需求的交叉弹性，是指因其他商品和劳务价格的变动所引起的保险需求的变动率。在影响保险需求总量的诸多因素中，还应提及的是外生变量中的其他商品的价格，这在分析保险需求总量中也是不可忽视的因素。在商品的需求和其商品的价格之间存在着交叉需求的三种情况：① 在相互替代性商品之间，A 商品的需求将直接随 B 商品的价格变化而变化；② 在相互补偿性商品之间，A 商品的需求与 B 商品的价格变化呈反向运动；③ 在相互独立性商品之间，A 商品的需求与 B 商品的价格变化无关。

对于保险需求和其他商品价格的关系，可以用需求的交叉弹性来进行衡量，方法是用保险需求量的变化比除以另一种商品价格的变化比。需求的交叉弹性可以在整个实数范围内变动，若取正值，表明两种商品相互补充，必须配合使用；若取负值，表明两种商品相互替代，可以取代使用。前者 A 商品需求与 B 商品价格变化呈反向运动；后者 A 商品需求与 B 商品价格变化呈同向运动。自然，保险需求交叉弹性取决于其他商品和劳务与保险的替代和互补程度。如果替代或互补程度高，那么保险需求的交叉弹性就大，反之，保险需求的交叉弹性就小。

除以上三种弹性以外，保险需求还有商品制度弹性、技术进步弹性、利率弹性、风险程度弹性等，在此不再赘述。

二、保险市场供给

（一）保险市场供给的概念

供给，就是指在一定时期和一定条件下，生产者或劳务提供者对某一产品或某种劳务可能提供的数量。保险供给，就是在一定保险价格条件下，保险市场上各家保险公司愿意并且能够提供的保险商品的数量总和。

与保险需求相联系，保险供给也有两种具体形式：一种是有形的经济保障，即保险人对遭受损失或损害的投保人，按照合同规定的责任范围给予一定金额的补偿或给付，体现在物质方面；另一种是无形的经济保障，即保险人对所有投保人（包括未出险的）提供的心理上获得安全感的保障，体现在精神方面。

（二）制约保险供给总量的因素

从根本上说，保险需求是制约保险供给的最基本因素。在存在保险需求的前提下，制约保险供给的主要因素有：

1. 资本因素

保险供给是由保险公司和其他保险组织提供的。保险公司开业必须有一定数量的经营资本，用以创造营业的物质条件和作为赔付的准备金。而在一定时期内，社会资本总量在国民经济各部门的比例是确定的。因此，社会可用于经营保险业的资本量也是客观确定的，制约着保险供给的总体规模。社会经营保险业资本总量与保险供给总量成正相关关系。

2. 从业人员因素

从业人员因素是指保险从业人员的数量和质量。保险经营活动是人的经济活动。在一定时期内，社会劳动总量是确定的。用于经营保险活动的劳动量也是确定的，制约着保险供给规模。同时，保险经营活动又是具有特殊专业性保险人才的复杂劳动，专业素质水平也影响着保险供给的总量。保险从业人员的数量和质量与保险供给成正相关关系。

3. 经营管理因素

保险业的经营和管理是一种技术性、专业性很强的业务活动，尽管随着科学技术的发展，保险业的经营不再像以前那样高深，但仍需经营者在风险管理、条款设计、费率厘定、业务监督等方面具有一定的水平。丰富的承保经验，有条不紊的管理，可以满足社会出现的新的保险需求，可以不断推出新的保险品种。保险业的经营管理水平与保险供给成正相关关系。

4. 交费能力因素

保险供给的来源之一是被保险人交纳的保险费，保险人是运用全体被保险人交纳的保险费建立起来的保险基金来向社会提供经济补偿的。取之于面，用之于点。被保险人交纳保费的能力直接影响着保险供给的规模。被保险人交费能力强，保险供给就充足，反之，保险供给就匮乏。被保险人交纳保费的能力与保险供给成正相关关系。

5. 保险价格因素

保险价格是保险商品价值的货币表现，也就是保险人用于履行经济补偿，弥补营业费用，而由被保险人支付的货币额。保险价格由价值决定，受保险市场供求关系的影响，同时对供给和需求产生反作用。保险价格对供给的影响是，偏高则刺激保险供给，偏低则抑制保险供给。保险价格与保险供给成正相关关系。

6. 保险利润率因素

保险利润是保险企业从当年保险费中扣除当年的赔款、税金、费用支出和提留各项准备金后的纯收入与保险资金投资纯收入之和，包括营业利润和投资利润两部分。保险利润率是制约保险供给总量的最重要因素。在商品经济高度发展的资本主义制度下，平均利润率规律支配着一切经济活动（保险活动亦不例外）。保险平均利润率与保险供给成正相关关系。

7. 政府行为因素

政府行为因素包括国家政策和法制建设等。国家制定的经济发展政策从宏观上给予保险供给重要影响。在国家不同经济政策的指导下，保险供给的总量发生着不同的变化。健全的法制建设能使保险供给维持应有的正常水平。此外，政治和经济秩序的稳定，国家对保险的有效管理，都能制约保险供给的规模。政府行为的效力与保险供给成正相关关系。

（三）保险供给弹性

保险供给弹性，是指因保险价格及其他影响保险供给的因素的变动而引起的保险供给的变动率，它反映保险供给变动对价格变动及其他影响保险供给因素的敏感程度。

保险供给弹性主要有以下三种：

1. 保险供给的价格弹性

保险供给的价格弹性，就是指某种保险商品价格每变动一个单位所引起的该种保险商品供给量变化的程度。一般来说，根据保险价格与保险供给的函数关系，两者成正比例相关。保险供给弹性与保险需求弹性相同，也受保险商品的必需程度、可取代性和货币投入量三项因素的影响。被消费者视为必需程度高、可取代性弱、货币投入量小的保险商品，其保险供给价格弹性就弱，反之，保险供给价格弹性就强。

2. 保险供给的资本弹性

保险供给的资本弹性，就是指保险资本每变动一个单位所引起的保险供给量变动的程度。根据保险资本量与保险供给的函数关系，两者也成正比例相关。一般说来，保险供给资本弹性是正值。资本量增加，保险供给量就大，资本量减少，保险供给量就弱。但不同的保险品种，保险供给资本弹性不尽相同。社会必需的保险品种（如强制保险），资本弹性就弱，可替代性的保险品种（如自愿保险），资本弹性就强。

3. 保险供给的利润弹性

保险供给的利润弹性，就是指保险利润每变动一单位所引起的保险供给量变动的程度。根据保险利润与保险供给的函数关系，两者是正比例关系，而且利润高低对保险供给的影响极大，因为商业性保险经营的目的是为了盈利。一般而言，保险供给的利润弹性是正值。保险利润在不同险种、险别中有较大区别，如在企财险、涉外险中利润较高，而在农业险、机动车险中利润较低。

（四）保险供给的组织形式

保险供给是通过一定的组织形式来实现的，由于各国具体国情的差异，使得各国保险人的组织形式不尽相同。

1. 国有保险公司

国有保险组织是由国家或政府投资设立的保险经营组织，由政府或其他公共团体所经营，其经营可能以营利为目的作为增加财政收入的手段，组织形式为举办商业保险的保险组织；也可能以政策的实施为宗旨，并无盈利的动机，组织形式为举办社会保险的保险组织等。

由于国有保险公司其产权不明晰、筹资能力有限、效率较低等原因，对商业保险而言，国际上存在一种国有独资保险公司逐步股份化的浪潮，一些则转为国家控股的保险公司；而对从事政策性保险业务的，则仍然适合采用国有独资保险公司的形式。

2. 股份保险公司

股份保险公司是将全部资本分成等额股份，股东以其所持股份为限对公司承担责任，公司则以其全部资产对公司债务承担责任的企业法人，又称保险股份有限公司。股份保险公司的内部组织机构主要由权力机构、经营机构和监督机构三部分组成：股东大会是公司的权力机构；公司的经营机构是董事会；监事会是股份保险公司的监督机构。为了保证股份保险公司的稳定经营，各国保险业法对其实收资本的最低限额，一般都有明确的规定；股份有限公司的资本以股东购买股票的形式募集资金，股东以领取股息或红利的办法分配公司的利润，并以自己认购的股份为限对公司的债务负责。

保险股份有限公司具有分散风险、规模庞大、筹资能力强、效率高的优点，一般具有雄厚的财力，对被保险人的保障较大，因而，许多国家的保险业法也规定，经营保险业者必须采用股份有限公司的形式。

3. 相互保险

相互保险是保险业特有的组织形式，是以社员间相互保险为目的的一种社会互助行为。

相互保险公司的会员既是保险的加入者，又是被保险者。此类保险组织在创立时经由社员出资，用于支付创立费用以及作为事业资金与担保资金，经营有剩余时，或分给社员或补充下期以后的保险费，经营亏损则削减一部分保险金。相互保险有两种形式：一是相互保险社；二是相互保险公司。

4. 个人保险组织

个人保险组织是以个人名义承保保险业务的组织形式。该组织主要存在于英国。英国的劳合社（Lloyd's）是世界上最大的、历史最悠久的个人保险组织。"劳合社"本身并不是承保危险事故的保险公司，仅是个人承保商的集合体，是一个社团组织，其成员全部是个人，且各自独立、自负盈亏，进行单独承保，并以个人的全部财力对其承保的风险承担无限责任。

5. 行业自保组织

行业自保组织是指某一行业或企业为本企业或本行业提供保险保障的组织形式。欧美国家的许多大企业集团，都有自己的自保保险公司。行业自保公司是在一次和二次世界大战期间首先在英国兴起的，到了20世纪50年代美国也开始出现了这种专业型自保公司。行业自保组织具有一般商业保险所具备的优点，但其适用范围有限制，所以不能像商业保险那样普遍采用。

任务三　保险市场中介

保险市场中介是指介于保险人之间或保险人与保险客户之间专门从事保险业务咨询与招揽、危险管理与安排、价值衡量与评估、损失鉴定与理赔等中介服务活动，并从中依法获取佣金或手续费的企业或个人。在保险经济高度发达的今天，保险中介对保险经济关系的形成和实现的作用日益重要，已成为当今保险市场上必不可少的基本要素之一。

保险市场中介主要包括保险代理人、保险经纪人、保险公估人等。

一、保险代理人

保险代理是代理保险公司招揽和经营保险业务的一种制度。从事保险代理活动的人称为保险代理人，即指根据保险人的委托，在保险人授权的范围内代为办理保险业务，并依法向保险人收取代理手续费的企业或者个人。保险代理人的权限通常在代理合同或授权书中予以规定，一般包括招揽与接受业务、收取保险费、勘查业务、签发保单、审核赔款等。保险代理人必须具备法律规定的条件，经过考核和政府主管部门的批准方能取得资格。此外，在经营过程中，政府主管部门对其有专门的管理规定。

保险代理是由民法调整的民事法律行为，以书面合同形式确立当事人双方的权利义务关系。首先，保险代理是基于保险人授权的委托代理，这种代理是出于双方诚信基础上而建立的；其次，保险代理与一般民事代理不同，越权或弃权造成的后果，保险人仍须负责，之后再向保险代理人追偿；再次，保险代理是代表保险人利益的中介行为，是以要式合同形式确立当事人权利义务的民事法律行为，任意一方若没有履行或没有完全履行自己的义务，按照法律和合同约定都应承担相应的法律责任。

根据民事代理原理，保险代理人是处于被代理人（保险人）和第三人（投保人）之间的中介，其法律地位等同于被代理人（保险人）。法律上，保险代理人被视为保险人的代表，保险代理人的一切行为，都代表保险公司并由保险公司负法律上的责任。保险公司通过约定或明示、默示和习惯性认可等方式，授权保险代理人为其开展业务、营销保单，只要保险公司的保单由保险代理人出售给被保险人并收取保险费，保险单即生效。不论保险代理人是否取得保险公司同意，或者是否告知保险公司，一旦发生风险都须按照保险单的条款规定办事，一切保险责任均由保险公司承担。由此可见，保险代理人是保险公司的代理人，与保险公司处于同一法律地位。

保险代理人依据标准不同，可分为不同的种类。按授权范围不同可分为总代理、分代理、特约代理；按业务范围不同可分为展业代理、检验代理、理赔代理等；按代理性质不同可分为兼职代理、专职代理；按代理对象不同，可分为独家代理、独立代理等。这些分类并非彼此对立，而是相互交叉的。在欧美国家，保险代理人制度十分完善。尤其是在美国，保险代理人是整个保险市场的中心角色，美国的保险代理人遍及各个行业，代理业务无所不包，代理人员队伍庞大，形成了一个巨大的保险业务代理销售网，这是美国保险业发达的原因之一，也是美国保险销售制度的特色。

二、保险经纪人

保险经纪人是指基于投保人利益，代表投保人与保险人签订保险合同，并向保险人收取佣金的企业和个人。保险经纪人有专门的保险知识，比较熟悉保险市场情况，能够争取到最好的保险条件。一般说来，保险经纪人不直接承保保险业务而是代替保险需求者购买保单，所以说保险经纪人是代表被保险人购买保险，从保险人那里取得佣金的保险中间人。此外，还有再保险经纪人，即指基于原保险人或再保险人的利益，为原保险人和再保险人安排分出、分入业务提供中介服务，并依法收取佣金的企业和个人。

一般说来，保险经纪人被视为被保险人的代理，处于保险人或保险代理人的相对地位，其代理活动基于投保人或被保险人的利益。但保险经纪人的立场，在实务上易产生混淆。一方面为投保人服务，却向保险人收取佣金为报酬；另一方面又代保险人收取保费，递交保单。所以，保险经纪人又非完全意义上的被保险人的代理人。如前所述，首先，保险合同订立后，向保险人索要酬金；其次，往往代理保险人收取保费；第三，因保险经纪人过失或疏忽而使被保险人的利益受到损害，保险经纪人要负民事法律责任，给予经济补偿。因此美国有所谓"经纪人责任保险"，承保经纪人对被保险人所负法律上的损害赔偿责任。

三、保险公估人

保险公估人又被称为保险公证人，是指依照法律规定设立，受保险人或投保人或被保险人委托，向委托人收取酬金，办理保险标的的查勘、鉴定、估损以及赔款的理算并予以证明的企业和个人。保险公证人在执行职务中，不仅需有专门的学识和经验，而且更重要的是能保持公平独立的立场，以使其所作的判断或证明符合客观实际，且具有权威性。保险关系双方对公证意见进行评议，如无大争议，则按此意见处理、结案。如有较大争议，经调解无效，再由一方起诉，由法院判决。

保险公估人的主要任务是在保险合同订立时对危险的查验、评估，及危险发生后，对损失的原因及程度进行查勘和估计。保险公估人由何方委任，因保险种类不同而不同。在火灾保险方面，往往由保险人委任，但在海上保险方面，多由被保险人委任，由公估人将公证报告书交由被保险人转向保险人索赔。海上保险中的共同海损的牺牲、费用及分担额的计算,习惯上委托海损理算师担任公证,其签署的理算书对共同海损各关系方均具约束力。

保险公证人既不是保险人的代理人,也不是被保险人的代理人,而是独立的第三者。他只是站在公正的第三者的立场上,凭据专门的技术知识和经验,对客观实际作出实事求是、恰如其分的判断和证明。这种公证没有法律效力,但可以作为诉讼的凭据,法院可以此作为判案的根据。

除上述保险中介人的主要种类之外,还有律师、精算师等,相应的组织有律师行、精算协会等。这些保险中介人,不仅与保险合同订立关系密切,而且与整个保险市场运行有关。所以,各国对保险中介人都有适当的管理措施,以保证保险市场的正常发展。

【阅读材料】 **2012年上半年保险中介机构发展情况**

截至2012年第2季度末,全国共有保险专业中介机构2 551家,同比减少37家。其中,全国性保险专业代理机构44家,区域性保险专业代理机构1 768家,保险经纪机构420家,保险公估机构319家。全国保险专业中介机构注册资本125.18亿元,同比增长25.86%;总资产189.07亿元,同比增长26.84%。

2012年上半年,全国保险公司通过保险专业中介机构实现保费收入494.22亿元。全国保险专业中介机构实现业务收入84.36亿元,同比增长21.93%。

2012年上半年,全国保险经纪机构实现业务收入26.51亿元,同比增长9.00%。其中,实现财产险佣金收入20.81亿元;实现人身险佣金收入2.88亿元;实现再保险业务类佣金收入0.42亿元;实现咨询费收入2.40亿元。

资料来源:中国保监会网站

任务四 保险监管概述

一、保险监管的概念

保险监管是指政府对保险业的监督管理,是保险监管机构依法对保险人、保险市场进行监督管理,以确保保险市场的规范运作和保险人的稳健经营,保护被保险人权益,促进保险业健康、有序发展的整体过程。

一个国家的保险监管制度通常由两大部分构成:一是国家通过制定有关保险法规,对本国保险业进行宏观指导与管理;二是国家专司保险监管职能的机构依据法律或行政授权对保险业进行行政管理,以保证保险法规的贯彻执行。

最早建立保险监管制度的国家是英国。1575年,英国伊丽莎白女王特许在伦敦皇家交易所内设立保险商会,英国政府要求海上保险单必须向该商会办理登记,这是政府对保险业进行管理的开端。1601年英国颁布了第一部与海上保险有关的法律,1746年第一次以法律条文的形式要求投保人对投保财产要具有保险利益。

现代保险监管制度诞生于美国。1851年美国新罕布什尔州率先设立保险署,专司监管之责,开创了现代保险监管制度中设立专门监管机构的历史。1858年伊莱泽·赖特人马萨诸塞州的保险监督官,提出了以保证保险人偿付能力为目标的现代保险监督理念,被称为现代保险监管之父。

我国保险监管制度是随着我国社会主义市场经济和保险业的发展而不断发展与完善的。1998年11月18日中国保险监督管理委员会（简称"中国保监会"）成立，是全国商业保险的主管部门，为国务院直属正部级事业单位，根据国务院授权履行行政管理职能，依照法律、法规统一监督管理全国保险市场，维护保险业的合法、稳健运行。这标志着我国保险监管体制开始按照专业化的标准建立。

我国现代保险监管体系的建设正在走向成熟，"构筑保险业风险防范的五道防线"是中国现代保险监管体系建设的核心内容，即"坚持以公司内控为基础，以偿付能力监管为核心，以现场检查为重要手段，以资金运用监管为关键环节，以保险保障基金为屏障，逐步建立起风险防范的长效机制。"

二、保险监管的必要性

保险监管在各个国家的保险发展中处于越来越重要的地位，主要是由保险业的特殊性质及其经营的特点决定的。

（一）保险事业的公共性

保险业的公共性质主要体现在其经营具有负债性、保障性和广泛性三大特征上。

负债性是指保险公司的经营是典型的负债经营。保险准备金是保险公司对其客户的负债，而不是保险公司的资产，在保险合同期满之前不为保险人所有。保险公司还利用保险资金成为金融市场上主要的机构投资者。因此加强监管，保证其资金安全和偿付能力，是非常有必要的。

保障性是指保险的基本职能在于损失补偿或保险金给付，并通过这种补偿或给付保证社会生产和人民生活在遭受灾害事故造成损失时，能够及时得到恢复和弥补。如果保险公司经营不善，不能正常履行其补偿或给付职能，将会直接影响社会再生产的正常进行和人民生活的安定。

广泛性是指保险业对整个社会有较大的影响和渗透。从范围上看，一家保险公司可能涉及众多家庭和企业的安全问题；从期限上看，一张保险单可能涉及投保人的终生保障。保险业经营风险所造成的影响远远超过其他企业，保险企业的经营失败不仅会使个人失去经济保障，而且也会对整个经济造成混乱并影响社会稳定。因此，政府必须加强对保险业的监管，确保保险业稳健经营。

（二）保险合同的特殊性

与一般商业合同相比，保险合同的特殊性在于其本身所具有的附合性和射幸性。保险合同之所以具有附合合同的性质，是因为它是保险人一方起草拟定印就的标准合同条款，被保险人在既定的条件下接受合同。从表面上看，保险合同是保险关系双方自愿签订而成立的，实际上，这种保险关系是保险合同双方当事人在一种信息不对称、交易力量不对等的基础上建立起来的。在这种情况下，政府从保护被保险人的权益出发，对保险合同的条款、保险费率等内容进行严格审核，以达到公平合理的目的。保险合同之所以属于射幸合同，是因为保险合同双方当事人因合同而产生的权利与义务之间不具有等价关系，因此，必须通过政府监管，以确保保险合同交易的公平合理。

（三）保险技术的复杂性

保险经营具有很强的技术性，保单条款的制定、费率的计算、承保范围的规定无一不包含大量专业人员的计算，这些使得整个保险合同显得极为复杂。为调整保险关系而形成的保险法规、保险条款和保险惯例，因其内容涉及专门术语和技术，也并非一般投保人所能完全了解。因而需要保险监管机关对保单条款和费率水平进行审核，以保护投保人的利益。

（四）弥补保险业自身管理缺陷的需要

经营管理是企业生存发展的命脉，企业必须在自身发展过程中向管理要效益。保险业在商业化发展过程中，经营管理的目的是为了保障和提高保险业自身的效益，其保险费率的厘定、保险公司责任准备金的提取、再保险的规定等，都会从自身利益考虑，往往有失公平。因此，必须通过外部进行监督管理，才能达到保险业经济效益和社会效益的统一。

三、保险监管的目标

保险监管的根本目的是保护被保险人利益，使监管工作成为防范金融风险，促进保险业发展的有力手段。围绕此根本目的，具体有如下监管目标：

（一）保证保险人有足够的偿付能力

保证保险人具有足够的偿付能力，维护被保险人的利益，是国家对保险企业进行监督管理的核心。为了实现这一目标，各国保险法从两个层次对此加以明文规定，一是业务技术，包括业务范围、条款、费率、再保险和资金运用等。二是财务监管，包括资本充足率、准备金提存、公积金、最低偿付能力的确定，以及财务报告制度等。

（二）防止利用保险进行欺诈

利用保险进行欺诈不当得利，违反了商业保险保障经济秩序正常稳定的初衷。针对保险行业的特殊性，国家把防止、打击保险市场中的欺诈行为作为监管的目标之一，以维护保险市场运行的正常秩序。欺诈行为表现在投保人与保险人两方面：投保人的欺诈即指投保人利用保险谋取不当利益。为此《保险法》规定投保人对保险标的必须具有保险利益；被保险人获得的保险赔偿不得超过其实际遭受的损失；对投保人（或被保险人）故意制造的事故，保险人可免除赔偿责任。保险人的欺诈行为主要表现在缺乏必要的偿付能力以及非法经营保险业务；保险人超出规定的业务经营范围经营保险业务；保险人利用保险条款和保险费率欺骗投保人和被保险人。对于以上行为各国保险法都有严格规定，对保险企业实行一系列的严格审批手续和监管措施。

（三）在保险市场上维护合理的价格和公平的保险条件

保险条款具有很强的专业性，投保人大多不十分了解。保险商品的价格也具有特殊性，国家要求保险公司或同业协会，根据市场的经营情况，制定出共同的保险费率标准。我国《保险法》第一百零七条规定，"关系社会公众利益的保险险种、依法实行强制保险的险种和新开发的人寿保险险种等的保险条款和保险费率，应当报保险监督管理机构审批。保险监督管理机构审批时，遵循保护社会公众利益和防止不正当竞争的原则。审批的范围和具体方法，由保险监督管理机构制定。其他保险险种的保险条款和保险费率，应当报保险监督管理机构备案"。这些规定一方面保证保险人与投保人之间的公平交易，另一方面也使保险人之间在同等保险费率条件下公平竞争，提高保险服务质量。

（四）提高保险企业的经济效益和社会效益

通过加强保险监管，使保险业适度规模经营，稳健发展，既提高了保险企业的经济效益，同时也通过对保险业的长期合理运行促使社会发展进步。在现代经济中，保险保障对社会经济发展是必不可少的。当保险企业的经济效益与社会效益发生冲突时，国家通过干预、管理和协调，来达到两者的统一。

四、保险监管的方式

一个国家采用何种方式对保险业实施监管，国际上没有形成固定的标准，不同的国家根据其不同的经济环境和法律选择不同的方式。通常使用的方式有以下三种：

（一）公示方式

公示方式作为保险监管中的一种宽松监管方式，是指政府对保险业的经营不作直接监督，只是规定保险人按照政府规定的格式及其内容，将其营业结果定期呈报给主管机关，并予以公布。关于保险业的组织形式、保险合同格式的设计、保险资金的运用等，均由保险人自行决定，政府不作过多干预。保险经营的好坏，由被保险人及一般大众自行判断。公示监管的内容包括：① 公告财务报表；② 规定最低资本金与保证金；③ 订立最低偿付能力标准。这样的监管方式将政府与大众结合起来，有利于保险人在较为宽松的环境中自由发展，但也存在固有的缺陷。由于被保险人和一般公众处在信息不对称的不利的一方，因此，他们很难掌握评判保险企业优劣的标准，对不正当的经营，表现得无能为力。因此，采用此种监管方式必须具备一定的条件，包括国民经济一定程度的发展，保险机构的普遍存在，投保人具有选择保险人的可能；保险企业具有一定的自制能力，保险市场具有平等的竞争条件和良好的职业道德；社会公众具有较高的文化水准和参与意识，被保险人对保险公司的优劣有适当的判断能力和评估标准等。在历史上英国曾采用此种监管方式。按照英国的规定，经营保险业无需执照或其他特别批准。如果是公司经营，仅须按照正常方式办理公司登记；个人经营仅须取得劳合社的会员资格即可。随着现代保险业的发展，尤其是 20 世纪 60 年代、70 年代保险公司的破产事件的不断出现，改变了英国对保险监管方式的看法，公示监管方式也由于不利于切实有效地保证被保险人的利益而被放弃。

（二）准则方式

准则方式，又称规范监管方式或形式监管方式，是指国家对保险业的经营制定一定的准则，要求保险业者共同遵守的一种监管方式。政府规定的准则仅涉及重大事项，如保险公司的最低资本额、资产负债表的审查、法定公布事项的主要内容、监管机构的制裁方式等。这种方式强调保险经营形式上的合法性，故比公示监管方式具有较大的可操作性，曾被视为"适中的监管方式"。但是，由于这种监管方式仅从形式出发，难以适应所有保险机构，加之保险技术性强，涉及的事物复杂多变，所以仅有某些基本准则难以起到严格有效监管的作用。

（三）实体方式

实体方式，亦称严格监管方式或许可监管方式，是指国家订有完善的保险监督管理规则，主要机构根据法律法规赋予的权力，对保险市场尤其是保险公司进行全面的监督管理的一种方式。这种监管方式最早由瑞士创立，现已被各国所采用。我国对保险业的监管亦采用此种方式。实体监管方式的过程大致可分为三个阶段，第一阶段为保险业设立时的监管，即保险许可证监管，保险主管机关依照法令规定核准其营业登记并发给营业执照，包括新公司、合资公司、分公司的设立及其增设分支机构等所需建立的最低资本金、保证金等。第二阶段为保险业经营期间的监管，此阶段监管过程为实体监管的重心，因此，采用实体监管的国家，大都由保险法、保险业管理法、外国保险业许可管理法等对保险经营过程予以规范，并对保险业作实体监督和检查。第三阶段为保险业破产的监管，即在保险公司经营失败时，对其破产和清算进行监管。

任务五　保险监管内容

一、保险组织的监管

（一）对保险人的组织形式的限制

保险人以何种组织形式进行经营，各个国家和地区根据本国国情均有特别规定。例如，美国规定的保险组织形式是股份有限公司和相互公司；日本规定的形式是株式会社（股份有限公司）、相互会社（相互公司）和互济合作社三种。我国《保险法》没有特别规定保险公司的组织形式，在第九十四条规定："保险公司，除本法另有规定外，适用《中华人民共和国公司法》的规定。"按照公司法的规定，公司的组织形式应该为有限责任公司和股份有限公司。

（二）保险企业开业审批管理

我国《保险法》第六十七条规定，"设立保险公司，必须经保险监督管理机构批准"。国家对保险企业的设立实行许可经营制度，未经保险监督管理部门核准，任何人不得经营保险业务。设立保险企业，必须经过申请、筹建、批准、办理公司登记、提交保证金等五个环节。我国《保险法》规定，"经批准设立的保险公司，由批准部门颁发经营保险业务许可证，并凭经营保险业务许可证向工商行政管理机关办理登记，领取营业执照"，"保险公司在中华人民共和国境内外设立分支机构，须经保险监督管理机构批准，取得分支机构经营保险业务许可证"。

《保险法》规定申请设立保险公司，应当提交设立申请书、可行性研究报告和保险监督管理机构规定的其他文件、资料。

项目案例链接

2003年4月10日至2004年3月21日，A分公司在B市农垦局设立分支机构，对外称"某某人寿保险股份有限公司A分公司B市农垦分部"，公司内部自定性质为A分公司直属，内设总经理室、培训中心、个险服务部、财务部等部门，内勤人员3名，营销员73人。该机构已开办了人寿保险、意外险和健康险业务，保费收入总计27万余元。被群众举报后，经当地保监局查实，对该公司处10万元罚款。

（三）资本金与保证金管理

各国保险法明确规定保险企业申请开办时必须具备符合标准的开业资本金，凡是达不到法定最低资本金限额者，不得开业。我国《保险法》第六十九条规定，"设立保险公司，其注册资本的最低限额为人民币2亿元。保险公司注册资本最低限额必须为实缴货币资本"。通过资本金的严格管理，可保证保险人在开业初期可以承担开业费用和保险赔款的支出。当保险公司的资本金和盈余低于最低资本限额时，就被认为偿付能力不足；当保险公司的资本金和盈余为负，即负债大于资产时，保险公司即不具有偿付能力。

保证金是指保险企业设立后，应按照其注册资本总额的 20% 提取的资金，存于监管部门指定的银行，用于保证企业的偿付能力。我国《保险法》第九十七条对此有规定，"保险公司成立后应当按照其注册资本总额的 20% 提取保证金，存入保险监督管理机构指定的银行，除保险公司清算时用于清偿债务外，不得动用"。

（四）保险从业人员管理

保险从业人员包括保险公司的管理人员和经营人员。保险行业的专业性和技术性很强，从业人员的专业水准、职业道德对保险业的健康发展具有重要意义。世界各国对保险业的高级管理人员的任职资格都有较高的要求，进行严格的资格审查。不符合法律规定的任职条件，不能担任公司的高级管理职务；合格领导人没有达到法定数量，公司不能营业。保险企业领导人的任职条件包括文化程度、保险实践经验和道德素质等。我国《保险法》第六十八条规定了设立保险公司应具备的条件中的第四个条件为：有具备任职专业知识和业务工作经验的董事、监事和高级管理人员；第八十条和第八十二条规定了高级管理人员的积极条件和消极禁止条件。

项目案例链接

2009 年 6 月，苏黎世北分在向保监会递交任职资格申请之前，即任命林唯为公司副总经理。此后，在保监会尚未核准的情况下，公司岗位职责说明文件显示，林唯的职位是总经理，公司网站也作了宣称。

苏黎世北分未经核准擅自任命公司高级管理人员的行为，违反了《保险公司董事和高级管理人员任职资格管理规定》（2006 年）第六条、第三十条以及《保险机构董事、监事和高级管理人员任职资格管理规定》（2010 年，以下简称《规定》）第五条、第三十一条的规定。根据《规定》第四十六条的规定，我会决定对苏黎世北分予以警告并罚款 1 万元的行政处罚。

苏黎世北分副总经理（主持工作）林唯，对在未经核准的情况下，公司岗位职责说明文件及公司网站宣称其为公司总经理的违规行为负有直接责任，依据《规定》第四十六条的规定，我会决定对林唯予以警告并罚款 1 万元的行政处罚。

资料来源：保监会网站

（五）停业管理

国家对保险企业监管的基本目的，是为了避免保险企业破产，以保障被保险人的合法权益。当保险企业由于经营不当发生财务危机时，国家一般采取扶助政策，利用各种措施帮助其解决财务困难，继续营业，避免破产。但是，保险企业若违法经营或有重大失误，以致不得不破产时，国家便以监督者身份，令其停业或发布解散令，选派清算员，直接介入清算处理。

保险公司不能支付到期债务，经保险监督管理机构同意，由人民法院依法宣告破产。保险公司被宣告破产的，由人民法院组织保险监督管理机构等有关部门和有关人员成立清算组，进行清算。

经营有人寿保险业务的保险公司被依法撤销的或者被依法宣告破产的,其持有的人寿保险合同及准备金,必须转移给其他经营有人寿保险业务的保险公司;不能同其他保险公司达成转让协议的,由保险监督管理机构指定经营有人寿保险业务的保险公司接受。

转让或者由保险监督管理机构指定接受前款规定的人寿保险合同及准备金的,应当维护被保险人、受益人的合法权益。

保险法第八十九条到第九十条对保险公司设立的停业、解散和破产进行了规定。

二、保险业务经营监管

国家对保险经营的监管是指对经营范围、偿付能力、保险费率、保险条款、再保险及资金运用等方面的监管。

（一）经营范围的监管

经营范围的监管是指国家通过法律或行政命令,规定保险企业所能经营的业务种类和范围。为了保障广大被保险人的利益,各国法律均规定保险业具有专营性。我国《保险法》第六条规定:"经营商业保险业务,必须是依照本法设立的保险公司。其他单位和个人不得经营商业保险业务。"国家监管审批机构在保险公司创立之初,就明确核准其业务范围,保险公司应严格在规定的业务范围内从事经营活动。我国《保险法》第九十五条明确规定,"同一保险人不得同时兼营财产保险业务和人身保险业务","但是,经营财产保险业务的保险公司经保险监督管理机构核定,可以经营短期健康保险业务和意外伤害保险业务"。

（二）保险条款与费率的监管

保险条款的拟定与保险费率的厘定,是体现和运用保险专业技术的重要环节,各国政府对此进行了不同程度的监管。在保险监管宽松的国家或地区,基本条款和费率多由保险行业协会或公会确定,且制成公约,保险公司共同遵守。在保险监管严格的国家或地区,保险公司制定的费率和条款必须经保险监管机关批准后,方可使用。

《保险法》第一百一十四条规定:"保险公司应当按照国务院保险监督管理机构的规定,公平、合理拟订保险条款和保险费率,不得损害投保人、被保险人和受益人的合法权益。"《保险法》第一百三十六条规定:"关系社会公众利益的保险险种、依法实行强制保险的险种和新开发的人寿保险险种等的保险条款和保险费率,应当报国务院保险监督管理机构批准。国务院保险监督管理机构审批时,应当遵循保护社会公众利益和防止不正当竞争的原则。其他保险险种的保险条款和保险费率,应当报保险监督管理机构备案。"

（三）再保险业务的监督管理

我国《保险法》对再保险业务做出明确规定:"保险公司经保险监督管理部门核准可以办理保险的分出和分入业务。""保险公司对每一危险单位,即对一次保险事故可能造成的最大损失范围所承担的责任,不得超过其实有资本金加公积金总和的10%;超过的部分,应当办理再保险。""保险公司应当按照保险监督管理机构有关规定办理再保险","保险公司应当按照国务院保险监督管理机构的规定办理再保险,并审慎选择再保险接受人。"

（四）保险资金运用的监督管理

保险资金运用的最终目的是增强保险企业的偿付能力,其最终要用于对被保险人进行经济补偿。所以对保险资金运用的监管首先是保证资金的安全。《保险法》第一百零六条规定:"保险公司的资金运用必须稳健,遵循安全性原则。保险公司的资金运用,限于在银行存款、买卖债券、股票、证券投资基金份额、不动产等国务院规定的其他资金运用形式。"

三、保险财务监管

国家对保险企业的财务管理是指国家对保险企业的资金筹集、运用等作出法律、政策规定。

(一)责任准备金

《保险法》第九十八条规定:"保险公司应当根据保障被保险人利益、保证偿付能力的原则,提取各项责任准备金。保险公司提取和结转责任准备金的具体办法由保险监督管理机构制定。"

(二)保险保障基金

保险保障基金是保险监管机关为了保护被保险人的利益,通过立法设立的一项专项基金。《保险法》第一百条规定:"保险公司应当交纳保险保障基金。保险保障基金应当集中管理,在保险公司被撤销或者被宣告破产时,向投保人、被保险人或者受益人提供救济或在保险公司被撤销或者被宣告破产时,向依法接受其人寿保险合同的保险公司提供救济。"

(三)公积金

保险公积金有两种:资本公积金和盈余公积金。资本公积金包括:企业在筹集资本金活动中,投资者交付的出资额超过资本金的余额,包括股份有限公司发行股票的溢价净收入,资产重估增值或合同、协议约定的价值超过账面价值的差额以及接受捐赠的财产等。盈余公积金分为法定盈余公积金和任意盈余公积金。《保险法》第九十九条规定:"保险公司应当依法提取公积金。"

四、偿付能力的监管

保险企业的偿付能力一般是指保险企业对其所承担的风险具有的赔偿或给付的经济能力。偿付能力的监管是国家对保险市场监督管理的首要目标,也是其监管的核心内容。一家保险公司偿付能力的强弱,归根到底取决于它的资产负债状况,也就是说,取决于保险公司的自有资产和保险准备金的提留能否满足其承担的责任。

第一百零一条 保险公司应当具有与其业务规模和风险程度相适应的最低偿付能力。保险公司的认可资产减去认可负债的差额不得低于国务院保险监督管理机构规定的数额;低于规定数额的,应当按照国务院保险监督管理机构的要求采取相应措施达到规定的数额。

第一百零二条 经营财产保险业务的保险公司当年自留保险费,不得超过其实有资本金加公积金总和的四倍。

模块二

保险合同的订立

项目	知识目标	能力目标
项目六 保险合同概述	了解保险合同的概念和特征，熟悉保险合同的分类，掌握保险合同的构成要素	能够清楚区分保险合同主体之间的关系，并能够在保险实务中对相关保险主体的资格条件尤其是投保人和被保险人进行筛选
项目七 保险合同订立	了解和熟悉保险展业、投保的流程，掌握保险核保和承保的流程以及注意事项，理解关于保险合同的订立与生效	能够了解保险展业的基本流程，能够对保险承保和核保的主要因素进行辨别和区分，能够运用保险合同成立与生效的相关知识预防保险实务中的风险
项目八 保险利益原则	了解和熟悉保险利益的含义和特征，掌握保险利益原则在财产保险和人身保险中的具体应用	能够阐述清楚人身保险的含义，能够清楚地向公众解释清楚人身保险产品的种类，能够对不同的人身保险产品的基本内容阐述清楚，并能简单地将各个产品和适合的人群进行归类
项目九 最大诚信原则	了解和熟悉最大诚信原则的含义和意义，掌握最大诚信原则的内容和违反的后果	能够熟练地掌握最大诚信原则中对保险人和投保人的约束和要求，并在保险实务中严格遵守，树立诚信意识
项目十 保险费率厘定 原则与计算	了解保险费率厘定的基本原则（分产险与寿险），了解生命表的产生与基本作用，对风险发生概率与风险损失幅度有明确认识	能够向客户解释清楚保险定价的基本原理，并且会简单的计算，在保险实务中帮助客户进行理性的保费测算

本模块的知识结构如图 2-1 所示。

模块二 保险合同的订立

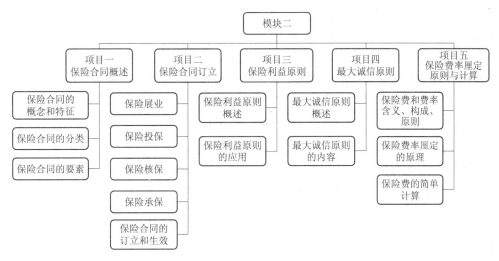

图 2-1 本模块的知识结构

项目六 保险合同概述

导入案例

2000年8月12日,陈艳丽在A保险公司代理人张某的协助下,为自己投保了意外伤害保险,保险金额10万元,保险期限一年,指定自己七岁的女儿王小婷为受益人。保险公司随之签发了保险单。2001年7月17日,陈艳丽带着女儿去海南旅游,不料在途中发生严重车祸,母女两人双双遇难。事故发生后,陈艳丽的丈夫王某持保险单向保险公司索赔。保险公司收到索赔报告后,经核查给付王某保险金10万元。陈艳丽的父亲陈父得知这一消息后,向女婿王某提出要一起继承这10万元的保险金,不料遭到王某拒绝。王某认为这笔保险金不是妻子陈艳丽的遗产,而是女儿王小婷的遗产,应由他一个人继承。双方协商不成,陈父一气之下,将女婿告上法庭,认为自己的女儿虽然在投保时指定自己的外孙女王小婷为受益人,但是,在车祸中外孙女和女儿是同时死亡的,因此,外孙女的受益行为并未发生,这10万元的保险金属女儿的个人遗产,应当由其和女婿共同继承。

在这个案例中,这份意外伤害保险合同涉及多个人:陈艳丽、王小婷、A保险公司、代理人张某,他们在所订立的这份合同中分别扮演什么角色?又分别有哪些权利和义务呢?当保单指定的受益人和被保险人同时死亡,保险金该如何处理呢?这些就是这一项目所要解决的问题。

任务一 保险合同的概念和特征

一、保险合同的概念

保险合同是合同的一种,是保险双方当事人为了实现保险经济保障的目的,明确双方权利与义务关系,设立、变更和终止这种权利与义务关系的协议。《保险法》第十条规定:

"保险合同是投保人与保险人约定保险权利义务关系的协议。"即投保人向保险人交纳约定的保险费，保险事故发生则由保险人给付约定的保险金。

保险合同所约定的权利义务关系的实质内容是：投保人须承担交纳保险费的义务，在发生保险事故时，享有保险金赔偿给付请求权；在保险人一方，表现为保险人享有受领投保人交纳保险费的权利，承担约定的危险，并在保险事故发生时赔偿给付保险金的义务。对于投保人说，是付出一笔保险费而买到一个安全保障；对保险人来说，是收取一笔保险费而承担一个补偿或给付责任。

二、保险合同的特征

保险合同属于民事合同的一种，因此，合同一经成立，当事人双方享受的权利和应尽的义务就要受到法律的保护和约束，所以保险合同具有一般合同共有的法律特征：其一，合同的当事人必须具有民事行为能力，无民事行为能力人之间达成的协议通常不能算做具有约束力的合同。其二，保险合同是当事人双方表示一致的行为，而不是单方的法律行为，任何一方不能把自己的意志强加给另一方；任何单位或个人对当事人的意思表示不能进行非法干预。其三，保险合同的内容必须合法。除了具有上述一般合同的特点外，保险合同又有自己的特征。

（一）保险合同是最大诚信合同

诚实信用是民法的基本原则，每个合同的订立、履行都应当遵守诚实信用的原则。由于保险信息的不对称性，使得保险合同对当事人的诚实与信用有更高的要求。即投保人对于保险标的的状况、保险利益的大小、危险程度以及一切情况的了解程度要强于保险人，因此在投保时，要求投保人向保险人应当如实告知一切有关保险标的的事项，不得隐瞒、欺诈保险人；另一方面，投保人对于保险条款的制定和费率的厘定原理的理解与保险人相比是贫乏的，因此又要求保险合同的另一方当事人即保险人在订立保险合同时，向投保人说明保险合同的内容，在约定的保险事故发生时，履行赔偿或给付保险金的义务。因此，最大诚信原则对于保险合同有着特殊的意义，是保险合同的"帝王原则"。

（二）保险合同是双务合同

合同有双务合同和单务合同之分。单务合同是合同只对当事人一方发生权利，而对另一方当事人只发生义务。如赠与合同、无偿保管合同等合同均属于单务合同。而双务合同指合同当事人双方都享有权利和承担义务的合同，且一方的权利即为另一方的义务。保险合同是双务合同，投保人与保险人二者权利义务相互关联。在保险合同中投保人的义务是交纳保费，同时享有接受保险保障的权利；而保险人以收取保费为权利，同时应履行为投保人、被保险人提供保障的义务。

（三）保险合同是有偿合同

有偿合同是指当事人双方任何一方在享受权利的同时负有以一定对等价值的给付义务的合同，即当事人因享有权利而必须偿付相应的代价。在保险合同中，投保人享有保险保障的权利是以交纳保费为代价的；而保险人收取保费的权利是以为投保人提供保障，发生保险事故进行赔偿为代价，因此，保险合同是有偿合同。

（四）保险合同是保障性合同

所谓保障性指合同双方所约定的经济补偿是一种实实在在的，得到确实保证的经济补偿，是一种可靠的经济保障。保险合同是保障性合同，即保险合同是在被保险人遭受保险事故时保险人提供经济保障的合同，使被保险人通过保险补偿恢复到损失发生前的经济状况。保险合同的保障性是保障被保险人原有的生活水平，而不是为了改善被保险人的生活水平。

（五）保险合同是附和性合同

附和合同又称为格式合同，即一方当事人就合同的主要内容，事先印就好标准合同条款供另一方当事人选择，另一方当事人只能作取与舍的决定，无权更改合同的条文。保险合同是附和合同，因为保险合同的基本条款和费率都是由保险人事先拟定好的，并且保险合同逐渐出现技术化、定型化和标准化的趋势，投保人只能决定是否接受这些条款，一般不能要求修改这些条款。如果确实有必要变更合同的某项条款内容，通常也只能够采用保险人准备的附加条款或附属保单，而不能完全按照投保人的意思来做出改变。可见，保险合同在附和性的前提下，具有一定的约定性。

（六）保险合同是射幸性合同

射幸是碰运气的意思，保险合同的射幸性是指保险合同的履行的结果是建立在保险事故可能发生，也可能不发生的基础之上的。对投保人而言，如果发生保险事故，他将获得远远大于所支付的保险费的效益，但如果保险事故没有发生，投保人就没有利益可获；对保险人而言，发生事故他所赔付的保险金远远大于其所收取的保险费，但如果未发生保险事故，保险人将只收取保险费而不承担支付保险金的责任。保险合同的这种射幸性质是由保险事故的发生具有偶然性的特点决定的，即保险人承保的危险或者保险合同约定的给付保险金的条件的发生与否，均为不确定。

需要注意的是，保险合同的射幸性是针对单个保险合同而言的，如果从全部承保的保险合同来看，保险费的收取与赔偿金额的关系以精确的数理计算为基础，总体上收入与支出相平衡，因此，从整体上看，保险合同不具有射幸性。

任务二　保险合同的分类

基于保险险种和险别的不同，保险合同的内容和实务操作也不尽相同，从而产生了保险合同的不同类型。根据我国保险经营实践，依据不同的标准，可将保险合同分为以下具体种类。

（一）按保险标的不同分类

按保险合同的标的划分，保险合同可以分为财产保险合同和人身保险合同，这是我国保险法对保险合同的分类，也是最基本的、常见的分类方法。财产保险合同，是以财产及其有关利益为保险标的的保险合同，包括有形财产、无形财产以及有关的利益、责任、信用等。人身保险合同，是以人的寿命和身体为保险标的的保险合同。

（二）按保险合同的性质不同分类

按照合同的性质划分，保险合同可分为补偿性保险合同与给付性保险合同。

补偿性保险合同，是指保险人的责任，以补偿被保险人的经济损失为限，并不得超过保险金额。给付性保险合同，是指保险金额由双方事先约定，在保险事件发生或约定的期限届满时，保险人按合同规定标准金额给付，不得增减，也不用再行计算。

因为财产的价值能够用货币来衡量，因此各类财产保险合同和健康保险合同的疾病津贴和医疗费用都是以损害补偿为理论基础的,属于补偿性保险合同,通过保险补偿,使被保险人的生活水准至多恢复到损失发生前的水平。而人的生命、身体和健康等是无法用价值来衡量的,且人的死亡是无法补偿的,因此,人身保险合同一般为给付性保险合同。

(三)按保险价值是否确定分类

按照标的的价值在订立合同时是否确定划分,保险合同可分为定值保险合同和不定值保险合同。

(1)定值保险合同,是指在订立保险合同时,投保人和保险人事先约定保险标的的价值(即保险价值)作为保险金额,并将二者都载明于保险合同中,在保险事故发生时,不管实际价值发生变化与否,保险人均以保险金额作为赔偿的依据。在实践中,定值保险合同多适用于以艺术品、字画、古董、矿石标本等价值难以确定的财产为标的的财产保险。此外,由于运输货物的价值在不同的时间、地点可能差别很大,为了避免出险时在计算保险标的的价值时发生争议,因此,海上保险、货物运输保险也多采用定值保险的形式。

在定值保险合同中,除非保险人能够证明被保险人有欺诈行为,否则在保险事故发生后,保险人不得以实际价值与约定价值不符为由拒绝履行合同义务。

(2)不定值保险合同,是指在订立保险合同时并不约定保险标的的价值(即保险价值),只列明保险金额作为赔偿的最高限额,当发生保险事故时,由保险人核定实际损失价值,在实际损失范围内按照保障程度计赔。大多数的财产保险均采用不定值保险合同的形式。

(四)按保险金额与保险价值的关系分类

根据保险金额与保险价值的关系,可将保险合同分为足额保险、不足额保险和超额保险。

在不定值保险合同中,由于保险金额是在订立合同时确定的,而核定保险价值则是在保险事故发生时,因此,保险金额与出险时的实际价值比照,会有三种情况:保险金额等于保险标的的实际价值,谓之足额保险;保险金额小于保险标的的实际价值,谓之不足额保险;保险金额大于保险标的的实际价值,谓之超额保险。发生全损理赔时,足额保险,十足赔偿;不足额保险,按保障程度赔偿;超额保险,超过部分无效。其中,保障程度即为保险金额与损失发生时财产的实际价值的比值。

> **项目知识链接** 　　　　《保险法》第五十五条
>
> 投保人和保险人约定保险标的的保险价值并在合同中载明的,保险标的发生损失时,以约定的保险价值为赔偿计算标准。
>
> 投保人和保险人未约定保险标的的保险价值的,保险标的发生损失时,以保险事故发生时保险标的的实际价值为赔偿计算标准。
>
> 保险金额不得超过保险价值。超过保险价值的,超过部分无效,保险人应当退还相应的保险费。
>
> 保险金额低于保险价值的,除合同另有约定外,保险人按照保险金额与保险价值的比例承担赔偿保险金的责任。

(五)按保险责任范围不同分类

按保险责任范围不同可分为指定险保险合同和一切险保险合同。

（1）指定险保险合同，是指保险人承保一种或某几种风险责任的保险合同。指定险保险合同的保险人一般在合同条款中明确列举出所承保的风险，如火灾险、地震险或战争险。在实务中，指定险保险合同居多，但只承保一种风险的单一险合同的数量已日趋减少，多为同时承保数种风险的保险合同。

（2）一切险保险合同，是指保险人对合同中"责任免除"以外的任何危险造成的损害负承保责任的合同。该合同订立的特点是保险人在合同条款中不明确列举所承保的风险，而是以"责任免除"的条款来确定不承保的风险，以此来界定其承保风险的范围。任何未列入"责任免除"条款的风险都是承保风险。一切险合同的优点：它为被保险人提供了较为广泛的风险保障，发生保险事故后便于明确保险责任，从而减少当事人之间的争议，因此，目前一切险的发展很快。

（六）按保险标的数量不同分类

按保险标的数量不同，可将保险合同分为单一保险合同、团体保险合同和综合保险合同。

（1）单一保险合同，是以一人一物为保险标的的保险合同，又称单个保险合同。在保险合同中，单个保险合同居多。如投保一幢房屋、一辆汽车。

（2）团体保险合同，是集合多数性质相似的保险标的，而每一保险标的分别订有各自的保险金额的保险合同。如人身保险中雇主为其所有雇员投保团体意外伤害保险，其所有的雇员为被保险人，由保险人签发一张总的保单。在团体保险合同中，如果发生了保险事故，保险人对每一保险标的在其保险金额限度内，根据实际损失进行赔偿或给付保险金。

（3）综合保险合同，即保险人对承保的多个保险标的仅确定一个总的保险金额，而不分别规定保险金额的合同。这种合同无特定的保险标的，而是以一定标准限定范围，按此范围内的所有标的来规定总的保险金额，保险人在保险金额限度内承担赔偿责任。

（七）按照订立合同的主体不同分类

根据订立保险合同的主体不同，可将保险合同分为原保险合同和再保险合同。

原保险合同是指投保人直接与保险人订立的保险合同，保险标的如发生损失，由保险人直接向被保险人或受益人承担赔偿给付责任。

再保险合同是指原保险人与再保险人订立的保险合同，确定双方权利义务关系的协议。一方为再保险分出人，另一方为再保险分入人（接受人）。再保险分出人是根据再保险合同，有义务向再保险接受人支付一定保费，同时有权利就其由原保险合同所引起的赔付成本及其他相关费用从再保险接受人获得补偿的保险人；再保险接受人是根据再保险合同，有权利向再保险分出人收取一定保费，同时有义务对再保险分出人由原保险合同所引起的赔付成本及其他相关费用进行补偿的保险人。

任务三 保险合同的要素

任何法律关系都包括主体、客体和内容三个不可缺少的要素，保险合同也不例外。

一、保险合同的主体

保险合同的主体是保险合同的参加者，是在保险合同中享有权利并承担义务以及协助保险合同的订立与履行的人，包括保险合同的当事人、关系人和辅助人。

（一）保险合同的当事人

保险合同的当事人，是指直接参与订立保险合同，并与保险合同发生直接的权利义务关系的人，包括投保人和保险人。

1. 投保人

投保人又称要保人，《保险法》第十条规定，"投保人是指与保险人订立保险合同，并按照合同约定负有支付保险费义务的人。"

投保人可以是法人也可以是自然人，根据我国《民法通则》《合同法》《保险法》等有关规定，投保人必须符合以下三个条件：

（1）必须具有完全的民事权利能力和民事行为能力。保险合同关系是一种民事法律关系，投保人作为保险合同的一方当事人，无论是自然人还是法人都必须具有民事权利能力和相应的民事行为能力。

（2）必须对保险标的具有保险利益。保险利益是指投保人或被保险人对保险标的具有的法律上承认的利益。无论投保人是为自己的利益投保，还是为第三者利益投保，投保人与保险标的或被保险人之间应存在利益关系，否则，订立的保险合同无效。如人身保险中，投保人为自己的父母、子女或配偶投保，公司为员工投保，是因为他们之间存在着法定的权利义务关系，这也正是投保人对他们的保险利益。在后面的内容中将详细讨论什么是保险利益。

（3）必须按约交付保险费。保险合同是有偿合同，投保人作为与保险人订立保险合同的当事人，其获得保险保障是以交付保险费作为前提和代价的，投保人不论是为自己的利益订立保险合同，还是为他人利益而订立保险合同，都须依保险合同的约定承担支付保险费的义务，这是投保人最主要的法律特征和必备条件。

项目知识链接　　　　**关于民事行为能力**

民事行为能力是民事主体独立实施民事法律的资格，具有民事权利能力，是自然人获得参与民事活动的资格。《民法通则》第十一条规定：

18周岁以上的公民是成年人，具有完全民事行为能力，可以独立进行民事活动，是完全民事行为能力人；16周岁以上不满18周岁的公民，以自己的劳动收入为主要生活来源的，视为完全民事行为能力人。

限制民事行为能力人包括两类：分别是10周岁以上的未成年人和不能完全辨认自己行为后果的精神病人。

不满10周岁的未成年人是无民事行为能力人，由他的法定代理人代理民事活动。

2. 保险人

保险人又叫承保人，是指经营保险业务，与投保人订立保险合同，享有收取保险费的权利，并对被保险人承担损失赔偿或给付保险金义务的一方当事人。对于保险人在法律上的资格，各国保险法都有严格规定，一般来说，保险人必须是经过国家有关部门审查认可并获准专门经营保险业务的法人，也有极少国家允许自然人经营保险业务，如英国的劳合社承保人。我国只允许公司法人经营保险业务。《保险法》第十条明确规定："保险人是指与投保人订立保险合同，并按照合同约定承担赔偿或者给付保险金责任的保险公司。"

保险人必须依照保险合同承担保险责任。保险人作为保险当事人一方，其最主要最基本的义务就是在保险合同约定的保险事故发生后承担赔偿或给付保险金的义务。这是订立保险合同根本目的之所在。此外，保险人具有要求投保人交付保险费的请求权，这是保险人区别于保险代理人的一个基本特征。

（二）保险合同的关系人

保险合同的关系人，是指与保险合同发生间接的权利义务关系的人，他们对保险合同利益享有独立的请求权，包括被保险人和受益人。

1. 被保险人

被保险人是其财产、利益或生命、身体等受保险合同保障的人。《保险法》第十二条规定："被保险人是指其财产或者人身受保险合同保障，享有保险金请求权的人。"

在财产保险中，法人和自然人均可作为被保险人。被保险人是保险财产的权利主体，在被保险财产发生事故时，保险人对被保险人的财产损失进行赔偿（所保财产，如房子、汽车等以及和财产相关的利益、责任和信用为保险标的）。一般财产保险中，投保人和被保险人通常为同一人。

在人身保险中，只有有生命的自然人才可以作为被保险人。被保险人是从保险合同中取得对其生命、身体和健康保障的人，同时被保险人也是发生事故的载体。但是以死亡为给付保险金条件的人身保险，除了父母为未成年子女投保外，其他人不能为无民事行为能力人投保。即使父母为未成年子女投保以死亡为给付保险金条件的保险，死亡保险金额也要受到相关法律的严格限制，目的在于防止道德风险的发生。在人身保险中，投保人与被保险人可以是同一人，也可以是两个人。

被保险人享有保险金的请求权。在财产保险合同中，保险事故发生后，未造成被保险人死亡的，保险金请求权由被保险人本人行使；已造成被保险人死亡的，保险金请求权由其继承人依照《继承法》继承。在人身保险合同中，保险事故发生后的，被保险人未死亡的，保险金请求权由被保险人本人行使；被保险人死亡的，由指定的受益人行使，未指定受益人的，保险金请求权由被保险人的继承人按《继承法》继承。

项目知识链接 　　　　　　　　《保险法》第三十三条

投保人不得为无民事行为能力人投保以死亡为给付保险金条件的人身保险，保险人也不得承保。

父母为其未成年子女投保的人身保险，不受前款规定限制。但是，因被保险人死亡给付的保险金总和不得超过国务院保险监督管理机构规定的限额。

项目知识链接 　　　**关于父母为其未成年子女投保以死亡为给付保险金条件人身保险有关问题的通知**

（保监发〔2010〕95号）

（1）对于父母为其未成年子女投保的人身保险，在被保险人成年之前，各保险合同约定的被保险人死亡给付的保险金额总和、被保险人死亡时各保险公司实际给付的保险金总和均不得超过人民币10万元。

（2）……

(3) 保险公司应在保险合同中明确约定因未成年人死亡给付的保险金额，不得以批单、批注（包括特别约定）等方式改变保险责任或超过本通知规定的限额进行承保。

(4) 保险公司应加大宣传力度，积极引导投保人树立正确的保险理念，在注重自身保险保障的基础上，为未成年人购买切合实际的人身保险产品。

(5) 保险公司应进一步完善未成年人人身保险的有关业务流程，加强核保和风险管控，保护未成年人合法权益。

(6) 本通知自 2011 年 4 月 1 日起执行，中国保监会（保监发〔2002〕34 号）同时废止。

二〇一〇年十一月十五日

2. 受益人

受益人又称保险金受领人。《保险法》第十八条规定，"受益人是指人身保险合同中由被保险人或者投保人指定的享有保险金请求权的人。投保人、被保险人可以为受益人"。由此可见，受益人仅存在于人身保险合同中，是人身保险合同中特定的关系人。

(1) 受益人的产生。《保险法》第三十九条规定："人身保险的受益人由被保险人或者投保人指定。投保人指定受益人时须经被保险人同意。投保人为与其有劳动关系的劳动者投保人身保险，不得指定被保险人及其近亲属以外的人为受益人。"可见，受益人的资格条件仅仅限于依法经被保险人或者投保人指定而产生，有权指定受益人的主体为被保险人或者投保人，但是，投保人指定受益人时必须经被保险人同意，即受益人的指定权最终归属于被保险人，这是为了避免道德风险，防止投保人、受益人为了获得保险金而故意造成被保险人死亡、伤残或疾病。受益人可以为一人或者数人。如果受益人为多个人的话，被保险人或者投保人可以确定受益顺序和受益份额；未确定受益份额的，受益人按照相等份额享有受益权。

(2) 受益人的变更。有权变更受益人的主体是被保险人或投保人，为防止道德风险，投保人变更受益人同样要经过被保险人的同意。《保险法》第四十一条规定："被保险人或者投保人可以变更受益人并书面通知保险人。保险人收到变更受益人的书面通知后，应当在保险单或者其他保险凭证上批注或者附贴批单。"可见受益人的变更必须书面通知保险人，以便保险人予以批注，否则不会产生变更受益人的效力。

项目案例链接

【案情】2002 年初，钱女士为自己购买了保额为 10 万元的两全型人寿保险，并指定身故受益人为其丈夫汪先生。2005 年初，钱女士与丈夫因感情不和协议离婚，但并未办理保单受益人变更手续。6 个月后钱女士因车祸不幸身故。钱女士父母在整理遗物时发现保险单，于是向保险公司申请理赔。钱女士的前夫知道此事后，也同时提出了领取保险金的申请。保险公司该如何给付这笔保险金？

【分析】人身保险受益人由投保人或被保险人指定，指定的受益人享有保险金的请求权，该权利任何人不能分享。本案中，钱女士保单受益人为其前夫汪先生，两人离婚后未办理变更受益人手续，因此其前夫仍为保单受益人，享有保险金的请求权，故这笔保险金应全部给付给其前夫汪先生。

这个案例提醒我们，保单指定受益人要明确，如果保险合同主体之间的关系发生变化，应及时书面通知保险公司，并在保单上做出批注，否则，任何其他形式的变更（在遗嘱中变更受益人）都是无效的。

（3）受益人的受益权。法律对受益人的资格没有特别的限制，受益人可以是自然人、法人，甚至是活体的胎儿。受益人享有保险金请求权。受益人的受益权即保险金的请求权，当保险合同已经指定受益人时，受益人的受益权将受到法律的保护，任何人无权分享。受益权不同于继承权，受益人领取保险金是保险合同为其设定的权利，因此，保险金不是遗产，不征收遗产税，也不用于清偿被保险人的债务。受益权是一种期得权利，只有在保险事故发生后才能具体实现，转变为现实的财产。因此，在保险事故发生前，受益人只有某种期待利益。这种期待利益在发生保险事故前，往往会因投保人或被保险人变更他人为受益人或撤回而消失。

保险金作为被保险人的遗产的几种情况：（一）没有指定受益人，或者受益人指定不明，无法确定的；（二）受益人先于被保险人死亡，没有其他受益人的；（三）受益人依法丧失受益权或者放弃受益权，没有其他受益人的。需要注意的是，受益人与被保险人在同一事件中死亡，且不能确定死亡先后顺序的，推定受益人死亡在先；受益人故意造成被保险人死亡、伤残、疾病的，或者故意杀害被保险人未遂的，该受益人丧失受益权。

项目案例链接

【案情一】2000年5月17日林某为自己投保了人寿保险，死亡保险金额为30万。约定受益人为自己的妻子和两个儿子。其中，妻子受益比例为40%，而两个儿子各为30%。

2001年，林某的大儿子由于车祸去世。2006年8月11日，林某从高处摔下死亡。林某的妻子和二儿子向保险公司提出索赔，这笔保险金该如何分配？

【分析】由于林某妻子和二儿子均为合同中指定的受益人，因此应按确定的受益份额来分配保险金，即妻子得到12万元，二儿子得到9万元。本案中，林某大儿子因为先于被保险人死亡，根据《保险法》的规定：受益人先于被保险人死亡，其相应的保险金应作为被保险人的遗产来处理。因此其大儿子应得的保险金应当作为林某的遗产，由林某妻子和二儿子平分。

因此，林某妻子最终能获得12+4.5=16.5（万元），二儿子获得9+4.5=13.5（万元）。

【案情二】一企业为职工投保团体人身保险，保费由企业支付。职工张一指定妻子刘二为受益人。半年后张一与妻子刘二离婚，谁知离婚次日张一意外死亡。对保险公司给付的2万元保险金，企业以张一生前欠单位借款留下一半，另一半则以刘二已与张一离婚为由交给张一父母。此企业如此处理是否正确？保险金按理应当给谁？为什么？

【分析】这种做法不合理。首先，保险金不是遗产，也不用于清偿被保险人生前的债务；其次，受益权与继承权又不同，受益权是一种独享的权利，任何人不能分享。虽然刘二与张一离婚，但保单并未变更受益人，故受益人刘二还是享有保险金的请求权。因此，对于本案例中的保险金，应全部给付保单受益人刘二，企业和张一父母均无权获得。

（三）保险合同的辅助人

保险合同的辅助人又称保险中间人或保险中介人，是指在保险合同的订立、履行过程中起着辅助作用的人。包括保险代理人、保险经纪人和保险公估人。

1. 保险代理人

指根据保险人的委托，在保险人授权范围内代为办理保险业务并向保险人收取代理手续费的人。一般可以是法人，也可以是自然人。

保险代理人的法律资格是保险人的代理人，因而其在保险授权范围内的代理行为所产生的一切法律后果由保险人承担。也就是说，法律将保险人与代理人视为一体。对于代理人的资格，不少国家都有严格的规定，在我国，根据《保险代理人管理规定（暂行）》，保险代理人包括专业代理人、兼业代理人和个人代理人，要通过全国性的资格考试并得到政府颁发的营业执照方可从业。

项目案例链接

【案情】某工厂于2004年1月1日向某保险公司投保企业财产险，保险期限为一年，合同到期后该厂提出了续保要求。2005年1月1日，该厂向保险公司的业务员王某递交了投保单，王某接受了该投保单并足额收取了保险费，但未及时将投保单和保险费交到保险公司，因此保险公司没有给该厂签发保险单。

2005年2月13日，该厂发生火灾，财产损失巨大。该厂向保险公司索赔，保险公司以未收到该厂的保险费，也未经核保签发保单为由拒赔，该厂诉至法院。

【分析】一般地，保险合同只有在保险公司收到保险费并同意承保后才能成立。但是，本案中，工厂没有得到保险公司签发的保险合同是由于该公司业务员未及时将投保书和保险费交到保险公司。保险公司未及时承保的"过错"是保险代理人造成的。根据保险代理人的性质与特征，保险代理人以保险人名义进行代理活动，在保险人授权范围内做独立的意思表示，法律后果由保险人承担。所以，本案中，王某作为保险公司的代理人，接受投保人的投保书和保险费的行为，视同为保险公司的行为。该行为是对投保人订立保险合同的要约行为的承诺，表明保险合同已经成立，保险公司应当承担赔偿责任。综上所述，保险公司应对该工厂进行赔偿。在本案中，保险代理人王某显然缺乏保险从业人员应该具备的业务素质，造成保险人的损失，保险人应当引以为鉴，加强对保险代理人的管理。

2. 保险经纪人

指基于投保人或被保险人的利益，为投保人与保险人订立保险合同提供中介服务，并获取佣金的中间人。保险经纪人一般被视为投保人和被保险人的代理人，其代理行为只能约束投保人，不能约束保险人。但由于保险经纪人的中介活动，为保险人招揽了业务，因而按商业惯例，保险经纪人的佣金一般是由保险人支付。保险经纪人独立承担法律责任，《保险法》第一百二十八条规定："保险经纪人因过错给投保人、被保险人造成损失的，依法承担赔偿责任。"

3. 保险公估人

又称保险公证人，是指独立于保险人与投保人之外，以中立的第三者的身份，凭借丰富的专业知识和技术，本着客观和公正的态度，处理保险合同当事人委托办理的有关保险业务公证事项的人，包括保险调查人、保险鉴定人、保险理算人等。保险公证人同样也必须有特定的资格，既可以接受保险人的委托，也可以接受投保人的委托，并向委托人收取公证费用。

项目案例链接

【案情】颜某妻子黄某作为投保人于 2002 年 4 月 11 日通过某保险公司业务员以颜某为被保险人投保了一份人寿保险，受益人为二者之子。投保人交了首期保险费，业务员开了"人身险暂收收据"。由于被保险人超龄，保险公司按业务规定于 4 月 25 日向投保人发出要求被保险人体检的"新契约"通知书。4 月 26 日，业务员带领被保险人颜某到医院体检。

思考：在这个案例中涉及的保险合同的主体都有哪些？

【分析】保险合同的当事人：黄某、保险公司

保险合同的关系人：颜某、颜某与黄某之子

保险合同的辅助人：保险公司业务员

二、保险合同的客体

客体，是指在民事法律关系中主体履行权利和义务时共同的指向。客体在经济合同中称为标的，即指物、行为、智力成果等。保险合同虽属民事法律关系范畴，但它的客体不是保险标的本身，而是指投保人或被保险人对保险标的所具有的法律上承认的利益，即保险利益。保险利益是保险合同的客体，是保险合同成立的三要素之一，缺少这一要素，保险合同不能成立。

保险标的是保险合同所载明的投保对象，是保险事故发生的本体，订立保险合同，并不是保障保险标的本身不发生损失，而是在保险标的发生损失后，被保险人能从经济上得到补偿。因此，保险合同实际上保障的是被保险人对保险标的所具有的利益，即保险利益。

保险标的与保险利益互为表里、互相依存。保险标的是保险利益的有形载体，保险利益是保险标的的经济内涵，也是投保人转嫁风险的经济额度，同时也是保险人确定其承担最高责任限额的重要依据。

三、保险合同的内容

保险合同的内容是指保险合同当事人之间由法律确认的权利和义务。这些权利和义务通常通过保险合同条款的形式反映出来。由于保险合同由保险人提前拟定，保险合同具有附和性，因此投保人必须清楚了解保险合同的条款，以便充分利用保险的功能，防止法律纠纷的出现。

（一）保险合同的主要条款

保险合同的条款是规定保险人与被保险人之间基本权利和义务的条文，它是保险公司对所承保的保险标的履行保险责任的依据，一般事先印制在保险单上。

根据保险合同的内容不同，保险条款可以分为基本条款和附加条款。基本条款是关于保险合同当事人和关系人权利与义务的规定以及按照其他法律一定要记载的事项；附加条款是指保险人按照投保人的要求增加承保风险的条款，增加了附加条款即意味着扩大了标准保险合同的承保范围。

《保险法》第十八条规定保险合同的基本条款应当包括以下事项：保险当事人及关系人的名称、住所；保险标的；保险责任和责任免除；保险期间和保险责任开始时间；保险金额；保险费以及支付办法；保险金赔偿或者给付办法；违约责任和争议处理；订立合同的

年、月、日等。

1. 当事人和关系人的名称和住所

明确保险人、投保人、被保险人以及受益人的名称和住所，是为保险合同的履行提供一个前提。合同订立后，保费的交纳、保险金的赔偿均与当事人及其住所有关。由于保单是由保险人印制的，因此保险公司的名称和住所已经在上面，只需填写投保人、被保险人与人身保险受益人的相关信息。

2. 保险标的

保险标的是保险利益的载体，是保险合同所要保障的具体对象。只有在保险合同中载明保险标的，才能够根据已确定保险的种类和保险的范围，认定投保人是否具有保险利益以及保险利益的大小，并由此决定保险金额及保险价值的多少。

3. 保险责任和责任免除

保险责任是指保险合同中约定的保险事故发生后或保险期限届满时，保险人所应承担的赔偿或给付责任。责任免除又称除外责任，是指保险合同的保险人不应承担的赔付责任的范围。通过对保险责任的限制性规定，可以进一步明确保险人的责任范围，避免由于保险责任和除外责任相混淆而引起保险争议。

项目知识链接

关于免责条款

由于下列原因造成保险标的的损害或被保险人的死亡或伤残，一般为保险人的免责条款：战争或军事行动、核事件或核爆炸、投保人或被保险人的故意行为以及违法犯罪行为等。对于免除保险人责任的条款，保险人需对投保人明确说明。《保险法》第十七条规定："对保险合同中免除保险人责任的条款，保险人在订立合同时应当在投保单、保险单或者其他保险凭证上作出足以引起投保人注意的提示，并对该条款的内容以书面或者口头形式向投保人作出明确说明；未作提示或者明确说明的，该条款不产生效力。"

项目案例链接

【案情】2004年8月9日，韶关市某运输公司与一家财产保险股份有限公司（下称保险公司）签订了《机动车辆保险投保单》。8月29日，投保车辆在京珠高速公路与一辆衡阳某公司的车相撞。事故造成对方司机刘某受伤、两车及道路设施损坏。交警部门的《交通事故认定书》认定投保车司机骆某负次要责任。事故发生后，运输公司于2005年5月、10月两次向保险公司申请理赔，但保险公司了解得知投保车的挂车未买保险，按免责条款规定"保险车辆拖带车辆（含挂车）或其他拖带物，二者当中至少有一个未投保第三者责任险，保险人不负责赔偿"。理赔请求被保险公司拒绝后，运输公司于2006年5月向法院起诉，请求判令保险公司支付赔偿金5万元，法院支持了这一诉请。保险公司不服提出上诉。

【分析】经调查发现，这份保单后面附有一份"免责条款"并没有投保人——运输公司的阅知签名。而据法律规定，凡涉及免除保险公司责任条款的，除保单上文字提示投保人注意外，保险公司还要以书面或口头形式向投保人作出解释，以使对方明白条款的真实含义和法律后果。即尽到"明确说明"的义务，否则，该条款就没有法律效力。虽然运输公司在"投保人声明"一栏写有"本人对保险条款各项内容尤其是责任免除、被保险人义务等均已了解，并同意遵守"等内容上盖了章。但由于该栏目是保险公司预先拟定并采用固定形式列出的，无法排除运输公司在没有真正明白的情况下为签订合同而盖章的可能。因此，法院判定保险公司对于免责条款没有向投保人进行明确说明，该条款无效。保险公司应承担赔偿责任。

4. 保险期间和保险责任开始时间

保险期间即保险合同的有效期限，是指保险人根据合同规定为被保险人提供保险保障的起讫期限。保险期间是保险合同当事人履行义务的重要依据，同时也是计算保险费的依据。保险期限由当事人在合同中约定，长短不一。一般采用两种计算方法：① 以年、月、日计算。② 以某一事件或业务过程的起止计算，如海洋货物运输保险，以一个航程起止期限计算。

保险责任开始时间即保险人开始承担保险责任的时间，一般由当事人约定并在合同中载明。在我国保险实务中，采用"零时起保制"，即双方通常约定以起保日的零时为保险责任开始时间，以合同期满日的 24 时为保险责任终止时间。

5. 保险金额

保险金额简称保额，是投保人对保险标的的实际投保金额，也是保险合同当事人约定的保险人支付赔偿金或给付保险金的最高限额。保险金额不仅限定了合同当事人权利和义务的范围，同时也为计算保险费提供了依据。因此，保险金额是双方当事人权利义务的焦点，过高或不足都会影响双方当事人享受权利和履行义务。在财产保险中，保险金额的确定不能超过保险标的的实际价值，并时刻以保险利益为限。

6. 保险费以及支付办法

保险费简称保费，是投保人按照合同约定向保险人交付的费用，是投保人所购买保险产品的价格，也是投保人为获得保险保障而付出的相应的经济代价。支付保险费是投保人的基本义务，实务中常常也可以作为保险合同生效的附加条件。所以，在保险合同中必须明确规定保险费及其支付办法。投保人可以一次性交付（趸交），也可以分期分批交付（期交）。对于财产保险，一般采用一次性交付，人身保险由于具有长期性，一般采用分期交付的形式。

7. 保险金赔偿或者给付办法

保险金是指保险合同约定的保险事故发生而致使被保险人遭受损失时或保险期限届满时，保险人所应当赔偿或给付的款项。保险金的赔偿或给付是保险人履行保险合同义务，承担保险责任的基本方式，也是投保人和被保险人实现其保险保障权利的具体体现。所以，必须在保险合同中确定保险金数额的计算、支付方式和支付时间等事项。

8. 违约责任和争议处理

违约责任是指保险合同当事人由于自己的过错造成合同不能履行或者不能完全履行时，按照法律规定或者合同的约定所应承担的法律后果。规定违约责任，可以保证保险合同的顺利履行，保障合同当事人权利的实现。

争议处理是保险合同履行过程中发生争议时的解决方式和途径，保险合同条款在履行过程中，由于当事人看法不同，可能会出现某些争议。保险合同发生争议或纠纷的解决方式主要有协商、调解、仲裁和诉讼。不论采用哪种方式解决争议，都要以维护当事人的利益和减少损失为基本原则。

9. 订立合同的年、月、日

在保险合同中必须明确订立合同的具体年、月、日，即订立合同的具体时间。以此来确定保险期间、投保人是否具有保险利益、保险事故是否发生以及保险费的交付期等。

(二) 保险合同的形式

保险合同的形式，是保险合同双方当事人洽谈有关保险事宜及意思表示一致的书面表现形式，能够起到证明的作用。在我国具体保险实务中，保险合同的形式主要表现为投保单、保险单、暂保单、保险凭证和批单等。

1. 投保单

投保单又称要保书，或投保申请书，它是投保人向保险人申请订立保险合同的书面要约。投保单只要一经保险人做出承诺，即成为保险合同的组成部分。在保险实务中，投保单一般由保险人事先印制，投保人按所列条款据实填写后交给保险人。投保人在投保单上需要填写的主要内容有：投保人、被保险人和受益人的有关情况；保险标的的名称及其存放地点；保险险别；保险责任的起讫；保险价值和保险金额等。投保单上如有记载，保险单上即使有遗漏，其效力也是与记载到保单上是一样的。

2. 保险单

保险单简称保单，是保险合同成立后，保险人向投保人或被保险人签发的保险合同的正式书面凭证。保险单是保险合同成立的凭据，一旦发生保险事故，保险单是被保险人向保险人索赔的主要凭证，也是保险人理赔的主要依据，因此，保险单必须明确、完整地记载保险双方的权利与义务。保险单一般由保险人制作、签章并交付给投保人。

3. 暂保单

暂保单又称临时保单，是保险人或其代理人在正式保险单签发之前出立给投保人的临时保险凭证。暂保单的内容一般比较简单，仅标明被保险人的姓名、保险标的、保险金额、保险费率、保险责任范围等重要事项。凡未列明的，均以正式保险单的内容为准。暂保单与正式保险单具有同等法律效力，但其有效期一般仅为30天。因此，如果在正式保险单签发之前发生保险事故，保险人应履行保险金给付义务。当正式保险单签发后，暂保单则自动失效。

4. 保险凭证

保险凭证又称小保单，是保险人向投保人签发的证明保险已经成立的书面凭证，是一种简化的保险单，与保险单有同等的效力。实践中，凡是保险凭证未列明的内容，均以同一险种的正式保险单的内容为准，如果保险凭证所载明的事项与正式保险单内容有抵触或是正式保险单中未载明的事项，则应以保险凭证的特约条款为准。由于保险凭证简便易行，因此在我国被广泛应用于货物运输保险、汽车险及第三者责任险，在团体保险中也常有应用，一般是在主保险单之外，对参加团体保险的个人再分别签发保险凭证。保险凭证的法律意义是：既具有保险单的法律效力，又简化了单证手续。

5. 批单

经投保人与保险人协商同意，保险合同也可采用保险单或其他保险凭证以外的书面形式，如批单等。批单是在保险合同有效期内变更保险合同条款时，当事人根据投保人或被保险人的要求，并经双方协商同意后，由保险人签发的，确认双方当事人所变更的保险合同内容的法律文件。一般情况下，保险人可在原保险单或保险凭证上批注，也可以由保险人另行出立一张格式性批单，附贴在保险单或保险凭证上。

模块二 保险合同的订立 111

资料链接

条形码：10 流水+2 位校验+050		
	业务员1 姓名：_____	业务员1 代码：_____
	业务员2 姓名：_____	业务员2 代码：_____
	销售渠道：_____	中介机构代码：_____

太平人寿保险有限公司团体人身保险投保单
GROUP INSURANCE APPLICATION CERTIFICATE

A．投保单位资料（DETAILS OF INSURED COMPANY）

单位名称 Company Name				
单位地址 Address				
邮政编码 Postcode		单位总人数 Number of		行业类别 Nature of business
机构分布区域 Company	□ 地市 local □ 省/市 Provincial □ 区域 Regional □ 全国 Nationwide □ 跨国 Worldwide □ 其他 Other			
单位性质 Company	□ 国有 State-owned □ 集体 collectively-owned □ 私营 Private □ 个体 Individual □ 股份制 Joint-stock □ 三资 Joint-venture □ 政府机关 Governmental □ 事业单位 Organizational □ 社会团体 Social Group □ 其他			
保险联系人 Contact Person		职务/部门 Job		联系电话 Contact Phone
电子邮箱 E-MAIL		手机 Mobile Phone		传真 Fax

B．保险期限与交费信息（COMMENCEMENT DATE AND PREMIUM PAYMENT）

生效日期 Commencement Date	年　　　月　　　日零时起
付款方式 Payment Method	□现金 Cash　□现金支票 Draft　□转帐支票 Transfer Check　□转帐 Transfer　□其它 Other

C．保费及承担比例（premium & premium contribution）

□ 单位全额承担/Non-Contributory(employer pays only)

□ 个人按比例分担/ Contributory and the employee pays _____%

□ 个人承担/ Contributory and the employee pays only

□ 合计保费 premium total：_____

D. 被保险人投保汇总信息（CENSUS）

* 所有投保人员的详细信息请在"被保险人清单"或"员工申请表"中填写。

Please complete the details of applicants in the separate "**INSURED NAME LIST**" or "**EMPLOYEE APPLICATION FORM**".

投保员工人数信息 (Number of employee)

等级 Sub-group	投保计划 Insurance program				承保区域 Geographical area	
	精选型 Select	舒适型 Premier	菁英型 Elite	其他 Others	环球 Worldwide	环球（不包含美国以及加勒比海） Worldwide excluding USA & the Caribbean
合计人数 Total:						

附属被保险人人数信息 (Number of dependant)

	投保计划 Insurance program				承保区域 Geographical area	
	精选型 Select	舒适型 Premier	菁英型 Elite	其他 Others	环球 Worldwide	环球（不包含美国以及加勒比海） Worldwide excluding USA & the Caribbean
合计人数 Total:						

备注：* 各投保计划类型以及承保区域的人数均为合计值。

* 如为定制计划，请在投保计划"其他"中填写。

Note: * The numbers of insured under each insurance program and geographic area are the total.

* In case of a tailor-made scheme, please complete the information in "others" of insurance program.

E. 既往理赔情况（PAST CLAIMS EXPERIENCE）

目前是否已投保健康险？　　　　　　是□　　否□　　若是，请填写下列信息

Is there an existing scheme for medical care?　YES　　　NO　　If yes, please complete details below.

保险期间 （近两年） Period of experience	合计保费 Total premium	合计理赔金额 Total claims paid	未决赔款 Outstanding claims reserves	投保员工人数 Number of employees insured

目前的保险方：　　　　　　　　　　
Current Insurer:

在此次投保的被保险员工中，是否有个人理赔金额在某年超过或预计将超过 8 万元人民币的情况？

Among all employee covered in this scheme, do any of the years include individual claims which exceed or are expected to exceed RMB80,000 ?

若是，请另附表格描述详情

　　　　　　　是□　否□　　(详细信息应包含：理赔日期、申请人、原因、现有理赔金额、应赔付未赔付以及预计赔款)

　　　　　　　YES　　No　　　If yes, please provide details on a separate sheet.

　　　　　　　　　　　　　　　Details should include the date of claim, claimant, cause, amount paid and due to be paid and current prognosis

模块二　保险合同的订立

F. 注意事项（NOTES）

以下注意事项需要您特别关注：
The following notes are brought up to your attention.

* 所有保费、保障利益和保额在报价时以人民币为单位
  All premiums, benefits and policy limits will be quoted in RMB￥.

* 只有在所有保障计划中员工都是管理层的情况下，条款保费才可以适用。对于直接从事危险性、体力劳动的员工只有在提供进一步信息后方可考虑承保。
  Premiums are quoted on the assumption that all employees to be covered are administrative staff only. If any employees are directly involved in hazardous or manual work, further information will be required.

* 我们所假定19岁以上子女是指接受全日制教育，在经济上依赖他们的父母。若情况不是这样，请提供更详细的信息。
  It is assumed that all children over 19 years of age are in full time education and are financially dependent on their parent(s). If this is not the case, further information will be required.

* 中文内容具有法律效力，英文翻译仅供参考。
  The English wordings used in this form is for reference only. Should there be any discrepancies in language. Please refer to Chinese wordings.

在近12个月的时间里，任何投保保险的员工或其附属被保险人是否发生过身体健康方面的问题？
Are you aware of any employees or dependents to be insured who have experienced any health problems in the last 12 months?

是 ☐　　否 ☐　　若是，请另附页说明详细情况。
YES　　NO　　If YES, please attach details.

声明事项：（DECLARATION）

本公司声明所作陈述均真实可信。.
We declare that the statements made are correct to the best of our knowledge and belief.

本公司已完全了解并明白，有关保险条款以及相关情况，是本公司与太平人寿之间合同有效的基础，保障责任只有在太平人寿确认保费已经到帐，并且向本公司提供书面确认后方可生效。
We understand that the information provided, together with the Policy Terms and Conditions forms the basis of the contract between the Employer and TAIPING LIFE. Coverage under the policy is only effective when written confirmation is provided by TAIPING LIFE and the premium has been settled in full.

投保单位盖章：　　　　　　　　　　　　经办人签名
Stamp: _____　　**Name & Signature:** _____

日期：　　　　　　　　　　　　　　　　职务/职位：
Date: _____　　　　　　　　Title/Position: _____

保单签署地：
Place of signing: _____

中国平安 PING AN
保险·银行·投资

团 体 人 身 险 投 保 单

A. 投保须知

1. 本投保书为投保人与保险公司所订立保险合同的重要组成部分,请投保人认真阅读产品说明书和保险条款,在确认已充分理解保险责任、责任免除条款、保险合同解除条款后再做出投保决定。一切与本投保书各事项及保险条款不相符的**解释、说明及承诺、保证均属无效,敬请注意。**

2. 依据保险法的规定,投保人、被保险人必须如实告知,否则保险人有权依法解除合同,并对保险合同解除前发生的保险事故不承担保险责任。所有告知事项以书面告知为准,口头告知无效。

3. 保险合同自保险公司收到保费同意承保并签发保险单时成立,保险合同生效日期以保险单载明的日期为准;如保险公司经审核不同意承保,将无息全额退还暂收保险费,并收回有关收据。

4. 投保人在签收保险单后十日内可提出解约(投连险和保险期限不足一个月的极短期险除外),保险人在扣除工本费、体检费后退还所交保费;超过10日可以申请退保,申请退保的按条款约定办理。

5. 如果投保人购买分红或投连类产品时请注意:**投资有风险,分红不确定。**

6. 被保险人可在投保时指定身故受益人,如未填写则默认为未指定。

7. 收到本公司出具的正式保险单后请详细审阅保单上各项内容及有关条款,如有错漏请及时通知本公司更正。

B. 投保单位资料

* 投保单位全称		* 行业类别	
* 组织机构代码	□□□□□□□□□□□□□□□□□	资产规模	
* 证件号码	□□□□□□□□□□□□□□□□□	* 证件类型	□工商注册号 □税务登记证
* 单位性质	□国有 □集体 □私营 □个体 □中外合作 □中外合资 □外商独资 □机关事业社团体	* 年总收入	万(RMB)
* 单位总人数	□50人以下 □50-500人 □500—3 000人 □3 000-10 000人 □10 000人以上	* 主营业务	
* 经营区域	□当地 □全省 □全国 □跨国 *地区代码_____	成立日期	
* 联系地址	_____国家_____省/直辖市_____市_____区/县		
* 联系电话	国际区号_____区号_____总机号码_____	* 联系邮编	
* 联系部门		* 联系人姓名 _____先生/女士	* 联系人手机	
* 联系人办公电话	国际区号_____区号_____总机号码_____分机号码_____	E-MAIL	_____@_____

C. 投保基本资料

* 投保日期	年 月 日	* 投保性质	□团体 □个人	*投保单位人数	
* 主被保险人数		* 连带被保险人数		* 币　　种	
* 趸缴/首期保费合计	(大写)			(小写)	
* 雇员参与性质	□单位负担 □个人负担 □单位个人共同负担	* 业务投保性质	□企业团体　□社保统筹 □行业统筹　□学生团体 □旅游团体　□建筑团体 □其他临时团体 □其他代理团体	* 数据来源	□正常业务　□自助卡 □撕票业务 □电信捆绑销售 □万里通卡 □万里通信用卡 □手机投保
* 险种类别	□长险　□短险 分期扣除	*业务来源	□中介　　□非中介	*统括保单	□是　　□否
保费结算方式	□正常　□批次	中介机构	名称：		代码：
归属起始日类型	□从受雇之日起	□从保单生效日期起	□从单位指定日期起	续保保单号	
特别约定：（若无内容，请注明"无特别约定"，若有，请在结束处注明"无其他特别约定"。可附页。）					

D. 短险投保险种（保险责任）信息（如保障层级超过5个，可另附表）

险种代码	险种（责任）名称	层级一_____ _____人	层级二_____ _____人	层级三_____ _____人	层级四_____ _____人	层级五_____ _____人	备注
建工险业务填写：　　施工人数：_____人　　工程总造价（元）_____　　建筑总面积（m²）_____ 施工人数 造价（元） 面积（m²）							
缴　　别：　□趸缴　□月缴　□季缴　□半年缴　□年缴　□趸缴累加 建工险缴费方式：□按被保险人人数　□按工程总造价　□按建筑总面积　． 保险期限：_____月_____天							

E. 团体投保人告知声明书

被保险人健康告知	◆ 有无员工目前尚在病假中？　　　　　　　　　　　　　　　　　　　　　□有　　□无 ◆ 近一年内有无因患病而不能全勤工作或减轻劳动量的员工？　　　　　□有　　□无 ◆ 现在或者过去有无患肿瘤、心肌梗塞、白血病、肝硬化、中慢性肾功能衰竭、再生障碍性贫血、先天性疾病、帕金森氏病、精神病、癫痫病、法定传染病、艾滋病等病症的员工？　　□有　　□无 ◆ 有无身体残障的员工？　　　　　　　　　　　　　　　　　　　　　□有　　□无 若有任一被保险人（含连带被保险人）存在上述情况，请在"□有"打√并详述或填写个人的告知声明书，否则请在"□无"打√，若空白则视作以上问题答案均为无。
其他告知事项	◆ 在上一年度中，有无保险？若有保险，请填写下栏： 保险费合计： 意外险理赔金额：_____　　　　　健康险理赔金额： 寿险理赔金额：_____　　　　　　累计理赔金额： 上述告知若回答有，请详述：

　　　　我单位已就综合福利保险事宜与全部被保险人进行了宣导和沟通，凡参与该保险的全部被保险人均了解保障内容且同意由我单位统一办理投保事项；且已经认真阅读并理解产品说明书、投保须知、特别约定、所投保险种条款，确认对其中各项内容尤其是保险责任条款、责任免除条款、合同解除条款均已完全理解并同意遵守。本投保单填写和本告知声明书（告知声明书中填√，即作为投保人"是"的答复）的各项内容均属真实，并作为本保险合同的组成部分，如有隐瞒或不实告知，贵公司有权解除保险合同，并对保险合同解除前发生的保险事故不承担保险责任。
　　　　特此声明。
　　　　投保单位负责人签章：　　　　　　投保单位签章：　　　　　　　年　　　　月　　　日

填写注意事项：
1. 本表格应由投保单位用蓝黑、炭素墨水笔以正楷简体字填写，字迹清晰，涂改无效。
2. 填写的内容说明：请在适当的□加上"√"，请在___处，准确填写相应信息，"*"部分为必填项，空白无效。

以下部分业务人员交回保险公司后由保险公司初审人员填写

初审岗姓名		交单时间		协议定义	□是　□否	系统初审时间	____年___月___日
保费类型	□表定费率折扣　□人均保费 □平均费率			绿色通道	□是　□否	被保险人上载电子文本	□有　□无
保费计算方向	□通过保额计算保费或领取金额			□通过保费计算保额或领取金额		□通过领取金额计算保费或保额	
备注：							

D. 长险投保险种（保险责任）信息（如保障分类超过5个，可另附表）

险种代码	险种（责任）名称	分类一_____ ____人	分类二_____ ____人	分类三_____ ____人	分类四_____ ____人	分类五_____ ____人	备注

管理费/661初始费用扣除方式	□一次性扣费　□每笔缴费周年期扣 □每保单年度期扣		首期管理费比例	％	续期管理费比例	％
首期年费缴纳方式	□直接缴纳　□帐户扣除	红利选择	□累积生息 □抵交保费	领取日选择	□生日领取	□周年领取
领取年龄	□男：　　　□女： □以被保险人清单为准	缴别	□趸缴　□月缴　□季缴　□半年缴　□年缴　□趸缴累加			
		领取方式	□月领　□年领　□一次性领　□到期转换　□其他方式：_____			

E. 团体投保人告知声明书

被保险人健康告知	◆ 有无员工目前尚在病假中？ ◆ 近一年内有无因患病而不能全勤工作或减轻劳动量的员工？ ◆ 现在或者过去有无患肿瘤、心肌梗塞、白血病、肝硬化、中慢性肾功能衰竭、再生障碍性贫血、先天性疾病、帕金森氏病、精神病、癫痫病、法定传染病、艾滋病等病症的员工？ ◆ 有无身体残障的员工？ 若有任一被保险人（含连带被保险人）存在上述情况，请在"□有"打√并详述或填写个人的告知声明书，否则请在"□无"打√，若空白则视作以上问题答案均为无。	□有　□无 □有　□无 □有　□无 □有　□无
其他告知事项	◆ 在上一年度中，有无保险？若有保险，请填写下栏： 保险费合计： 意外险理赔金额：_____　健康险理赔金额： 寿险理赔金额：_____　累计理赔金额： 上述告知若回答有，请详述：	

我单位已就综合福利保险事宜与全部被保险人进行了宣导和沟通，凡参与该保险的全部被保险人均了解保障内容且同意由我单位统一办理投保事项；且已经认真阅读并理解产品说明书、投保须知、特别约定、所投保险种条款，确认对其中各项内容尤其是保险责任条款、责任免除条款、合同解除条款均已完全理解并同意遵守。本投保单填写和本告知声明书（告知声明书中填√，即作为投保人"是"的答复）的各项内容均属真实，并作为本保险合同的组成部分，如有隐瞒或不实告知，贵公司有权解除保险合同，并对保险合同解除前发生的保险事故不承担保险责任。

特此声明。

投保单位负责人签章：　　　　投保单位签章：　　　　　　　　　　　　　年　　　月　　　日

填写注意事项：
1. 本表格应由投保单位用蓝黑、炭素墨水笔以正楷简体字填写，字迹清晰，涂改无效。
2. 填写的内容说明：请在适当的□加上"√"，请在___处，准确填写相应信息，"*"部分为必填项，空白无效。

以下部分业务人员交回保险公司后由保险公司初审人员填写

初审岗姓名		交单时间		系统初审时间　___年___月___日		保益上载文本	□有 □无
保费类型	□表定费率折扣　□人均保费　□平均费率			绿色通道	□是　□否	被保险人上载电子文本	□有 □无
保费计算方向	□通过保额计算保费或领取金额　　□通过保费计算保额或领取金额　　□通过领取金额计算保费或保额						
备注：							

平安人寿保险股份有限公司
人身保险投保单

保单编号：

投保须知

1. 本投保单为保险合同的重要组成部分，在填写投保单前，请您认真阅读所投保险品种的产品说明书和保险条款，在确认已充分理解保险责任、责任免除、保障范围、退保等条款后，再作出投保决定。并根据您的实际情况选择适合的保险金额和保险期间。
2. 投保人、被保险人在投保时，应对投保单、与投保单有关的各份问卷、客户体检健康告知书的各项内容如实详细完整地予以告知并填写清楚，所有告知事项以书面告知为准，如投保人未履行如实告知义务，足以影响本公司决定是否同意承保或提高保险费率的，本公司有权依法解除保险合同。
3. 您的投保申请需经本公司审核通过并签发正式保险合同才生效。本公司审核过程中，会根据实际情况决定是否安排您体检，或要求您进一步补充提供材料，并根据审核情况，决定是否要求提高保险费、附加免责条款或拒绝承保。
4. 投保单必须由投保人亲笔签名，如果您选择的是以身故为给付保险金条件的保险合同，须经被保险人书面同意并认可保险金额；但父母或监护人为未成年被保险人投保的人身保险不受此限制。
5. 所有一年期及以上的意外险产品附加在寿险主合同之后，仍需投保人缴付续期保险费以示续保，本公司同意该续保并已收取续期保险费的，则该保险合同将延续有效，如果您因选择分期缴纳保险费但无法持续缴费，则可能导致保险合同效力中止。
6. 未成年被保险人的累计身故保险金金额以中国保险监督管理委员会的有关规定为最高限额。

A. 被保险人

姓名：	张玉		出生日期：1953 年 05 月 20 日		性别： ☑男 □女		年龄：58
证件类型：	☑身份证 □护照 □其他_____		证件号码：	1 1 0 1 0 7 1 9 5 3 0 5 2 0 2 3 9 3			
工作单位：	北京市宣武区爱家房地产中心地产中心		职业：职务经理	工作内容：房地产销售		职业代码：	
单位地址：	北京市宣武区广外28号				邮编：	100050	
家庭地址：	北京市宣武区红莲东里七号楼606室				邮编：	100050	
固定电话：	63464815		移动电话：13518563342		E-mail：		

B. 投保人（若投保人与被保险人为同一人，则免填此栏）

姓名：		出生日期： 年 月 日	性别：☑男 □女	与被保险人关系：
证件类型：	☑身份证 □护照 □其他_____		证件号码：	
工作单位：				
地址：			邮编：100050	
固定电话：		移动电话：	E-mail：	

C. 通讯地址（若未填写，以投保人地址为准）

文件寄往	地址： 北京市宣武区红莲东里七号楼606室	邮编：100050

D. 身故保险金受益人（如果有多位受益人，公司按受益份额进行分配。若无特别指定，受益人按相等份额享有受益权）

姓名	身份证件号码	与被保险人关系	年龄	受益份额
李红	1 1 0 1 0 7 1 9 5 5 0 1 0 2 2 3 9 6	夫妻	56	100%

E. 保险项目（币值单位：人民币元）

1. 主险

险种名称：意外伤害险	交费期限：10 年	保险金额：200,000
开始领取年金的年龄（若为非年金保险，则免填此栏）：		

2. 附加险 （请在所选择的险种名称前打"√"并注明保障年限）

险种名称	保险金额	险种名称	保险金额
□附加恒惠宝(B)定期寿险＿＿年保障或保障至＿＿岁		□附加安康宝重疾保险＿＿年保障	
□附加恒安宝意外伤害保险		□附加初中教育年金保险	
☑附加安意宝意外伤害医疗保险	1,204583.00	□附加高中教育年金保险	
□附加安行宝意外伤害双倍给付保险		□附加大学教育年金保险	
□附加安宁宝意外住院补贴收入保障保险	份	□附加儿童寿险保险费豁免保险＿＿年保障	
□附加安心宝住院及手术健康保险		□	
☑附加安健宝住院费用补偿医疗保险	2,646.00	□	

3. 保险费

缴费方式：□趸缴　☑年缴　□半年缴　□季缴　□月缴	初算首期保险费合计：

F. 保险费缴付

账户姓名(必须为投保人)：张玉	账号：	0	2	0	0	2	7	6	8	0	1	5	7	2	4	8	9	0	5	3	2
银行名称：	□中国银行（活期存折或借记卡）　　□交通银行（借记卡或准贷记卡）　　☑工商银行（活期存折）																				
	□招商银行（借记卡）　　□																				

保险费自动转账付款授权声明

一、 投保人同意受权银行从本人上述授权账户中向天安人寿保险有限公司（以下简称天安）支付本保险合同的各期保险费。
二、 投保人同意从授权账户中支付保险费优先于其他任何用途的支付。
三、 若投保人因受权银行自动转账金额与应缴保险费金额不符或对保险费计算有异议时，应自行向天安咨询。
四、 投保人同意若授权账户内无足够资金余额支付保险费时，受权银行有权决定不予转账。投保人应于保险合同规定的宽限期内将足额保险费存于此账户中。
五、 投保人若在同一授权账户内同时授权转账两份或两份以上保险合同的保险费时，投保人同意依照天安规定的转账顺序转账。
六、 投保人欲终止使用授权账户支付保险费时，应于当期保险费应付日一个月前向天安递交终止授权申请，由天安转告受权银行停止转账，但投保人仍负有以其他方式支付保险费的义务。
七、 本授权声明将持续有效直至出现以下情况之一时效力终止：
　　（1）投保人申请终止授权　（2）授权账户终止　（3）保险合同效力终止

G. 告知事项

提示：若投保人与被保险人为同一人，或无投保人豁免保险费的保障计划，则免填投保人栏。若回答"是"，请在表格备注栏中提供详情。

	被保险人	投保人
1. 您是否拥有公费医疗、社会医疗保险和其他费用补偿型医疗保险？	☑是 □否	□是 □否
2. 您是否有其他已生效或尚在申请核保中的保险合同？ 如是，请详述公司名称_____、保险金额_____、投保时间_____	□是 ☑否	□是 □否
3. 您所申请的保险合同是否曾被拒保、延期、加费或附加免责条款？ 若是，请详述_____	□是 ☑否	□是 □否
4. 您是否曾向任何保险公司提出索赔申请？ 若是，请详述_____	□是 ☑否	□是 □否
5. 您是否每年搭乘飞机在250小时以上？	□是 ☑否	□是 □否
6. 您是否以摩托车为工作必需的交通工具？	□是 ☑否	□是 □否
7. 您是否计划参加或拟参加以下高度危险运动或活动？（如：携带氧气瓶的潜水或登山、滑水、驾驶飞行器具、跳伞、马术、特技表演、蹦极跳、车辆竞赛或其他项目/活动。） 若是，请详述_____	□是 ☑否	□是 □否
8. 您是否曾在国外逗留超过三个月或正拟往国外？ 若是，请详述国家名称_____、逗留原因_____	□是 ☑否	□是 □否
9. 您去年全年收入（包括基本工资和奖金）：人民币约 150,000 元	□是 ☑否	□是 □否

H. 健康细则

提示：若无《儿童寿险保险费豁免保险》保障计划，则免填投保人栏。

若为体检件，则无需填写此部分；若第5项至第9项回答"是"，请在表格备注栏中提供详情。

1. 您目前的体重和身高？		
被保险人：身高 170 厘米 体重 75 公斤 投保人：身高 170 厘米 体重 75 公斤		
	被保险人	投保人
2. 在过去的一年中，您的体重改变超过5公斤吗？ 若是，增加还是减轻？_____，原因是_____	□是 ☑否	□是 □否
3. 您最近五年是否曾接受： a. X光、CT、核磁共振、心电图、病理检查、血液、超声波、内窥镜、血管造影等检查？ 若是，检查名称是_____，结果是_____	□是 ☑否	□是 □否
b. 住院或手术治疗？ 若是，请详述住院或手术时间_____、何种疾病_____、目前情况_____	□是 ☑否	□是 □否
4. 您是否现在或者曾经吸烟？若是，已吸烟____年，____支/天	□是 ☑否	□是 □否
5. 您是否现在或者曾经饮酒？若是，已饮酒____年，种类为____，____毫升/周	□是 ☑否	□是 □否
6. 您是否有下列身体残障状况？ a. 四肢、五官、手指、足趾缺损	□是 ☑否	□是 □否
b. 视力、听力或中枢神经系统障碍	□是 ☑否	□是 □否
c. 脊柱、胸廓、四肢或手指、足趾畸形、跛行、脊髓灰质炎所致的缺陷或其他缺陷	□是 ☑否	□是 □否

模块二 保险合同的订立

	被保险人 投保人
7. 您是否曾患有或被告知患有下列症状、体征或疾病，若是，请圈出下列具体名称：	
a. 反复头痛、头晕、晕厥、胸闷、胸痛、心悸、气急、紫绀、吞咽困难、咯血、腹痛、颈肩痛、腰腿痛、四肢麻木、肌肉萎缩/痉挛、肝区疼痛、淋巴结肿大、腹部肿块、便血、血尿、蛋白尿、多尿、不明原因皮下出血、浮肿、肿块、发热？	□是 ☑否　□是 □否
b. 高血压病、冠心病、心肌梗塞、心律失常、心肌炎、风湿性心脏病、先天性心脏病、肺原性心脏病、心肌病、心脏瓣膜疾病（狭窄、闭锁不全、畸形）、心包炎、心内膜炎、主动脉血管瘤、下肢静脉曲张或其他循环系统疾病？	□是 ☑否　□是 □否
c. 慢性支气管炎、结核、哮喘、支气管扩张、肺气肿、肺脓肿、肺栓塞、尘肺、矽肺、肺间质病变或肺纤维化、气胸、胸腔积液、胸膜炎或其他呼吸系统疾病？	□是 ☑否　□是 □否
d. 肝炎病毒携带者、肝炎、肝硬化、肝功能异常、黄疸、脂肪肝、肝脓肿、肝内结石、肝血管瘤、肝脾肿大、胆结石、胆囊炎、胆囊息肉、胆管炎、慢性胃炎、消化道溃疡/出血/穿孔、胰腺炎、结肠炎、慢性阑尾炎、肠结核、克隆病肠梗阻、疝、痔疮及肛周疾病或其它消化系统疾病？	□是 ☑否　□是 □否
e. 肾炎、肾病综合症、肾功能异常、肾衰竭、尿毒症、肾结石、肾囊肿、多囊肾、肾下垂、尿路结石、尿路畸形、膀胱挫伤或其他泌尿系统疾病？	□是 ☑否　□是 □否
f. 前列腺肥大、前列腺炎、精索静脉曲张、睾丸病变等男性生殖系统疾病？	□是 ☑否　□是 □否
g. 糖尿病、甲状腺或甲状旁腺疾病、垂体功能亢进或减退、肾上腺功能亢进或减退、痛风、肢端肥大症或其他内分泌系统疾病？	□是 ☑否　□是 □否
h. 各类贫血、血友病、白血病、紫癜、淋巴瘤、脾肿大、脾机能亢进或其他血液系统疾病？	□是 ☑否　□是 □否
i. 风湿热、风湿性关节炎、类风湿性关节炎、红斑狼疮、硬皮病或其他结缔组织疾病？	□是 ☑否　□是 □否
j. 脑溢血、脑梗塞、脑炎、脑膜炎、脑积水、脑血管畸形、脑动脉血管瘤、短暂性脑缺血、脑供血不足、颅脑外伤？	□是 ☑否　□是 □否
k. 癫痫、重症肌无力、多发性硬化症、帕金森综合症、脊髓灰质炎、眩晕症、运动神经元疾病或其他神经系统疾病？	□是 ☑否　□是 □否
l. 骨折、骨关节病变、骨质增生、退行性病变、坐骨神经痛、椎间盘突出症、颈椎病或其他骨骼肌肉系统疾病？	□是 ☑否　□是 □否
m. 失明、白内障、青光眼、视网膜病变、视神经病变、高度近视（八百度以上）、角膜疾病、虹膜睫状体炎、失聪、中耳炎、神经性耳聋、美尼尔氏症、鼻窦炎、鼻息肉、鼻中隔弯曲、声带息肉、声带结节、慢性扁桃腺炎或其他眼、耳、鼻、喉疾病？	□是 ☑否　□是 □否
n. 证实或尚未证实的良性或恶性肿瘤、囊肿、息肉、赘生物、血管瘤？	
o. 其他疾病（性病、精神疾病、抑郁症、酒或药物滥用成瘾、先天性疾病、遗传性疾病、先天性畸形或缺陷）或上述未曾提及之不正常情况或疾病？	
8. 您或您的配偶是否曾接受或试图接受与艾滋病有关的检验或治疗？	□是 ☑否　□是 □否
9. 您或您的配偶是否曾在过去的六个月内持续一周以上出现下列症状：体重下降、食欲不振、盗汗、腹泻、淋巴结肿大及皮肤溃疡？	□是 ☑否　□是 □否
10. 您的家属是否曾患或正患有高血压、肾病、心脏病、肝肾囊肿、肝硬化、糖尿病、精神、白血病、结核病、多发性硬化症、赘生物、癌症或曾被诊断为乙型肝炎或乙肝病毒携带者？ 若是，哪位亲属_____，疾病名称是_____	□是 ☑否　□是 □否
11. 您的直系亲属中是否有60岁前去世的？ 若是，哪位亲属_____，去世原因是_____	□是 ☑否　□是 □否
12. 妇女适用：	
a. 是否曾患有乳房疾病、子宫颈涂片检查发现有异常情况、子宫内膜异位症、阴道异常出血、盆腔炎症、异位妊娠、妊娠并发症、子宫肌瘤及其他生殖系统疾病？	□是 ☑否　□是 □否
b. 现在是否怀孕？　若是，已怀孕_____周	□是 ☑否　□是 □否

I. 备注

页　数	问　题	详　情

J. 投保人及被保险人声明与授权

1) 本人声明本投保单签名确为本人签署，由于投保人或被保险人栏下的代签名所引起的一切后果由本人承担。
2) 本投保单的各项声明与陈述均明确无误。若不属实，贵公司有权依法解除保险合同。
3) 本人知晓所有保险责任均以本合同所载为准，除由贵公司经正式程序修改或批注的内容外，其它任何人的口头及书面陈述、报告或合约，贵公司均无需负责。
4) 本人接受贵公司签发的保险合同及任何经本人签署的文件，均视为正式合同的一部分，并具有相应的法律效力。
5) 本人在此授权贵公司从各种渠道收集与本保险申请有关的任何本人的个人资料，并同意贵公司持有、使用个人资料或将其用作于处理本人保险合同、审核与保险产品及服务有关的申请，同时授权贵公司将该个人资料提供及披露予与贵公司有关联的个人或组织或任何被选择的境内外的第三方，以便于处理本保险申请及提供有关售后服务及其他金融产品和服务，进行直接促销及资料处理，并为上述目的与本人联系。上述所指的个人或组织或第三方包括但不限于贵公司在境内外的关联公司、集团、及其附属公司、司法部门、政府机构、再保险公司、保险公估机构、金融机构、律师、审计师、法律、财务服务机构、有关的行业协会等。
6) 本人有权向贵公司查阅更正本人的所有个人资料，该申请可在贵公司客户服务部办理。
7) 本人授权任何持有执照的医生、医院、诊所、保险公司、个人、组织或机构，有权将投保人或被保险人既往任何相关记录与资料向贵公司出示，资料之影印本经提供单位盖章确认后，与正本同样有效。
8) 本人已知晓：如本人所申请保障额度超过贵公司规定之上限，贵公司只负责无息退还多缴之保险费。
9) 本人同意在投保单上载明的通讯地址为保险合同约定的通讯地址。
10) 本人已知晓：即使本人已缴付部分或全部保险费，本合同也并不必然生效；只有在贵公司同意承保，本合同才生效；生效日以保险单所载日期为准。

K. 投保人确认栏

投保人抄录下列语句：

"本人已阅读保险条款、产品说明书和投保提示书，了解本产品的特点和保单利益的不确定性，愿意承担相关风险"。

（此处由投保人亲笔抄录）

请您确认投保单中所有内容填写完整并亲笔签名。

被保险人签名 张玉　　　　　　　　　　营销员签名 李芳　　　　　　

投保人签名 张玉　　　　　　　　　　营销员电话　　　　　　　　

签署地 北京市　　　　　　　　　　营销员编号 258　　　　　　

签署日期　　　　　　　　　　

考虑到您的最大利益，请您尽量不要用一份新的保险合同代替本合同，如果您退保，您的利益将受到损失。

版本号：(2010-2-23)

项目七　保险合同订立

导入案例

2001年10月5日谢某听取信诚的保险代理人黄某介绍后，与之签署了《信诚人寿（投资连结）保险投保书》，指定其母作为自己的保险受益人，主合同基本保险金额100万元，附加合同（共附加5项）的其中1项为"附加长期意外伤害保险"，基本保险金额200万元。2001年10月6日谢某交纳了首期保险费共计11 944元。信诚随即安排谢某在当月17日进行体检。10月17日下午，谢某在信诚指定的医院完成了体检。

2001年10月18日凌晨1时许，谢某与另外三名朋友一男二女在天河某酒楼吃夜宵时，不幸被歹徒刺死。行凶歹徒翌日早上被抓获，当日上午8时，信诚人寿接到医院的体检结果，因谢某身体问题，需增加保险费，并提交财务证明，才能承保。2001年11月13日谢母向信诚方面告知保险事故并提出索赔申请。2002年1月14日信诚及相关再保险公司经调查后在理赔答复中称，事故发生时其尚未同意承保（未开出保单），故根据主合同，同意赔付主合同保险金100万元，但拒绝赔付附加合同的保金200万元。2002年1月15日谢母拿到信诚声称按"通融赔付"支付的100万元。2002年7月16日谢母将此案诉至天河法院，请求判决信诚支付"信诚附加长期意外伤害保险"保金200万元，以及延迟理赔上述金额所致的利息。

这起全国时间最短、标的最大的个人寿险理赔案一度引起各界广泛关注。本案的焦点问题即保险合同是否已经成立并生效，投保人交付保险费与保险合同成立之间的关系。这些问题涉及保险合同的订立过程，保险合同成立和生效的条件，本学习项目将作重点介绍。

任务一　保险展业

一、保险展业的含义

保险展业也称推销保险单，是保险展业人员引导具有保险潜在需求的人参加保险的行为，也是为投保人提供投保服务的行为，是保险经营的起点。保险展业由保险宣传和销售保险单两种行为构成。

保险展业的方式包括直接展业和间接展业两种。

1. 直接展业

直接展业是指保险公司利用支付薪金的专职业务人员直接推销保单，招揽业务。这适合于规模大、分支机构健全的保险公司以及金额巨大的险种。

直接展业可以充分利用保险公司的良好声誉，且由于保险公司经常对员工进行培训，员工整体素质比较高，另外，保险公司直接对员工进行管理，可以有效地避免一些违规行为发生。

但是，直接展业也存在一些弊端。首先，单靠直接展业不足以争取到大量保险业务，在销售费用上是不合算的；另外，如果保险公司单靠直接展业，就必须配备大量展业人员和增设机构，大量工资和费用支出势必会提高公司的固定成本和管理成本；且对员工的长期培训也会增加公司的运营成本。

2. 间接展业

为了克服直接展业的不足,国内外的大型保险公司除了采用直接展业外,还广泛地建立代理网,利用保险代理人和保险经纪人展业。

保险代理人展业:保险代理人是根据保险人的委托,向保险人收取代理手续费,并在保险人授权的范围内代为办理保险业务的单位或者个人。在我国,保险代理人分为专业保险代理人、兼业保险代理人和个人保险代理人。专业代理人和兼业代理人要符合《保险代理机构管理规定》的相应条件,例如高管任职资格、资本金、职员人数、持有代理资格证书的人数、办公条件等。个人保险代理人要持有资格证书、热爱保险事业、熟悉金融保险及相关知识、具备良好的职业道德等。

保险经纪人展业:保险经纪人不同于保险代理人,保险经纪人是投保人的代理人,对保险市场和风险管理富有经验,能为投保人制定风险管理方案和物色适当的保险人,是保险展业的有效方式。保险经纪人的业务权限包括为投保人拟定投保方案,选择保险人,办理保险手续;协助被保险人或受益人进行索赔;为委托人提供防灾、防损或风险评估、风险管理咨询服务。

项目知识链接

2012年上半年全国保险专业代理机构实现的保费收入构成情况,如图2-2所示。

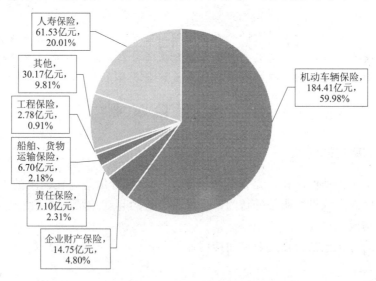

图2-2 2012年上半年全国保险专业代理机构实现的保费收入构成情况

2012年上半年,全国保险专业代理机构实现业务(佣金)收入51.34亿元,同比增长31.04%。其中,实现财产险佣金收入35.51亿元;实现人身险佣金收入15.83亿元。

2012年上半年全国保险经纪机构实现的保费收入构成情况,如图2-3所示。

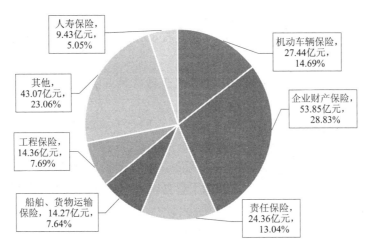

图 2-3　2012 年上半年全国保险经纪机构实现的保费收入构成情况

2012 年上半年,全国保险经纪机构实现业务收入 26.51 亿元,同比增长 9.00%。其中,实现财产险佣金收入 20.81 亿元;实现人身险佣金收入 2.88 亿元;实现再保险业务类佣金收入 0.42 亿元;实现咨询费收入 2.40 亿元。

2005—2011 年七年来营销员增速图如图 2-4 所示。

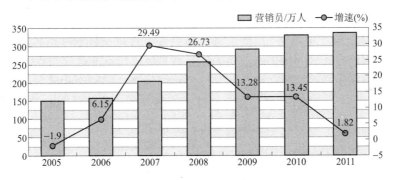

图 2-4　2005—2011 年七年营销员增速图

二、保险展业的流程

保险展业的流程包括:准客户的开拓、电话约访、销售面谈、拒绝处理、保单促成、保单递送及客户服务等环节。保险展业流程示意如图 2-5 所示。

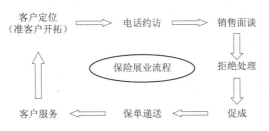

图 2-5　保险展业流程示意

（一）准客户的开拓

所谓准客户，就是指可能购买的客户。准客户至少具备以下三个条件：有保险需求、有交费能力、符合核保要求且容易接近。

MAN 法则认为作为顾客的人（Man）是由金钱（Money）、权力（Authority）和需要（Need）这三个要素构成的。

（1）该潜在客户是否有购买资金 M（Money），即是否有钱，是否具有消费此产品或服务的经济能力，也就是有没有购买力或筹措资金的能力。

（2）该潜在客户是否有购买决策权 A（Authority），即你所极力说服的对象是否有购买决定权，在成功的销售过程中，能否准确地了解真正的购买决策人是销售的关键。

（3）该潜在客户是否有购买需要 N（Need），在这里还包括需求。需要是指存在于人们内心的对某种目标的渴求或欲望，它由内在的或外在的、精神或物质的刺激所引发。另一方面客户需求具有层次性、复杂性、无限性、多样性和动态性等特点，它能够反复地激发每一次的购买决策，而且具有接受信息和重组客户需要结构并修正下一次购买决策的功能。

只有同时具备购买力（Money）、购买决策权（Authority）和购买需求（Need）这三个要素才是合格的准顾客。现代推销学中把对某特定对象是否具备上述三要素的研究称为顾客资格鉴定。顾客资格鉴定的目的在于发现真正的推销对象，避免推销时间的浪费，提高整个推销工作效率。

1. 寻找准客户的方法

（1）缘故法：也称"关系法"，就是将产品直接推荐给与你有缘故关系的人，如亲戚、邻居、同学、同事和同乡等。运用缘故法的优势就是易于接近准客户，能够相互信任，容易掌握有关信息，成功率较高，缘故法是打开保险之门的第一把"金钥匙"。

（2）转介绍法：请求缘故关系或现有客户为你做介绍，推荐他们的熟人做你的准主顾。介绍法和缘故法都是建立在良好的人缘基础上。所以采用这种方法，可以尽快大范围地开拓保险市场，迅速提高业绩，成功率比较大。当我们寿险营销员在缘故法销售中的客户资源基本贫乏时，就必须重新寻找新的保源，而此时最有效的行销技巧就是"转介法"。

（3）陌生拜访法：在日常的寿险行销工作中，除了缘故法、转介法之外，最常用的方法就是"陌拜法"，也就是常说的陌生拜访法。即寻找好拜访对象，直接上门拜访，这种方法是推销员的长期生存之道，虽然挫折感很强，但也最能锻炼人。这种方法是每一位寿险业务员在相当一段时间内需要不断采用的主要行销技巧之一。它要求业务员要对本身的业务知识比较熟悉，最好能融会贯通；同时要求业务员本身的心理素质要高，能够用平常之心对待打击，宽以待人，用真诚心待人，陌生拜访方法一定能够获得成功，业绩也一定能够取得好成绩。

（4）目标市场法：是指在某一特定行业，或某个特定单位，或某片特定社区，或某处特定街市，以及具有共同属性的某些特定人群中展业。目标市场法的优点是数量大、集中而且有共性，节省时间，客户有安全感，便于相互介绍，但是在开创初期较短时间内，效果可能不太显著。

（5）职团开拓法：选择一家少则数十人，多则数百人，而且人员相对稳定的企事业单位作展业基地，并定人定点定时进行服务和销售活动，进行职团开拓。职团开拓的优点是比较容易进行多方面、多层次的销售行为，有较强的参与力和购买力，产生良好的连锁效应。

需要注意的是职团一旦选定就必须花时间，派专人长期驻守，不能心猿意马。

（6）DM 信函开拓法：制作经过特别创意设计的，具有吸引力与感染力的宣传资料，大量寄发给潜在客户，或者为一些特定的准主顾亲笔书写促销信函。DM 法的优点是通过书信，你可以联系上许多你不认识的人，它是一个很好的见面借口和传递信息与感情的纽带。但是这种方法工作量很大，而且回报率不容乐观，且要求对寄发的每一封信都做追踪，而不仅仅以回信者为限。

除了上述几种主要的开拓准客户的方式随着通信技术的发达，目前利用网络开拓准客户也是非常有效的方式之一。

2. 寻找准顾客三项原则

（1）随时随地寻找准顾客。一个好的推销员要懂得随时随地寻找准顾客，各类的社交活动就是寻找准顾客的最佳时机，比如，座谈会、笔会、演讲会、音乐会、喜宴、丧礼等。

（2）妥善运用人际关系。每个人都有一定的人际关系，推销工作就是建立良好的人际关系，把人际关系充分利用起来。优秀的销售主管对新进推销员做指导工作，其中重要的一项就是列出他所有认识人的名单。比如，亲戚、同事、同学、同好、同乡、同邻等。然后从中选出不同等级的客户，一个一个地拜访。

（3）记得人际连锁效应。专家认为每个人背后都有 250 个朋友，所以推销员要学会培养一些忠诚的客户，运用他的转介绍的力量获得更多准客户名单，逐渐裂变，一生二、二生四、四生八，这样会事半功倍。

寻找准客户方法简单，重要的是用心和坚持。市场是最大的教室，客户是最好的老师。要懂得在实践中多听多看多思考。

（二）与准客户接触

在确定准客户之后，要提前对潜在顾客进行初步了解，主要包括潜在顾客的行业、经济实力、风险状况、保险意识等与展业直接或间接相关的因素。然后要做好与准客户接触前的各项准备工作。根据展业工作的需要，备齐必要的各种单证、条款、费率表、宣传资料和其他宣传工具等。

1. 电话约访

电话约访是与准客户进行的第一次接触，要让这样的"接触"给客户留下一些好印象，让客户想要见到你。首先要明确电话约访的目的只是争取面谈的机会，并不是要销售保险产品，因此，电话约访时目的要明确，直接表明身份，如果有介绍人一定要先提出，这样比较容易得到准客户的认可。言辞简洁，不要在电话中谈保险，遭到拒绝时要坚定，并且运用二择一法提出会面要求。

2. 销售面谈

面谈是展业工作的关键环节，除了提供优质保险商品和服务以外，展业人员的交谈方式和技巧，也是促成展业成果的重要因素。销售面谈的目的是与客户建立良好的信任关系，了解客户资产状况、交费能力，通过搜集到的资料，帮助准客户分析风险，发现保险需求。

销售面谈的基本步骤包括寒暄、赞美客户，提及介绍人以及客户的兴趣爱好；表明来意，介绍自己的工作价值和公司的背景；说明为客户量身定制保险保障的观念；沟通风险的存在与影响，唤起客户的需求；确定需求顺位以及约定下一次拜访时间等。

（三）拒绝处理

1. 客户拒绝的原因

首先要明确客户拒绝的原因。客户拒绝的原因多种多样，但总的来说，可以分为不信任、不需要、不适合、不急以及其他原因几大类。在明确原因后，销售人员要明确拒绝的本质，即拒绝只是客户习惯性的反射动作，通过拒绝我们可以了解客户的真正想法，对拒绝问题的处理是导入促成的最好时机。

2. 拒绝的处理方式

面对客户的拒绝，销售人员首先要事前深入理解话术，倒背如流，实战时才能做到胸有成竹；在实际运用时应把握客户拒绝的本质，站在客户角度，以真情对待并灵活运用话术；要及时赞美认同客户观点，取得客户信任；然后再强化购买点，去除疑惑。可以运用到的具体的方法有：间接否定法、询问法、举例法、转移法和直接否定法等。

（四）保单促成

与客户接触最终目的是为了促成保单，然而促成保单并不是一件很容易的事情，这就是需要掌握一些促成的方法和技巧。当客户正处于消化思考和犹豫中时，如果客户经理能够巧妙把握购买时机与信号，帮助顾客解决问题，引导其下决心购买保险，就能够逐步接近成功销售的目的。

促成原则：掌握促成时机，运用适当的促成方法，以万变应不变。促成的方法包括二择一法、决定小节法、暗示默许法、总结式成交法、激励成交法、五次成交法。

（五）保单递送与客户服务

保单是保险合同的凭证。递交保单是销售过程的延伸和真正意义上的服务的开始。有效递送保单对于建立自己和公司的威信，使客户认同保险，实现再次销售等有重要意义。

递送保单的六个环节：① 检查保单有无错误，内容包括名字、身份证、保险金额、投保险种等。② 将客户资料输入计算机或写入档案卡，以便做好售后服务等工作。③ 准备保单和需求表。放一张名片在保单封套内，把保险条款特别重要的地方用彩笔勾出来。④ 准备好包括现有保单在内的全盘保障计划，制定综合需求计划表，以便在交付保单时，顺便说明已实现的保障部分，及提示日后需追加的保障部分。⑤ 电话约定递送保单的时间。⑥ 递交保单。递送保单时，可先向客户表示祝贺，然后就保障范围和条款进行解释。在解释时，既要呈现保单的功能，也要注意提及除外责任和保全知识等。

三、保险展业的意义

保险展业的根本目的就是要增加保险标的，以分散风险、扩大保险基金。展业面越宽，承保面越大，获得风险保障的风险单位数越多，风险就越能在空间和时间上得以分散。展业所具有的重大意义是由保险服务本身的特点所决定的，主要表现在以下几个方面。

（1）通过展业唤起人们对保险的潜在需求。保险所销售的产品是保险合同，是一种无形商品，它所能提供的是对被保险人或受益人未来生产、生活的保障，即使购买了保险商品，也不能立即获得效用，这就使人们对保险的需求比较消极。因此，有必要通过保险展业一方面满足被保险人现实的需求，另一方面唤起潜在需求，促使人们购买保险。

（2）通过展业对保险标的和风险进行选择。保险展业过程也是甄别风险、避免逆选择的过程。这一过程远比其他一般商品的销售更为重要。

（3）通过展业争夺市场份额，提高经济效益。保险企业之间的竞争主要是市场的争夺。只有通过积极有效的营销活动，才能建立起充足的保险基金和可靠的运营资金，保证整个经营活动的顺利进行。展业面越大，签订的保险合同越多，由保费形成的责任准备金就越多，保险经营的风险会随之降低，也为进一步降低保险价格、吸引更多的保户创造了条件。保险展业的顺利开展可为保险经营带来良性循环。

（4）通过展业提高人们的保险意识。随着改革的深入，社会经济结构发生了深刻的变化，社会在为人们提供更多机遇的同时，也使人们所面临的各种风险相应增加了。广泛而优质的保险展业工作不仅能为保险企业带来新客户，而且也可唤起全社会的风险意识，对树立整个保险业的良好形象起到重要作用。

任务二 保险投保

投保，也称购买保险，投保人通过保险业务员或保险中介购买保险后，就与提供这种保险的保险公司建立了一种较为长期的关系。在这个过程中，保险人应加强对投保环节的管理，为投保人提供良好的服务；另一方面，投保人有责任自觉增强保险意识，为自身的利益作出明智的选择。

一、保险公司为投保人提供的投保服务

（一）帮助投保人分析自己所面临的风险

不同的风险需要不同的保险计划，每个人，每个企业的生产状况、工作生活状况以及健康状况都会不同，因此所面临的风险也不同。保险人要指导投保人分析哪些风险足以导致企业或家庭经济生活陷入困境，对于这些风险，投保人应购买哪些合适的保险。

（二）帮助投保人确定自己的保险需求

保险人应帮助投保人将所面临的风险进行分析，对于那些将会产生严重威胁的风险进行保险计划。一般来说，保险人确定保险需求的首要原则是"高额损失优先原则"，即某一风险事故发生的频率虽然不高，但造成的损失严重，应优先投保。

（三）帮助投保人估算可用来投保的资金

明确保险需求后，投保人还要考虑自己能拿出多少资金来投保。保险人应了解投保人可用于投保的资金、生活方式以及对未来风险预防的认识，帮助投保人量力而行地购买所需的保险金额。

（四）帮助投保人制定合理的保险计划

保险人帮助投保人制定保险计划时确定的内容应包括：保险标的的情况、投保风险责任的情况、保险金额的多寡、保险费率的高低、保险期限的长短等。还应帮投保人明确保险的保障与收益、保险金额与免赔额等重要事项。

二、投保人充分享受自由选择投保的权利

保险意识较强或明智的投保人，在购买保险时应作出对自己负责的选择，包括选择保险中介人和保险公司。

1. 选择保险中介人

选择保险中介人，必须了解他们的种类、工作性质以及资格限定等信息。一个好的保险中介人应该具有丰富专业的知识和技能，较高的道德标准、将委托人的利益放在首位；应该能够清楚地传递信息，从而帮助投保人理解自己所需要的保险合同的含义。

2. 选择保险公司

投保人在选择保险公司时，必须考虑各家保险公司在经营品种、保险价格、偿付能力、理赔政策以及服务水平上的差异。因为投保人在投保后，在整个保险期间，都将与保险公司有着密切的关系，所以，选择一个合适的保险公司极其重要。

（1）要注意保险公司提供的险种与价格。一个良好的保险公司，应当是为投保人量体裁衣，尽可能满足不同投保人的不同需要。所以投保人应尽可能选择那些能为自己提供适当的、切实可行的保障的保险公司。选择公正的价格，就是对各家公司的相同险种的费率进行比较，从长远的观点来看，经济效益好的公司，往往是价格最便宜、服务最好的公司。

（2）要注意保险公司的偿付能力和经营状况。考察保险公司的偿付能力一是看保险监管部门和评级机构对保险公司的评定结果，二是对保险公司的年终报表中资产与负债情况进行分析。另外还要注重保险公司的经营稳定性和公司的利润率。

（3）要考虑保险公司提供的服务。投保人选择保险公司时，要从两个方面注意其服务，一是代理人的服务水平，这体现了公司对其代理人的培训及管理水平；二是公司本部的服务水平，一旦订立保险合同后，就会长期与保险公司的服务打交道，因此保险公司本部的服务水平尤为重要。

知识链接

投保流程，如图 2-6 所示。

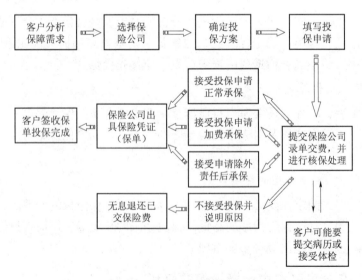

图 2-6 投保流程示意

人身保险投保提示工作要求

阅读资料

一、关于展业行为的要求

（1）在介绍公司产品前，销售人员应主动出示《保险代理从业人员展业证书》；保险公司各级机构应在显著位置张贴《经营保险业务许可证》或《保险营销服务许可证》；保险兼业代理机构应在显著位置张贴《保险兼业代理许可证》。销售人员应提醒客户对有关证件进行查询验证，并告知查询验证的方法。

（2）在介绍公司产品时，销售人员应询问客户的保险需求，已购买保险产品的相关信息，以及投保人的经济情况，并根据客户的背景、需求、现有的保障程度、经济承受能力等情况推荐合适产品。

（3）在介绍公司产品时，销售人员应使用保险公司统一制作的宣传资料，不得自行手写或制作有关公司和产品的宣传资料。

（4）销售人员不得通过承诺给予保险费回扣或保险合同规定以外的其他利益诱导客户购买保险或替换以前购买的保险。

（5）在客户明确拒绝投保的情况下，销售人员不得继续向客户推销，干扰客户的正常工作和生活。

二、关于对条款重点内容进行提示的要求

在介绍公司产品时，销售人员应主动提供产品条款，主动就条款重点内容向投保人进行解释说明，帮助投保人正确理解保险产品，说明内容包括但不限于以下内容：

（1）应提醒投保人仔细阅读保险条款，重点关注保险责任、责任免除、被保险人权利和义务、免赔额或免赔率的计算、申请赔款的手续、退保的规定等内容，应提醒投保人注意准备购买的产品的保障范围是否能满足自身需要。

（2）应提醒投保人多数人身保险产品期限较长，如果需要分期交纳保费，应明确告知投保人交费年期，并请投保人充分考虑是否有足够、稳定的保费支付能力，不按时交费可能会影响投保人的权益。

（3）对于保险期间为一年期以上的人身保险产品，应提醒投保人注意产品犹豫期（投保人、被保险人收到保单并书面签收日起10日内）的有关约定，同时明确告知投保人除合同另有约定外，犹豫期内投保人可以无条件解除保险合同，但应退还保单，保险公司除扣除不超过10元的成本费以外，应退还全部保费并不得对此收取其他任何费用。

（4）应提醒投保人在犹豫期过后退保时，投保人会有一定损失，建议尽量避免中途退保。退保时退还给投保人的金额应根据保险合同的具体约定进行确定。

（5）如果投保人购买分红保险、投资连结保险、万能保险等人身保险新型产品，销售人员应进一步提示投保人关注下列事项：

① 分红保险产品：分红水平主要取决于保险公司的实际经营成果。如果实际经营成果优于定价假设，保险公司才会将部分盈余分配给投保人。如果实际经营成果差于定价假设，保险公司可能不会派发红利。产品说明书或保险利益测算书中关于未来保险合同利益的预测是基于公司精算假设，不能理解为对未来的预期，红利分配是不确定的。

② 投资连结保险产品：应向投保人详细说明投资连结保险的费用扣除情况，包括初始费用、买入卖出差价、死亡风险保险费、保单管理费、资产管理费、手续费、退保费用等。应将投资连结保险账户价值的详细计算方法向投保人进行解释。应提醒投保人投资连结保险

产品的投资回报具有不确定性,投资风险全部由投保人承担;产品说明书或保险利益测算书中关于未来保险合同利益的预测是基于公司精算假设,不能理解为对未来的预期,实际投资可能赢利或出现亏损。提供灵活交费方式的,还应当特别提示投保人停止交费可能产生的风险和不利后果。

③ 万能保险产品:应提醒投保人万能保险产品通常有最低保证利率的约定,最低保证利率仅针对投资账户中的资金。应向投保人详细说明万能保险的费用扣除情况,包括初始费用、死亡风险保险费、保单管理费、手续费、退保费用等。应将万能保险账户价值的详细计算方法向投保人进行解释。应提醒投保人保险公司每月公布的结算利率只能代表一个月的投资情况,不能理解为对全年的预期,结算利率仅针对投资账户中的资金,不针对全部保险费。应提醒投保人产品说明书或保险利益测算书中关于未来保险合同利益的预测是基于公司精算假设,最低保证利率之上的投资收益是不确定的,不能理解为对未来的预期。提供灵活交费方式的,还应当特别提示投保人停止交费可能产生的风险和不利后果。

(6) 如果投保人在银行等兼业代理机构购买保险,应提醒投保人注意该产品属于保险产品,经营主体是保险公司,投保人不宜将保险产品与银行存款、国债、基金等进行片面比较。

(7) 如果投保人购买了健康保险产品,销售人员应就条款是否有医疗费用补偿原则的约定、是否有免赔额或赔付比例的约定、是否有疾病观察期约定、是否有保证续保的约定等内容主动告知投保人,并将有关约定逐一进行详细解释。

(8) 如果投保人为其未成年子女购买保险产品,应提醒投保人因被保险人死亡给付的保险金总和应符合中国保监会的有关规定。

三、关于在投保人投保过程中对保险公司的要求

(1) 在投保人填写投保单前,销售人员应提示投保人认真阅读并亲笔签署投保提示书。

(2) 投保人在填写投保单时,销售人员应向投保人依次解释投保单上各项内容的意义和填写要求,说明填写投保单的注意事项,帮助投保人阅读并充分理解投保资料,提醒投保人认真阅读"投保须知"和条款等内容。

(3) 销售人员可以向投保人询问投保事项涉及的有关情况,并向投保人说明未如实告知的有关后果;销售人员不得阻碍客户履行告知义务或诱导客户不如实告知。

(4) 销售人员应提醒投保人根据自身实际情况选择交费方式,应建议投保人使用银行划账等非现金方式交纳保费。

(5) 销售人员应确保投保人完整填写投保单,阅读并知晓保险合同内容,并亲笔签名。销售人员不得代替投保人填写投保资料,不得诱导投保人在空白或未填妥的投保单上签字。

(6) 销售人员应将投保人签署的投保资料及时交回保险公司。保险公司必须妥善保管投保人填写或交付的资料,并不得擅自将客户的个人信息对外泄露。

(7) 销售人员应主动告知投保人公司客户服务电话和联系方式。应提醒投保人若对条款存在疑问,可以直接向保险公司进行咨询。

(8) 销售人员应主动告知投保人保险公司将按照规定开展客户回访工作,提示投保人准确、完整地填写家庭住址、联系方式和个人信息,以便保险公司能够及时回访,确保自己的利益得到切实保障。提示投保人在回访中对各项问题如实答复,不清楚的地方可以立即提出,并要求保险公司进行详细解释。

(9) 销售人员应提醒投保人若发现销售人员在保险销售过程中存在误导销售行为，或认为自身权益受到侵犯，请注意保留书面证据或其他证据，可向保险公司反映（公司投诉电话）；也可以向当地保监局（或保险行业协会）投诉（当地保监局或保险行业协会投诉电话）；必要时还可以根据合同约定，申请仲裁或向法院起诉。

> 阅读资料

人身保险投保提示书基准内容

尊敬的客户：

人身保险是以人的寿命和身体为保险标的的保险。当被保险人发生死亡、伤残、疾病等风险事故时或者达到合同约定的年龄、期限时，保险公司按照保险合同约定给付保险金。人身保险具有保障和长期储蓄功能，可以用于为人们的生活进行长期财务规划。为帮助您更好地认识和购买人身保险产品，保护您的合法权益，中国保监会请您在填写投保单之前认真阅读以下内容：

一、请您确认保险机构和销售人员的合法资格

请您从持有中国保险监督管理委员会颁发《经营保险业务许可证》或《保险兼业代理许可证》的合法机构或持有《保险代理从业人员展业证书》的销售人员处办理保险业务。如需要查询销售人员的销售资格，您可以要求销售人员告知具体查询方式，或登录保险中介监管信息系统查询。

二、请您根据实际保险需求和支付能力选择人身保险产品

请您根据自身已有的保障水平和经济实力等实际情况，选择适合自身需求的保险产品。多数人身保险产品期限较长，如果需要分期交纳保费，请您充分考虑是否有足够、稳定的财力长期支付保费，不按时交费可能会影响您的权益。建议您使用银行划账等非现金方式交纳保费。

三、请您详细了解保险合同的条款内容

请您不要将保险产品的广告、公告、招贴画等宣传材料视同为保险合同，应当要求销售人员向您提供相关保险产品的条款。请您认真阅读条款内容，重点关注保险责任、责任免除、投保人及被保险人权利和义务、免赔额或免赔率的计算、申请赔款的手续、退保相关约定、费用扣除、产品期限等内容。您若对条款内容有疑问，您可以要求销售人员进行解释。

四、请您了解"犹豫期"的有关约定

一年期以上的人身保险产品一般有犹豫期（投保人、被保险人收到保单并书面签收日起10日内）的有关约定。除合同另有约定外，在犹豫期内，您可以无条件解除保险合同，但应退还保单，保险公司除扣除不超过10元的成本费以外，应退还您全部保费并不得对此收取其他任何费用。

五、"犹豫期"后解除保险合同请您慎重

若您在犹豫期过后解除保险合同，您会有一定的损失。保险公司应当自收到解除合同通知之日起三十日内，按照合同约定退还保险单的现金价值（现金价值表附在正式保险合同之中，您若存在疑问，可要求保险公司予以解释）。

六、请您充分认识分红保险、投资连结保险、万能保险等人身保险新型产品的风险和特点

（1）如果您选择购买分红保险产品，请您注意以下事项：分红水平主要取决于保险公司的实际经营成果。如果实际经营成果优于定价假设，保险公司才会将部分盈余分配给您。如果实际经营成果差于定价假设，保险公司可能不会派发红利。产品说明书或保险利益测算书中关于未来保险合同利益的预测是基于公司精算假设，不能理解为对未来的预期，红利分配是不确定的。

（2）如果您选择购买投资连结保险产品，请您注意以下事项：您应当详细了解投资连结保险的费用扣除情况，包括初始费用、买入卖出差价、死亡风险保险费、保单管理费、资产管理费、手续费、退保费用等。您应当要求销售人员将投资连结保险账户价值的详细计算方法对您进行解释。投资连结保险产品的投资回报具有不确定性，投资风险完全由您承担。产品说明书或保险利益测算书中关于未来保险合同利益的预测是基于公司精算假设，不能理解为对未来的预期，实际投资可能赢利或出现亏损。如果您是选择灵活交费方式的，您应当要求销售人员将您停止交费可能产生的风险和不利后果对您进行解释。

（3）如果您选择购买万能保险产品，请您注意以下事项：万能保险产品通常有最低保证利率的约定，最低保证利率仅针对投资账户中资金。您应当详细了解万能保险的费用扣除情况，包括初始费用、死亡风险保险费、保单管理费、手续费、退保费用等。您应当要求销售人员将万能保险账户价值的详细计算方法对您进行解释。万能保险产品的投资回报具有不确定性，您要承担部分投资风险。保险公司每月公布的结算利率只能代表一个月的投资情况，不能理解为对全年的预期，结算利率仅针对投资账户中的资金，不针对全部保险费。产品说明书或保险利益测算书中关于未来保险合同利益的预测是基于公司精算假设，最低保证利率之上的投资收益是不确定的，不能理解为对未来的预期。如果您选择灵活交费方式的，您应当要求销售人员将您停止交费可能产生的风险和不利后果对您进行解释。

七、请您正确认识人身保险新型产品与其他金融产品

分红保险、投资连结保险、万能保险等人身保险新型产品兼具保险保障功能和投资功能，不同保险产品对于保障功能和投资功能侧重不同，但本质上属于保险产品，产品经营主体是保险公司。您不宜将人身保险新型产品与银行存款、国债、基金等金融产品进行片面比较，更不要仅把它作为银行存款的替代品。

八、选择健康保险产品时请您注意产品特性和条款具体约定

健康保险产品是具有较强风险保障功能的产品，既有定额给付性质的，也有费用补偿性质的。定额给付性质的健康保险按约定给付保险金，与被保险人是否获得其他医疗费用补偿无关；对于费用补偿性质的健康保险，保险公司给付的保险金可能会相应扣除被保险人从其他渠道所获得的医疗费用补偿。请您注意条款中是否有免赔额或赔付比例的约定、是否有疾病观察期约定。如果保险公司以附加险形式销售无保证续保条款的健康保险产品，请您注意附加健康保险的保险期限应不小于主险保险期限。

九、为未成年子女选择保险产品时保险金额应适当

如果您为未成年子女购买保险产品，因被保险人死亡给付的保险金总和应符合中国保监会的有关规定。其主要目的是为了保护未成年人权益，防止道德风险；同时，从整个家庭

看,父母是家庭的主要经济来源和支柱,以父母为被保险人购买保险,可以使整个家庭获得更加全面的保险保障。

十、请您如实填写投保资料、如实告知有关情况并亲笔签名

我国《保险法》对投保人的如实告知行为进行了明确的规定。投保时,您填写的投保单应当属实;对于销售人员询问的有关被保险人的问题,您也应当如实回答,否则可能影响您和被保险人的权益。为了有效保障自身权益,请您在投保提示书、投保单等相关文件亲笔签名。

十一、请您配合保险公司做好客户回访工作

各保险公司按规定开展客户回访工作,一般通过电话、信函和上门回访等形式进行。为确保自己的权益得到切实保障,您应对回访问题进行如实答复,不清楚的地方可以立即提出,要求保险公司进行详细解释。请您投保时准确、完整填写家庭住址、邮编、常用联系电话等个人信息,以便保险公司能够对您及时回访。

十二、请您注意保护自身的合法权益

如果您发现销售人员在保险销售过程中存在误导销售行为,或认为自身权益受到侵犯,请注意保留书面证据或其他证据,可向保险公司反映(公司投诉电话);也可以向当地保监局(或保险行业协会)投诉(当地保监局或保险行业协会投诉电话);必要时还可以根据合同约定,申请仲裁或向法院起诉。

任务三 保险核保

一、保险核保的含义

保险核保又称为风险选择,是指保险人对投保申请进行审核,决定是否接受承保这一风险,并在接受承保风险的情况下,确定保险费率的过程。在核保过程中,核保人员会按标的物的不同风险类别给予不同的费率,保证业务质量,保证保险经营的稳定性。

核保是承保业务中的核心业务,而承保部分又是保险公司控制风险、提高保险资产质量最为关键的一个步骤。

二、核保的必要性

保险公司提供的保险商品是面向全社会的,任何一个人都有可能向保险公司提出投保申请,然而并不是所有投保者的投保对象即投保标的预期损失都是相等的,有的高于平均数值,有的却低于平均数值。而保险风险同质性原理却要求每个风险单位发生损失的机会是相等的,即不同风险的标的其所适用的费率应有所不同。

因此,在保险经营中,核保是非常重要的环节,承保人通过核保将不同风险程度的标的物或人群进行分类,按不同标准进行承保、制定费率。另外,在保险经营中经常会发生逆选择的现象,为了保证保险业务经营的稳定,保险人必须进行核保。

三、核保要素

(一) 财产保险的核保要素

(1) 环境。即投保财产所处的环境。例如,对所投保的房屋,要检验其所处的环境

是工业区、商业区还是居民区；附近有无诸如易燃、易爆的危险源；附近救火水源如何以及与消防队的距离如何；房屋是否属于高层建筑，周围是否畅通，消防车能否开进等。

(2) 保险标的状况。投保标的的主要风险隐患和关键防护部位及防护措施状况。这是对投保财产自身风险的检验，如投保的财产是否属于易燃、易爆品或易受损物品；对温度和湿度的灵敏度；机器设备是否超负荷运转；使用的电压是否稳定；建筑物结构状况等。

对投保财产的关键部位要重点检查。例如，建筑物的承重墙体是否牢固；船舶、车辆的发动机的保养是否良好。对于投保财产的防护情况，也是核保的一项内容。例如，有无防火设施、报警系统、排水排风设施；机器有无过载保护、降温保护措施；运输货物的包装是否符合标准；运载方式是否合乎标准等。

(3) 检验有无处于危险状态中的财产。正处在危险状态中的财产意味着该项财产必然或即将发生风险损失，这样的风险保险人一般不予承保。这是因为保险具有极强的互助性质，即人们针对所面临的同类风险，利用保险这一手段，通过保险人把少数发生的风险损失转移、均摊给所有投保人。如果把必然发生的风险予以承保，就会造成不合理的强行分摊，这就违背了保险经营原则。

(4) 检查各种安全管理制度的制定和实施情况。健全的安全管理制度是预防、降低风险发生的保证，可减少承保标的损失，提高承保质量。因此，核保人员应核查投保方的各项安全管理制度，核查其是否有专人负责该制度的执行和管理。如果发现问题，应建议投保人及时解决，并复核其整改效果。倘若保险人多次建议投保方实施安全计划方案，但投保方仍不执行，保险人可调高费率，增加特别条款，甚至拒保。

(二) 人身保险的核保要素

人身保险的核保要素一般分为影响死亡率的要素和非死亡率要素。影响死亡率的要素有年龄、性别、职业、健康状况、体格、习惯、嗜好、居住环境、种族、家族、病史等。非死亡因素包括保额、险种、交费方式、投保人收入状况、投保人与被保险人及受益人之间的关系。在此主要介绍前者的核保要点。

(1) 年龄和性别。年龄是核保所要考虑的最重要因素之一。因为年龄是影响死亡率的重要因素，且不同年龄阶段各种疾病的发病率也不相同。因此，保险金给付的频数与程度是有差异的。另外，有关统计资料表明，女性寿命要长于男性 4~6 岁，各国生命表中的死亡概率的计算充分反映了这一点。因此，性别关系着保险人承担的义务的不同。

(2) 职业和习惯嗜好。被保险人的职业及所从事的活动直接影响疾病、意外伤害和丧失工作能力的发生概率。一些职业具有特殊风险，如高空作业工人、矿工及接触有毒物质的工作人员，这类工作可能严重损害被保险人的健康而导致大量医疗费用的支出。有些职业势必会增加死亡概率或意外伤害概率，如果被保险人有吸烟、酗酒等不良嗜好或从事赛车、跳伞、登山、冲浪等业余爱好，这类风险保险人可以提高费率承保或列为除外责任。

(3) 体格和身体情况。体格是遗传所致的先天性体质与后天各种因素的综合表现，包括身高、体重等。除了体格以外的身体情况也是核保的一个最重要的因素，如神经、消化、心血管、呼吸、泌尿、内分泌系统失常会引起较高的死亡概率。

（4）个人病史和家族病史。如果投保的被保险人曾患有某种急性或慢性疾病，往往会影响其寿命，所以，在核保中一般除了要求提供自述的病史外，有时还需要医师或医院出具的病情报告。家族病史主要是了解家庭成员中有无可能影响后代的遗传性或传染性疾病，如糖尿病、高血压病、精神病、血液病、结核、癌肿、梅毒等。另外，还应考虑被保险人本人出生和家庭居住地是否在流行病区，有无感染某些传染病的可能。

保险人在核保时除了要对保险标的的情况进行核查外，对于投保人资格、保险金额、保险费率以及投保人或被保险人的信誉情况都要进行审核。核保时遵循保证保险公司实现长期的承保利润、提供高质量的专业服务、争取市场的领先地位、谨慎运用公司的承保能力、实施规范的管理、有效利用再保险支持的基本原则。

任务四　保险承保

保险承保是指保险合同的签订过程，即投保人和保险人双方通过协商，对保险合同的内容取得意见一致的过程。承保工作的质量高低直接关系到保险合同能否顺利履行，关系到保险企业财务的稳定性好坏，是衡量保险企业经营管理水平高低的一个重要标志。

一、保险承保工作的内容

（一）审核投保申请

对投保申请的审核主要包括对投保人资格的审核、对保险标的的审核、对保险费率的审核等内容。

（1）审核投保人的资格，即审核投保人是否具有民事权利能力和民事行为能力及对标的物是否具有保险利益，也就是选择投保人或被保险人。根据我国《保险法》的规定，投保人必须为完全的民事权利能力和民事行为能力人，且要对保险标的具有保险利益。保险人审核投保人的资格，主要是为了防止投保人或被保险人故意破坏保险标的以骗取保险金的道德风险。

（2）审核保险标的，即对照投保单或其他资料核查保险标的使用性质、结构性能、所处环境、防灾设施、安全管理等情况。

（3）审核保险费率。一般的财产和人身可能遭遇的风险基本相同，因此可以按照不同标准，对风险进行分类，制定不同的费率等级，在一定范围内使用。但是，有些保险业务的风险情况不固定，承保的每笔业务都需要保险人根据以往的经验，结合风险的特性，制定单独的费率。

（二）控制保险责任

控制保险责任即承保控制，是指在保险承保时，依据保险人的条件、能力，控制保险人自己的责任，并避免道德风险、心理风险等风险。保险人实施承保控制的内容如图2-7所示。

1. 控制逆选择

逆选择是指投保人已知风险发生的可能相对较大而寻找保险保障的行为。也就是说，投保方与保险人选择目标相反的选择。逆选择行为是利用保险获取不正当利益的心理状况而体

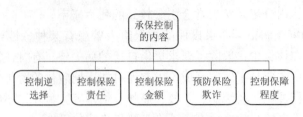

图2-7 保险人实施承保控制的内容

现的不正常投保行为。如不健康者、老弱病者更倾向于投保定期寿险,处于低洼地区的投保方投保洪水险,木质房屋与烟花厂投保火险。

为了防止逆选择,核保人员应该了解投保人的品质、投保标的状况和经济情况;在人身保险中投保方的精神状态、性格、对周围环境的适应性、对工作生活的态度、其从事商业活动和个人生活中的信誉状况等,特别是在签订高额寿险保单时,核保人员应仔细审查投保人、被保险人、受益人相互之间的关系,比较保险金额与投保人的收入水平。通过上述的研究以确定投保人的投保动机是否纯正从而采取针对性的拒保措施。

保险人控制逆选择的方法是对不符合承保条件者不予承保,或者有条件的承保。事实上,投保人并不是对所有不符合保险风险条件的投保人和投保标的都拒保,而是有条件地接受较大风险的承保,如提高保费或劝投保人改投其他险种。这样保险人既接受了投保,又在一定程度上抑制了逆选择。

2. 控制保额

保额是保险人确定其可以承担的最高责任限度。保额的确定依据是标的的价值及投保方对标的所具有的保险利益额度。任何背离这两个依据的保额,都可能诱发造成标的损害的道德与心理风险。因此,一定要避免超额承保。控制保额除避免高额承保外,对于一些高风险、高保额的保险,应注意控制保险人所承担的保额限度。在实践中,应根据不同业务特点对保额进行控制。例如,海上运输货物保险按国际惯例,通常以贸易价格的110%作为保险金额承保。对于人身保险的高额投保,保险人应注意保险金额的大小应与投保人的财务状况相一致,如果相差太大,则有可能发生道德风险。

3. 控制保险责任

通过对风险的评估,确定承保责任范围,明确对所承担的风险应负的赔偿责任。对于常规风险,一般按照基本条款予以承保;对于一些具有特殊风险的标的,保险人需采用附加条款和特约条款,或是为满足被保险人的特殊需要,以加收保险费为条件适当扩展责任,或是加批限制性附加条款,限制保险人的责任。

4. 规定免赔额

其目的也在于促使投保人加强风险管理。免赔额分为绝对免赔额(率)、相对免赔额(率)。绝对免赔额是指在计算保险赔偿时,不论损失额大小,保险人均扣除约定的不赔金额。绝对免赔率是指损失超过规定的免赔率,保险人仅就超过免赔率部分进行赔偿。例如,规定绝对免赔率为5%,实际损失率为11%,保险人赔付6%的损失。相对免赔额或率是指保险财产的损失超过规定的免赔额或率时,保险人按全部损失赔偿不作任何赔偿扣除。此外,保险人为控制责任和风险,还可采取与其他保险人共同保险或向其他保险人分保的方式。

二、承保工作的程序

1. 接受投保单

投保单是投保人的书面要约。投保单经投保人据实填写交付给保险人就成为投保人表示愿意与保险人订立保险合同的书面要约，是保险人签发保单的凭证。投保单的内容包括：投保人的名称、投保日期、被保险人的名称、保险财物的名称和数量、保险金额、地址的名称、保险期限、赔款的给付或受益人等情况。

2. 审核验险

审核是保险人收到投保单后，对其进行审定和核实。验险分财产保险验险和人身保险验险两种。验险的主要内容即为核保的主要要素。

3. 承保决策

保险人按照规定的业务范围和承保权限，在审核验险后，有权做出拒保或承保的决定。如果投保金额或标的风险超出保险人承保权限，则无权决定是否承保，只能向上一级主管部门做出建议。如图2-8所示为承保决策的具体分类。

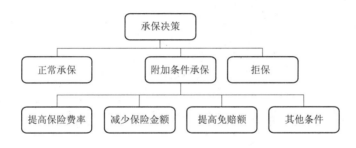

图2-8 承保决策的具体分类

4. 缮制单证

缮制单证即接受业务后填制保险单或保险凭证的过程。保险单或保险凭证是表明保险双方当事人权利和义务关系的书面凭证，是被保险人向保险人索赔的主要依据。因此，填写保单的要求须注意：① 单证相符；② 保险合同要素明确；③ 数字准确；④ 复核签章，手续齐备。

5. 续保

续保是在原有的保险合同即将期满时，投保人在原有保险合同的基础上向保险人提出续保申请，保险人根据投保人的实际情况，对原合同条件稍加修改而继续签约承保的行为。

保险人在续保时应注意的问题有：① 及时对保险标的进行再次审核，以避免保险期间中断；② 如果保险标的的危险程度有增加或减少时，应对保险费率作出相应调整；③ 保险人应根据上一年的经营状况，对承保条件与费率进行适当调整；④ 保险人应考虑通货膨胀因素的影响，随着生活费用指数的变化而调整保险金额。

如图2-9所示为新单保险承保流程示意。

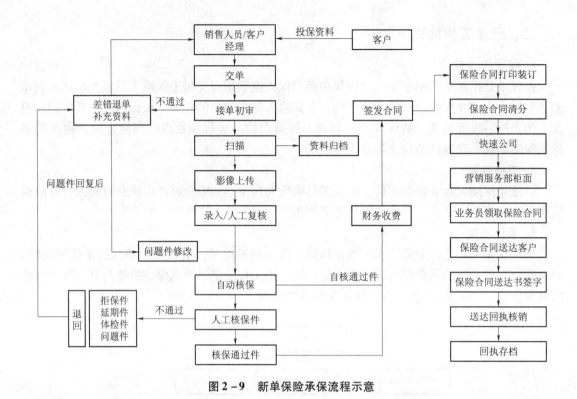

图 2-9 新单保险承保流程示意

任务五 保险合同的订立和生效

一、保险合同的订立

保险合同的订立要通过投保人与保险人的双方法律行为而发生,双方当事人的意思表示一致是该合同得以产生的基础。

(一)保险合同订立的程序

保险合同与一般合同一样,双方当事人订立合同必须通过要约与承诺两个阶段。

(1)要约:是希望和他人订立合同的意思表示,是保险合同成立的起点和必经程序。提出要约的人称为要约人,接受要约的人称为受要约人。保险合同的要约通常由投保人提出,投保人即为保险合同的要约人。投保人的要约一般采用书面形式,即采用保险人事先印制好的要保书(投保单)。需要注意的是,保险人为了招揽业务,通过业务员或保险代理人向客户发放各种宣传材料,不能看成是保险人作出的要约行为,而是要约邀请,即保险人邀请投保人向其提出投保要约。

(2)承诺:是受要约人同意要约的意思表示。通常保险人在接到投保人的投保单后,经核对、查勘及信用调查,确认一切符合承保条件时,签章承保,即为承诺,保险合同即告成立。承诺必须是无条件的、必须在要约的有效期内作出;要约一经承诺,合同即告成立。

如果保险人不同意投保人的保险要求,附加新的条件或者变更投保单填写的内容,应视为新要约(反要约),需经投保人对新要约表示接受,才构成承诺。如健康保险的被保险人经体检后,保险公司欲将其由标准体改为次标准体予以承保时,要求加收保险费(新要约），则须经投保人表示同意（承诺），存在分歧时，再反馈到保险公司，由保险公司最终承诺，保险合同才成立。这时，保险人便成为要约人，而投保人则为承诺人。

事实上，保险合同与其他合同一样，其订立过程往往要经历多次磋商，直到最后对新要约的完全接受（要约—新要约—承诺），合同即告成立。保险合同成立后，保险人应当及时签发保险单或其他保险凭证。

项目案例链接

【案情】某海运公司于1998年9月28日就其所有的"泰中轮"向某保险公司投保船舶险，在其填写的投保单中，航行区域一栏填写为：亚太区域。保险公司按照公司有关只能承保近海船舶的规定，在出具的保险单上将航行区域规定为"东亚及东南亚"，并规定保费分三次交纳。为慎重起见，又派专人口头通知了海运公司保险单上航行区域的改动，同时告知海运公司，不可超越保单承保的航行区域，如有超越必须及时告知保险人以便在保单上作相应批改。海运公司未作异议表示，按保单约定分三次交清了保费。1999年9月，泰中轮远洋航行至大洋洲马绍尔群岛附近搁浅，后被拖船拯救，共产生费用损失计135万元人民币。

海运公司向保险人要求赔偿全部损失，保险公司以海运公司超出保单规定的航行区域，没有及时告知保险人，导致保险标的危险程度增加为由做出拒赔决定。海运公司遂诉至海事法院。

【分析】案例中，按照合同订立的一般原理，海运公司递交投保单属于要约行为，保险公司在收到海运公司的要约后如果同意其意思表示，应当发出承诺，保险合同成立，应当及时向海运公司签发保单等。但在本案中，由于海运公司要约中的航行区域超越了保险公司的承保范围，保险公司对要约的主要内容作了改变，这在理论上视为一个新要约，需要海运公司的承诺合同才能成立。同时保险公司已经派专人向海运公司通知了这一新要约，海运公司在接到新要约后并无异议，并按时交纳了保费。其交纳保费的行为表明其对新要约已经做出承诺，即同意保单上航行范围为东亚及东南亚，保险合同此时成立。海运公司超越保险合同承保航区范围，没有及时告知保险公司，导致保险标的危险程度增加所引起的保险事故，保险公司依法拒赔完全正确。

（二）保险合同订立的原则

任何合同的订立都要遵循公平互利、协商一致及自愿订立的原则，保险合同也不例外。《保险法》第十条规定："订立保险合同，应当协商一致，遵循公平原则确定各方的权利和义务。"

二、保险合同的成立与生效

1. 保险合同的成立

合同成立是双方当事人的合意，是承诺方完全接受要约的行为。就保险合同而言，保险合同的成立是指投保人与保险人就保险合同条款达成协议。《保险法》第十三条规定："投保人提出保险要求，经保险人同意承保，保险合同成立。保险人应当及时向投保人签发保险单或者其他保险凭证。"根据《保险法》关于合同成立的规定，可以发现：

（1）保险合同成立不以保险单或保险凭证的交付为要件。根据《保险法》第十三条的规定，保险单的签发是保险人应履行的义务，只要当事人双方就要约和承诺达成一致，合同即成立，保险人签发保险单与否，并不影响保险合同的成立。一般保险人收到投保人的投保单后，都要对投保单的内容进行审查，如果保险人同意承保，即完全接受投保人的投保要约，合同就成立。况且，保险合同是非要式合同，保险单或其他凭证并非保险合同的唯一形式。因此，保险单或保险凭证只能作为保险合同的证明，而不能作为保险合同成立的要件。

（2）保险费的交付不一定产生保险合同成立的必然后果。保险合同成立后，投保人按照约定交付保险费，是保险合同成立后投保人所承担的合同义务，并非是保险合同成立要件。在实践中，人身保险通常在合同成立时由投保人交付保险费，或保险人预收有关费用，不能作为认定保险人已经接受投保人要约的依据。

（3）保险合同的成立，并不意味着保险责任的开始。如果保险责任约定在保险合同成立后的某一时间开始，那么，保险人则在此约定时间后才承担保险责任。《保险法》第十四条规定："保险合同成立后，投保人按照约定交付保险费，保险人按照约定的时间才开始承担保险责任。"因此，当事人双方应约定保险责任开始的时间并在合同中注明，以便分清责任，避免争议。

2. 保险合同的生效

保险合同的生效，是指保险合同对当事人双方发生约束力，即合同条款产生法律效力。保险合同的生效一般具有以下要件：（1）保险合同的当事人必须具备法律规定的民事行为能力。一般而言，投保人必须具有完全民事行为能力，无民事行为能力人或限制民事行为能力人订立的保险合同只有经其法定代理人同意或追认，才能生效。（2）双方意思表示真实。如存在欺诈、胁迫等手段订立的合同，则合同无效。（3）保险合同内容必须合法，不得违反法律规定，不得损害国家、集体或者第三人利益以及社会公共利益。

3. 保险责任开始

保险责任开始是保险合同约定的保险人开始承担保险责任的时间。

《保险法》第十三条规定："依法成立的保险合同，自成立时生效。投保人和保险人可以对合同的效力约定附条件或者附期限"，第十四条规定："保险合同成立后，投保人按照约定交付保险费，保险人按照约定的时间开始承担保险责任。"从该条规定可以看出，一般情况下，如合同中未作特别约定，则保险合同一经成立即生效；但是，保险合同生效的时间（即保险人开始承担保险责任的时间）也可以与保险合同的成立时间不一致，而是在合同中约定生效条件（如以交纳首期保费为合同生效条件）或者附生效时间（如规定合同于×年×月×日零时起生效）。

项目案例链接

【案情】2000 年 4 月 29 日，某公司为全体职工投保了团体人身意外伤害保险，保险公司收取了保险费并当即签发了保险单。但是在保险单上列明的保险期间自 2000 年 5 月 1 日零时起至 2001 年 4 月 30 日 24 时止。

2000 年 4 月 30 日，该公司的职工王某登山，不慎坠崖身亡，事故发生后，王某的亲属向保险公司提出了索赔申请。保险公司是否应当赔付呢？

【分析】不赔偿。由于在保险合同中明确列明了保险期间，该公司职工发生事故的时间不在保险期间内，保险合同成立，但并未生效，所以保险公司不承担赔偿责任。

项目八　保险利益原则

> **导入案例**

自小"青梅竹马"的夏仲青和邱小眉一起离开农村到城里打工。两人在打工生活中萌生爱意。几年后，两人于 1999 年 5 月未经登记便以夫妻名义开始同居生活。2002 年初，为使两人今后的生活获得保障，"丈夫"夏仲青以"妻子"邱小眉为被保险人向某寿险公司买了一份 20 年期限的两全保险，保险金额为 10 万元。投保人夏仲青在保险合同中指定受益人为他自己和邱小眉两人。投保后不久，灾难降临到这对小"夫妻"头上。邱小眉在外出购物时遭遇车祸意外死亡。事后，悲痛万分的夏仲青以受益人身份向保险公司提出了给付保险金的申请。但是，他万万没有想到，保险公司竟然以他与被保险人的婚姻形式不合法为由拒绝给付。夏仲青索赔不成，便向法院提起诉讼。期望通过法律手段来获得他应享有的合同权利。但是法院最后驳回了夏仲青要求被告某寿险公司给付 10 万元保险金的诉讼请求。

任务一　保险利益原则概述

一、保险利益的含义

（一）保险利益的含义

我国保险法第十二条规定：保险利益，是指投保人对投保标的所具有的法律上承认的利益。保险标的则是保险合同中所载明的投保对象，是保险事故所发生的本体，即作为保险对象的财产及其有关利益或者人的生命、身体和健康。

特定的保险标的是保险合同订立的必要内容，但是订立保险合同的目的并非保险标的本身，换句话说投保人将保险标的投保后并不能保障保险标的本身不发生损失，而是在保险标的发生损失后他们能够从经济上得到补偿。因此保险合同保障的是被保险人对保险标的所具有的利益即保险利益。

（二）保险利益成立的要件

保险利益是保险合同是否有效的必要条件。确认某一项利益是否构成保险利益必须具备三个条件。

1. 保险利益必须是合法的利益

保险利益必须是被法律认可并受到法律保护的利益，它必须符合法律规定，与社会公共利益相一致。法律上不予承认或不予保护的利益，也不构成保险利益。如以盗窃得来的物品不能投保财产保险，以低价从窃贼手中购得的轿车不能投保机动车辆保险。如以走私得来的香烟以及抢劫等不当行为占有或获得的利益，虽然投保人与保险标的之间也具有某种利益，但这种利益是非法的，非法的利益不受法律保护，当然不能构成保险利益，即使订立了保险合同，该合同也无效。

2. 保险利益必须是确定的利益

保险利益必须是已经确定或者可以确定的利益，包括现有利益和期待利益。已经确定的利益或者利害关系为现有利益，如投保人对已经拥有财产的所有权、占有权、使用权等而享有的利益即为现有利益。尚未确定但可以确定的利益或者利害关系为期待利益，这种利益必须建立在客观物质基础上，而不是主观臆断、凭空想象的利益。例如，预期的营业利润、预期的租金等属于合理的期待利益，可以作为保险利益。

3. 保险利益必须是经济利益

保险利益必须是经济上已经确定的利益或者能够确定的利益，即保险利益的经济价值必须能够以货币来计算、衡量和估价。如果投保人对保险标的不具有保险利益，或者虽然具有利益但其经济价值不能用货币来计量，保险人的赔付责任就无法兑现。另一方面，某些古董、名人字画虽为无价之宝，但可以通过约定的货币数额来确定其经济价值。人的生命或身体是无价的，难以用货币来衡量，但可按投保人的需要和可能负担保险费的能力约定一个金额来确定其保险利益的经济价值。在某些情况下，人身保险的保险利益也可以直接用货币来计算，如债权人对债务人生命的保险利益。

二、保险利益原则

（一）保险利益原则的含义

保险利益原则是指保险合同的有效成立，必须建立在投保人对保险标的具有保险利益的基础上。保险利益原则的确定是为了通过法律防止保险活动成为一些人获取不正当利益的手段，从而确保保险活动可以发挥分散风险减少损失的作用，因此保险利益原则的重要作用不可偏废。

（二）坚持保险利益原则的重要性

1. 从根本上划清保险与赌博的界限。保险与赌博均是基于偶然事件的发生而获益或受损。但是，赌博是完全基于偶然因素，通过投机取巧牟取不当利益的行为，因而为多数国家法律所禁止。保险利益的确立，要求投保人对保险标的必须具有保险利益，而且只有在经济利益受损的条件下才能得到保险金赔付，从根本上划清了保险与赌博的界限，对维护社会公共利益，保证保险经营的科学性具有重要意义。

2. 防止道德风险的发生。从投保人或者被保险人的角度来说，道德风险是指其投保的目的不是为了获得经济保障，而是为了谋取比自己所交保费高得多的保险赔款或者保险金。保险利益原则的限定，杜绝了无保险利益保单的出现，从而有效地控制了道德风险，保护了被保险人生命与被保险财产的安全。

3. 是履行保险赔偿原则的依据。保险合同保障的是被保险人的保险利益，补偿的是被保险人的经济利益损失。保险保障就是要保证被保险人因保险事故而遭受经济损失时得到及时的赔付，但不允许被保险人通过保险获得额外的利益。即保险人的赔偿金额不能超过保险利益，否则被保险人将因保险而获得超过其损失的经济利益，这既有悖于保险经济活动的宗旨，也易于诱发道德风险，助长赌博、犯罪等行为。

任务二 保险利益原则的应用

一、财产保险的保险利益

（一）财产保险利益的种类

（1）财产所有人、经营管理人对其所有的或经营管理的财产具有保险利益。例如，公司法定代表对公司财产具有保险利益；房主对其所有的房屋具有保险利益；货物所有人对其货物具有保险利益等。

（2）财产的抵押权人对抵押财产具有保险利益。对财产享有抵押权的人，对抵押财产具有保险利益。因为，抵押品的灭失或者价值下降，抵押权人可能会遭受损失，但是抵押权人以抵押品所具有的保险利益在其债权范围之内。

项目案例

A 银行向 B 企业发放抵押贷款 50 万元，抵押品为价值 100 万元的机器设备。然后，银行以机器为保险标的投保火险一年，保单有效期为 1998 年 1 月 1 日至该年 12 月 31 日。银行于 1998 年 3 月 1 日收回抵押贷款 20 万元。然后机器于 1998 年 10 月 1 日全部毁于大火。问：

① 银行在投保时可向保险公司投保多少保险金额？为什么？
② 若银行足额投保，则发生保险事故时可向保险公司索赔多少保险赔款？为什么？

（3）财产的保管人、货物的承运人、各种承包人、承租人等对其保管、占用、使用的财产，在负有经济责任的条件下具有保险利益。

（4）经营者对其合法的预期利益具有保险利益。如因营业中断导致预期的利润损失、租金收入减少、票房收入减少等，经营者对这些预期利益都具有保险利益。

（二）财产保险保险利益的范围

（1）现有利益。现有利益是投保人或被保险人对财产已享有且继续可享有的利益。投保人对财产具有合法的所有权、抵押权、质权、留置权、典权等关系且继续存在者，均具有保险利益。现有利益随物权的存在而产生。

（2）预期利益。预期利益是因财产的现有利益而存在，依法律或合同产生的未来一定时期的利益。它包括利润利益、租金收入利益、运费收入利益等。

（三）财产保险的保险利益时效

《保险法》第十二条规定：财产保险的被保险人在保险事故发生时，对保险标的应当具有保险利益。如果损失发生时，被保险人的保险利益已经终止或转移出去，也不能得到保险人的赔偿。但为了适应国际贸易的习惯，海洋货物运输保险的保险利益在时效上具有一定的灵活性，规定在投保时可以不具有保险利益，但索赔时被保险人对保险标的必须具有保险利益。

二、人身保险的保险利益

人身保险是以被保险人的生命或身体为保险标的的保险。人身保险的保险利益是指投保人对于被保险人的寿命和身体所具有的利害关系。即投保人将因保险事故的发生而遭受损失，因保险事故的不发生而维持原有的利益。

人身保险中投保人对被保险人的寿命和身体具有保险利益。人身保险的保险利益虽然难以用货币估价，但同样要求投保人与被保险人的寿命和身体之间具有经济利害关系，即投保人应具有保险利益。

人身保险的保险利益在于投保人与被保险人之间的利害关系。人身保险以人的生命或身体为保险标的，只有当投保人对被保险人的生命或身体具有某种利害关系时，投保人才能对被保险人具有保险利益。即被保险人的生存或身体健康能保证其原有的经济利益；而当被保险人死亡或伤残时，将使投保人遭受经济损失。

（一）人身保险存在的情形

《中华人民共和国保险法》第三十一条规定："投保人对下列人员具有保险利益：（一）本人；（二）配偶、子女、父母；（三）前项以外与投保人有抚养、赡养或者扶养关系的家庭其他成员、近亲属；（四）与投保人有劳动关系的劳动者。除前款规定外，被保险人同意投保人为其订立合同的，视为投保人对被保险人具有保险利益。"

> **阅读材料** **国际上关于人身保险保险利益的确定**
>
> 投保人以他人的生命或身体办理保险时，各国法律对于保险利益均有严格规定。英美法系国家基本上采取利益主义原则，即以投保人与被保险人之间是否存在经济上的利益关系为判断依据。大陆法系的国家通常采用同意主义原则，即无论投保人与被保险人之间是否存在利益关系，只要被保险人同意，则认为具有保险利益。此外，还有一些国家采取利益主义与同意主义相结合的原则，即投保人与被保险人之间具有利益关系，或投保人与被保险人之间虽没有利益关系，但只要被保险人同意，都可被视为具有保险利益。我国保险法采用的是利益主义与同意主义相结合的原则。

（二）人身保险合同保险利益存在的时效

与财产保险不同，人身保险的保险利益必须在保险合同订立时存在，而保险事故发生时是否具有保险利益并不重要。也就是说，在发生索赔时，即使投保人对被保险人失去保险利益，也不影响保险合同的效力。《保险法》第三十一条第三款规定：订立合同时，投保人对被保险人不具有保险利益的，合同无效。

强调必须在保险合同订立时存在保险利益，是为了防止诱发道德风险，进而危及被保险人生命或身体的安全。另外由于人身保险具有长期性，如果一旦投保人对被保险人失去保险利益，保险合同就失效的话，就会使被保险人失去保障。而且领取保险金的受益人是由被保险人指定的，如果合同订立之后，因保险利益的消灭，而使受益人丧失了在保险事故发生时所应获得的保险金，无疑会使该权益处于不稳定的状态之中。因此，人身保险的保险利益是订立合同的必要前提条件，而不是给付的前提条件。即使投保人对被保险人因离异、雇佣合同解除或其他原因而丧失保险利益，也不影响保险合同的效力，保险人仍担负给付被保险人保险金的责任。

三、责任保险和信用保险的保险利益

1. 责任利益

责任利益是被保险人因其对第三者的民事损害行为依法应承担的赔偿责任，它是基于法律上的民事赔偿责任而产生的保险利益，如职业责任、产品责任、公众责任、雇主责任等。根据责任保险险种划分，下述人员有责任保险利益：各种固定场所的所有者、经营者或管理者；制造商、销售商、修理商；雇主；各类专业人员等。例如，汽车在行驶中撞伤他人，加害人依法对受害人应负的赔偿责任；医生行医因其过失对病人依法应负的赔偿责任等。

2. 信用保证保险的保险利益

信用保证保险是一种担保性质的保险，其保险标的是一种信用行为。在经济合同关系中，义务人的信用涉及权利人的利益，当权利人担心义务人履约与否、守信与否时，义务人因权利人的怀疑而具有保险利益。因此，权利人对义务人的信用、义务人对自己的信用均具有保险利益。如债权人对债务人的信用具有保险利益，可投保信用保险。

四、保险利益的转移和消灭

（一）保险利益的转移

保险利益的转移是指在保险合同有效期内，投保人将保险利益转移给受让人，而保险合同仍然有效。所有权人对自己所有的合法财产具有保险利益，其投保后在保险合同有效期内，如果将财产所有权转让给他人，作为原所有权人，由于其丧失了对保险标的的所有权，因而也随之失去了保险利益。对于新的财产所有人，其与保险人并没有合同关系，原保险合同应当终止。但在保险业务习惯中，法律往往承认新的财产所有人可以自动取代原投保人的地位，保险合同继续有效，无须重新投保，这种情况称为保险利益的转移。保险利益发生转移的原因有继承、转让、破产等。

1. 继承

在财产保险中，被保险人死亡，其继承人可以自动获得保险利益。就人身保险而言，情况有所不同。被保险人死亡，如属死亡保险或两全保险，保险人应承担保险金给付责任，保险合同终止；如属其他人身保险合同或因非保险事故导致的死亡，保险合同则因保险标的的消失而终止。以上两种情况不存在保险利益的转移问题。但是，投保人死亡，而投保人与被保险人不是同一人时，如果被保险人的利益属投保人专有，如亲属关系、抚养关系等，则保险利益不得转移；如果对被保险人的利益并非属投保人所专有，如债权债务关系，则人身保险合同可由投保人的继承人继承。

2. 转让

在财产保险中，保险利益是否因保险标的转让而转移，各国法律规定并不相同。不少国家和地区从保护受让人的利益出发，一般主张保险合同继续有效，保险利益随保险标的的转让而转移。

3. 破产

在财产保险中，投保人破产，其保险利益转移给破产债权人。但通常各国都有一定的时间限制。在规定期限内如发生保险事故，破产债权人和破产管理人都享有赔偿请求权。超过这一期限，破产管理人应与保险人解除保险合同。在人身保险中，投保人破产对合同无影响。

（二）保险利益的消灭

保险利益的消灭是指投保人或被保险人对保险标的的保险利益由于保险标的的灭失而消灭。保险标的的保险利益会由于各种原因而发生转移和消失。但在财产保险和人身保险中，情况又各有不同。

在财产保险中，保险标的灭失，保险利益即消灭。在财产保险中，保险利益存在因继承、转让、破产等而发生转移，因保险标的的灭失而消灭的情况。如保险利益在保险事故发生之前，可能会因为被保险人的死亡使保险标的被继承而转移；可能会因为保险标的被出售而随之被转让；可能会因被保险人的资金运转不灵而被债权人抵债等。通常情况下，保险利益随保险标的所有权的转移而同时转移，即该保险标的的继承人、受让人和债权人在被保险人死亡后、保险标的被卖出后、保险标的被用于偿还债务后，对该保险标的具有保险利益。同时，原被保险人对该保险标的具有的保险利益消失。保险利益的转移会影响到保险合同的效力，保险人依据合同对保险利益的转移进行否定或认可。如甲某的汽车转让给乙某时，甲某以该汽车进行投保的合同的转移就需要得到保险人的认可，否则该合同无效。

在人身保险中，也存在保险利益的转移和消灭。人身保险的保险利益的转移通常体现在因债权债务关系而订立的合同的继承和转让上。若被保险人死亡，则不存在保险利益的转移问题。在人身保险或两全保险中，如果被保险人死亡，则意味着保险事故的发生，该保险合同因保险金的给付而终止；如果被保险人在其他人身保险合同中或因除外责任的原因死亡，保险合同因保险标的的消灭而终止，不能被认为是转移。如果投保人死亡，而投保人与被保险人不是同一人，人身保险合同是为特定的人身关系而订立的，如亲属关系、扶养关系等，则保险利益不能转移；若保险合同因一般利益关系而订立，如债权债务关系，被保险人的利益由投保人专属，则由投保人的继承人继承，如债权人的继承人继承对债务人的利益。在人身保险中，除因债权债务关系而订立的合同可随债权一同转让外，其他的人身保险的保险利益不得因转让而转让。

在人身保险中，投保人与被保险人之间丧失构成保险利益的各种利害关系时，原则上保险利益也随之消灭；在人身保险中，被保险人因人身保险合同除外责任规定的原因死亡，如自杀等均为保险利益的终止。

项目九　最大诚信原则

项目案例　　　　**投保如实告知　出险顺利获赔**

案情：客户李某，男，年届不惑，是某企业管理人员。2008 年 7 月，李某在某寿险公司购买了一份综合性保险产品"卓越人生"，其中包含《太平卓越人生定期寿险》《太平附加卓越人生重大疾病保险 2008》《太平卓越人生附加两全保险》《太平卓越人生附加意外伤害保险》《太平附加意外伤害医疗保险 2006》《太平真爱健康保险 2007》，年交保费 9 000 余元。

在购买前，李某忐忑地告诉寿险公司，自己患有轻微的脂肪肝，不知道能不能参保，经过寿险公司体检，证实李某所言属实，但可以通过加费参保，年交保费增加 2 000 余元。作为家里的顶梁柱，李某深知保险的重要性，他很高兴自己在患病的情况下依然能够参保，而且加费也不高，当即毫不犹豫地购买了保险。

天有不测风云，2010 年 8 月，李某因为连日劳累，突然感到胸骨疼痛、气短，被家人紧急送往医院。经医生诊断患有"急性心肌梗塞"，经过十余天的治疗，李某的身体转危为安。

出院后，李某向寿险公司提出理赔申请，要求赔付重大疾病保险金 50 万元及住院费用补偿。寿险公司接到李某的申请后，迅速展开理赔审核工作。根据客户提供的住院病历，结合险种责任等信息，寿险公司认为，李某在投保时已经详细告知了自身健康情况，也按照寿险公司要求进行了全面体检，并加费承保了保单。故审核重点应为李某本次所患疾病是否符合重大疾病条款约定及投保前是否有相关疾病。经过寿险公司核实，李某所患疾病符合重大疾病保险约定，无既往未告知病史，于是迅速做出理赔决定，根据保险合同给付李某重疾保险金50万元及住院费用保险金等。

根据新《保险法》规定：订立保险合同，保险人就保险标的或者被保险人的有关情况提出询问的，投保人应当如实告知。李某在投保时向寿险公司如实告知了自身存在的疾病，经过寿险公司审核，通过加收一定数额保险费予以承保。这也符合保险的最大诚信原则。正由于李某的诚信投保，使得最终发生保险事故时得到寿险公司快速赔付。

商报记者　宋娅

任务一　最大诚信原则的含义

《中华人民共和国保险法》第五条规定："保险活动当事人行使权利、履行义务应当遵循诚实信用原则。"

任何一项民事活动，各方当事人都应遵循诚实信用原则。诚实信用原则是世界各国立法对民事、商事活动的基本要求。在保险合同关系中对当事人诚信的要求比一般民事活动更严格，要求当事人具有"最大诚信"。保险合同是最大诚信合同。

最大诚信原则的含义可表述为：保险合同当事人订立合同及在合同有效期内，应依法向对方提供足以影响对方作出订约与履约决定的全部实质性重要事实，同时绝对信守合同订立的约定与承诺。否则，受到损害的一方，按民事立法规定可以此为由宣布合同无效，或解除合同，或不履行合同约定的义务或责任，甚至对因此而受到的损害还可要求对方予以赔偿。

在保险合同关系中对当事人诚信要求程度要比一般民事活动严格，主要原因有两个：

一是在保险经营中，无论是保险合同订立时还是保险合同成立后，投保人与保险人对有关保险的重要信息的拥有程度是不对称的。对于保险人来说，保险标的是广泛而且复杂的，作为风险承担者的保险人却远离保险标的，而且有些标的难以进行实地查勘。而投保人对其保险标的的风险及有关情况却是最为清楚的，因此，保险人主要也只能根据投保人的告知与陈述来决定是否承保、如何承保以及确定费率。这就使得投保人的告知与陈述是否属实和准确会直接影响保险人的决定。于是要求投保人基于最大诚信原则履行告知义务，尽量对保险标的的有关信息进行披露。对于投保人而言，由于保险合同条款的专业性与复杂性，一般的投保人难以理解与掌握，对保险人使用的保险费率是否合理、承保条件及赔偿方式是否苛刻等也是难以了解的，因此，投保人主要根据保险人为其提供的条款说明来决定是否投保以及投保何险种。于是也要求保险人基于最大诚信，履行其应尽的此项义务。

二是保险合同的附合性与射幸性。保险合同属于典型的附合合同，所以，为避免保险人利用保险条款中含糊或容易使人产生误解的用词来逃避自己的责任，保险人应履行其对保险条款的告知与说明义务。另外，保险合同又是一种典型的射幸合同。按照保险合同约定，当未来保险事故发生时，由保险人承担损失赔偿或给付保险金责任。投保人参加保险仅支出少量的保费，而一旦受损，可能所得赔偿是保费支出的数十倍。从保障角度看，保险人的保险责任也远远大于所收取的保费。如果投保人有不诚实和欺骗行为，保险人将无法经营。因此，要求投保人基于最大诚信原则真诚履行其告知与保证义务。

任务二　最大诚信原则的内容

最大诚信原则的内容主要是告知、保证和弃权与禁止反言。

（一）告知

1. 告知的含义

狭义的告知仅指合同当事人双方在订约前与订约时，当事人双方互相据实申报、陈述。广义的告知指合同订立之前、订立时及在合同有效期内，投保方对已知或应知的与风险和标的有关的实质性重要事实据实向保险方作口头或书面申报；保险方也应将与投保方利害相关的实质性重要事实据实通告投保方。

诚实信用原则中所言告知是广义的告知，告知并非保险合同的组成部分，但是投保人与保险人应当履行的义务之一。

所谓实质性重要事实是指那些影响保险双方当事人作出是否签约、签约条件如何、是否继续履约、如何履约的每一项事实。对保险人而言，是指那些影响谨慎的保险人确定收取保险费的数额或影响其是否承保以及确定承保条件的每一项事实；对于投保人而言，则是指那些会影响其作出投保决定的事实，如有关保险条款、费率以及其他条件等。

2. 告知的形式

在保险合同中，投保人与保险人各自履行告知义务的形式也不同。

（1）投保人的告知形式。按照惯例，投保人的告知形式有无限告知和询问回答告知两种：① 无限告知是指法律或保险人对告知的内容没有明确性的规定，投保人应将保险标的的危险状况及有关重要事实如实告知保险人。② 询问回答告知是指投保人只对保险人所询问的问题必须如实回答，而对询问以外的问题投保人可无须告知。在我国，保险立法要求投保人采取询问回答的形式履行其告知义务。

（2）保险人的告知形式。保险人的告知形式有明确列明和明确说明两种：① 明确列明是指保险人只需将保险的主要内容明确列明在保险合同之中，即视为已告知投保人。② 明确说明是指保险人不仅应将保险的主要内容明确列明在保险合同之中，还必须对投保人进行正确的解释。我国保险立法要求保险公司采取明确列明和明确说明两种告知方式。

3. 告知的内容

（1）投保人应告知的内容。① 在保险合同订立时对已知或应知的与保险标的及其危险有关的重要事实做如实回答。② 保险合同订立后，保险标的危险增加应及时通知保险人。③ 保险标的转移时或保险合同有关事项有变动时投保人或被保险人应通知保险人。④ 保险事故发生后投保人应及时通知保险人。⑤ 有重复保险的投保人应将重复保险的有关情况通知保险人。

（2）保险人的告知内容。保险人应告知的内容主要是保险合同条款的内容，尤其是免责条款。保险合同订立时，保险人应主动向投保人说明保险合同条款的内容，尤其应当向投保人明确说明免责条款的含义和具体规定，否则免责条款不发生效力。

4. 违反告知的后果

投保人故意隐瞒事实，不履行如实告知义务的，或者因过失未履行如实告知义务，足以影响保险人决定是否同意承保或者提高保险费率的，保险人有权解除保险合同。

投保人故意不履行如实告知义务的，保险人对于保险合同解除前发生的保险事故，不承担赔偿或者给付保险金的责任，并不退还保险费。

投保人因过失未履行如实告知义务，对保险事故的发生有严重影响的，保险人对于保险合同解除前发生的保险事故，不承担赔偿或者给付保险金的责任，但可以退还保险费。

如果保险人在订立合同时未履行责任免除条款的明确说明义务，该责任免除条款无效。《保险法》第十八条规定："保险合同中规定有关于保险人责任免除条款的，保险人在订立保险合同时应当向投保人明确说明；未明确说明的，该条款不产生效力。"

（二）保证

1. 保证的含义

保证，是指投保人或被保险人在保险合同中约定投保人担保对某一事项作为或不作为，或担保某一事项的真实性。可见，保险合同保证义务的履行主体是投保人或被保险人。例如某人投保家庭财产保险时，许诺出门时一定将门窗锁闭，并以此作为合同内容的一部分，这一许诺就构成了保证。事实上投保人的保证是保险人承保的一个先决条件，是保险合同的重要组成部分，在某些情况下，投保人不做保证，则保险人不予承保或者将提高费率。

2. 保证的形式

（1）明示保证是以书面的形式或者以特约条款的形式附加于保单之内，这种条款一般是保单的一部分，被保险人必须遵守，否则保险人可以据此宣告保单无效。明示保证又可分为确认保证和承诺保证。确认保证事项涉及过去与现在，它是投保人或被保险人对过去或现在某一特定事实存在或不存在的保证。例如，某人确认他从未得过重病，意指他在此事项认定以前与认定时他从未得过重病，但并不涉及今后他是否会患重病。承诺保证是指投保人对将来某一特定事项的作为或不作为，其保证事项涉及现在与将来，但不包括过去。例如，某人承诺今后不再吸烟，意为他保证从现在开始不再吸烟，但在此之前他是否吸烟则不予追究。

（2）默示保证则是指在保单上虽然没有文字记载，但是从习惯上或者社会公认的角度上，被保险人应当保证对某种事情的作为或者不作为。因此，默示保证与明示保证具有同等的法律效力，对被保险人具有同等的约束力。例如，在海上保险合同中通常有三项默示保证，即船舶的适航保证、不改变航道的保证和航行合法的保证。

3. 违反保证的后果

违反保证条件与违反告知原则的处理方法不同，因告知是诚实信用原则的基础，如果违反了该原则，保险合同的法律效力就被解除了。保证是在告知之后保证在保险合同期限内做什么和不做什么，是对某个特定事故或风险的保证，不是对整个保险合同的保证。因此，违反保证条件，只部分地损害了对方的利益，只能就违反保证部分解除应承担的责任。这就是说，何时违反保证，保险人即从何时开始解除保险赔偿责任，不一定完全废除保险合同。

另外还需要区分违反保证和除外责任之间的区别。保证是保证作为或不作为，而除外责任是在保险单中注明不予承担的风险，因此，两者的含义及实质内容不同。如果被保险人违反保证，保险人的责任自被保险人违约之时解除，不论损失是否与保证有关概由被保险人自行负责。除外责任是指保险人对该项除外风险造成的损失一概不负责。

（三）弃权与禁止反言

前面的告知和保证等因素，主要是用来约束投保人和被保险人的，另一方面，合同也使用弃权与禁止反言的规则来约束保险人。

1. 弃权。弃权是保险合同一方当事人放弃他在保险合同中可以主张的某种权利。例如保险代理人知道投保者 17 岁的儿子驾驶汽车，并且也知道保险公司不允许这样做，但是还是将保单卖给了这个申请者，在这种情况下，保险人拒绝赔偿的权利也就没有了。因为从公众的角度来说，代理人的知晓就是保险公司的知晓，因此保险公司应为代理人的行为负责。

构成弃权必须具备两个要件：首先，保险人须有弃权的意思表示。这种意思表示可以是明示的，也可以是默示的。保险人弃权的意思表示，可从其行为中推断。其次，保险人必须知道有权利存在。除非保险人知道存在违背约定义务的情况及因此而可享有抗辩权或解约权，否则，作为或不作为均不得视为弃权。

2. 禁止反言（也称"禁止抗辩"）是指保险合同一方既然已放弃他在合同中的某种权利，将来不得再向他方主张这种权利。事实上，无论是保险人还是投保人，如果弃权，将来均不得重新主张。但在保险实践中，它主要用于约束保险人。

弃权与禁止反言的限定，不仅可约束保险人的行为，要求保险人为其行为及其代理人的行为负责，同时也维护了被保险人的权益，有利于保险双方权利、义务关系的平衡。

项目十　保险费率厘定原则与简单计算

《保险法》第一百三十六条规定："关系社会公众利益的保险险种、依法实行强制保险的险种和新开发的人寿保险险种等的保险条款和保险费率，应当报国务院保险监督管理机构批准。国务院保险监督管理机构审批时，应当遵循保护社会公众利益和防止不正当竞争的原则。其他保险险种的保险条款和保险费率，应当报保险监督管理机构备案。保险条款和保险费率审批、备案的具体办法，由国务院保险监督管理机构依照前款规定制定。"

任务一　保险费和保险费率的含义、构成、原则

一、保险费和保险费率的含义

（一）保险费

保险费是指被保险人为获得保险保障，在参加保险时，根据其投保时所定的保险费率，向保险人交付的费用。保险人依靠其所收取的保险费建立保险基金，对被保险人因保险事故所遭受的损失进行补偿。

（二）保险费率

保险费率是保险费与保险金额的比率，又称为保险价格，是被保险人为取得保险保障而由被保险人向保险人所支付的金额，通常以每百元或每千元的保险金额的保险费来表示。

$$保险费率 = 保险费 \div 保险金额$$
$$保险费 = 保险金额 \times 保险费率$$

二、保险费率的构成

保险费由纯保费和附加保费构成。按照纯费率收取的保险费被称为纯保费，纯保费是保险公司的赔偿或给付基金，用于发生保险事故后补偿被保险人的损失；按照附加费率收取的保险费被称为附加保费，是以保险人的营业费用为基础计算的，用于保险人的业务费用支出。

保险费率是由纯费率和附加费率构成（如图 2-10 所示）。纯费率是依据风险损失概率测定的，又叫净费率，是满足保险责任发生后的赔付和给付需要的基准定价标准；附加费率是根据保险公司经营过程中发生的各种必要费用而测定的基准定价标准，如办公费用、管理费用、员工工资以及税金和平均利润。纯费率和附加费率组成了毛费率，又叫营业费率。

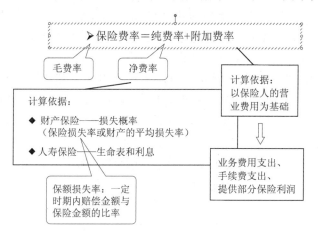

图 2-10　保险费率的构成示意

三、保险费率厘定的原则

保险人在厘定保险费率时总体上要做到权利与义务对等，具体包括下列几个原则。

（一）充分性原则

充分性原则是指所收取的保险费在支付赔款、营业费用和税款之后，仍有一部分的结余。可见，充分性原则的核心是保证保险人有足够的偿付能力。如果保险费率过低，就会降低保险人的偿付能力，结果使保险人的经营处于一种不稳定状态，不利于稳健发展。在竞争激烈的保险市场上，为了提高自己的竞争力，保险人常常不惜以降低保险费率来吸引顾客。为了贯彻充分性原则，避免恶性竞争，很多国家都对保险费率进行管制，以保证保险公司的偿付能力。

（二）公平合理原则

公平是指一方面对保险人来说，其收取的保险费应与其承担的风险相当；另一方面对被保险人来说，其负担的保险费应与被保险人获得的保险保障相当。合理性是指保险费率应尽可能合理，保险费的多少应与保险种类、保险期限、保险金额相关联，保险人不能为追求超额利润而制定过高的保险费率。

（三）稳定灵活原则

稳定是指保险费率应当在一定时期内保持稳定，以保证保险公司的信誉。稳定的费率有利于保险公司的业务核算，也使被投保人的保费支出保持稳定。同时，坚持稳定原则并不是要求保险费率保持一成不变，也要随着风险的变化、保险责任的变化和市场需求等因素的变化而做出相应的调整，具有一定的灵活性。

（四）促进防灾防损原则

促进防灾防损原则要求保险费率的厘定应有利于促进防灾防损。具体来讲，对注重防灾防损工作的被保险人采取较低的费率。贯彻这一原则有两个好处：一是可以减少保险人的赔款支出，二是可以促进被保险人加强防灾防损，减少整个社会的财富损失。

任务二　保险费率厘定的原理

保险费率的厘定就是指定保险价格的确定。保险费率是由保险精算师在满足保险公司长期利润目标的基础上，是依据承保风险发生的概率通过数学手段厘定出来的，保险费率厘定的基础是精算师对承保标的风险的深刻认识。

保险是经营风险的特殊行业，保险公司在经营活动中，需要预先评估所要承担风险的大小，估计发生危险事故造成的损失分布。在此基础上，根据保险合同的规定，计算不同保险合同下投保人需交付的合理保费，保险公司为未来赔付或给付建立的责任准备金等都属于保险精算的计算内容。保险分为寿险和非寿险，寿险是以被保险人的生命为保险标的，以死亡或生存为保险金给付条件的保险业务，除寿险以外的保险业务均属于非寿险业务。所以保险精算也相应地分为寿险精算和非寿险精算。而费率的厘定是保险精算的主要内容。

一、寿险费率厘定原理

由于寿险的保险标的是人的生命和身体，保险事故发生带来的损失难以用价值标准来衡量，因而人寿保险的保险金额是根据投保人的交费能力、生活水平等因素由保险双方协商确定的。寿险精算不必研究损失分布情况，而主要研究被保险人发生保险事故的出险率和出现变动的规律。人寿保险的出险率即死亡率和生存率，通过生命表研究死亡率和生存率是寿险精算的基础，人寿保险的长期性使得利率成为寿险精算时需要考虑的因素。死亡率与利率的测算是确定保险产品价格的两个基本问题，利息理论和生命表理论也成为寿险精算的两大基础。

（一）寿险保费的类型

1. 自然保费和均衡保费

自然保费是指每期按被保险人各年的死亡率计算的保费，随着被保险人年龄的增长，死亡率一般也随之增大，因此自然保费也相应逐渐增大。自然保费刚好用于当年的自然给付，而且是逐年增加，且增加的速度越来越快。若采用自然保费收取保险费，老年时所交付的保险费高于年轻时很多倍，使得投保人保费负担过重，极可能因付不出保费，使得被保险人在最需要保险保障的时候反而得不到保障。

为了克服自然保费的不足，人寿保险中的长期保险改用均衡保费，即把每期计算一次的自然保费在长期内平均化，每期交付相等数额的保费。均衡保费的采用，导致了均衡保费制下的储备金和现金价值。保险期间的初期，均衡保费大于自然费用，两者之间的差额就形成了现金价值。保险期间的后期，保险公司所收取的均衡保费小于自然保费，需用前期储备金来弥补保费的不足，以履行其保险责任。

2. 趸交保费和定期交付保费

趸交保费是指在投保日一次性交付的保费。人寿保险业务中的年金保险采用趸交保费的情况较多。定期交付保费是分期交付保险费的一种方式。由于人寿保险的长期性，投保人通常会选取定期交付保费的方式。

（二）人寿保险产品定价的各种假设

1. 死亡率

保险公司死亡率的假设是制定保险产品价格的重要因素。各家保险公司经验死亡率对定价中的死亡率假设是非常重要的，但各公司之间的经验死亡率的差别确实很大。根据人口普查数据而编制的国民生命表适合于人口的平均分布，但具体到某一地区或某一群体就有可能出现差异。因此，实际上保险公司无法采用统一的生命表，科学的做法是将国民生命表与保险公司的经验数据相结合，得出最适合的实际死亡率数据。由于生活水平和医疗技术水平的提高，死亡率出现下降趋势，保险公司必须根据经营环境和外部环境的变化，对于死亡率进行科学评估与定量分析。

知识链接

中国人寿保险业经验生命表（2000—2003），见表 2-1。

表 2-1　中国人寿保险业经验生命表（2000—2003）

年龄	非养老金业务表		养老金业务表	
	男（CL1）	女（CL2）	男（CL3）	女（CL4）
0	0.000 722	0.000 661	0.000 627	0.000 575
1	0.000 603	0.000 536	0.000 525	0.000 466
2	0.000 499	0.000 424	0.000 434	0.000 369
3	0.000 416	0.000 333	0.000 362	0.000 290
4	0.000 358	0.000 267	0.000 311	0.000 232
5	0.000 323	0.000 224	0.000 281	0.000 195
6	0.000 309	0.000 201	0.000 269	0.000 175
7	0.000 308	0.000 189	0.000 268	0.000 164
8	0.000 311	0.000 181	0.000 270	0.000 158
9	0.000 312	0.000 175	0.000 271	0.000 152
10	0.000 312	0.000 169	0.000 272	0.000 147
11	0.000 312	0.000 165	0.000 271	0.000 143
12	0.000 313	0.000 165	0.000 272	0.000 143
13	0.000 320	0.000 169	0.000 278	0.000 147
14	0.000 336	0.000 179	0.000 292	0.000 156
15	0.000 364	0.000 192	0.000 316	0.000 167
16	0.000 404	0.000 208	0.000 351	0.000 181
17	0.000 455	0.000 226	0.000 396	0.000 196
18	0.000 513	0.000 245	0.000 446	0.000 213
19	0.000 572	0.000 264	0.000 497	0.000 230
20	0.000 621	0.000 283	0.000 540	0.000 246

续表

年龄	非养老金业务表		养老金业务表	
	男（CL1）	女（CL2）	男（CL3）	女（CL4）
21	0.000 661	0.000 300	0.000 575	0.000 261
22	0.000 692	0.000 315	0.000 601	0.000 274
23	0.000 716	0.000 328	0.000 623	0.000 285
24	0.000 738	0.000 338	0.000 643	0.000 293
25	0.000 759	0.000 347	0.000 660	0.000 301
26	0.000 779	0.000 355	0.000 676	0.000 308
27	0.000 795	0.000 362	0.000 693	0.000 316
28	0.000 815	0.000 372	0.000 712	0.000 325
29	0.000 842	0.000 386	0.000 734	0.000 337
30	0.000 881	0.000 406	0.000 759	0.000 351
31	0.000 932	0.000 432	0.000 788	0.000 366
32	0.000 994	0.000 465	0.000 820	0.000 384
33	0.001 055	0.000 496	0.000 855	0.000 402
34	0.001 121	0.000 528	0.000 893	0.000 421
35	0.001 194	0.000 563	0.000 936	0.000 441
36	0.001 275	0.000 601	0.000 985	0.000 464
37	0.001 367	0.000 646	0.001 043	0.000 493
38	0.001 472	0.000 699	0.001 111	0.000 528
39	0.001 589	0.000 761	0.001 189	0.000 569
40	0.001 715	0.000 828	0.001 275	0.000 615
41	0.001 845	0.000 897	0.001 366	0.000 664
42	0.001 978	0.000 966	0.001 461	0.000 714
43	0.002 113	0.001 033	0.001 560	0.000 763
44	0.002 255	0.001 103	0.001 665	0.000 815
45	0.002 413	0.001 181	0.001 783	0.000 873
46	0.002 595	0.001 274	0.001 918	0.000 942
47	0.002 805	0.001 389	0.002 055	0.001 014
48	0.003 042	0.001 527	0.002 238	0.001 123
49	0.003 299	0.001 690	0.002 446	0.001 251
50	0.003 570	0.001 873	0.002 666	0.001 393
51	0.003 847	0.002 074	0.002 880	0.001 548

续表

年龄	非养老金业务表		养老金业务表	
	男（CL1）	女（CL2）	男（CL3）	女（CL4）
52	0.004 132	0.002 295	0.003 085	0.001 714
53	0.004 434	0.002 546	0.003 300	0.001 893
54	0.004 778	0.002 836	0.003 545	0.002 093
55	0.005 203	0.003 178	0.003 838	0.002 318
56	0.005 744	0.003 577	0.004 207	0.002 607
57	0.006 427	0.004 036	0.004 676	0.002 979
58	0.007 260	0.004 556	0.005 275	0.003 410
59	0.008 229	0.005 133	0.006 039	0.003 816
60	0.009 313	0.005 768	0.006 989	0.004 272
61	0.010 490	0.006 465	0.007 867	0.004 781
62	0.011 747	0.007 235	0.008 725	0.005 351
63	0.013 091	0.008 094	0.009 677	0.005 988
64	0.014 542	0.009 059	0.010 731	0.006 701
65	0.016 134	0.010 148	0.011 900	0.007 499
66	0.017 905	0.011 376	0.013 229	0.008 408
67	0.019 886	0.012 760	0.014 705	0.009 438
68	0.022 103	0.014 316	0.016 344	0.010 592
69	0.024 571	0.016 066	0.018 164	0.011 886
70	0.027 309	0.018 033	0.020 184	0.013 337
71	0.030 340	0.020 241	0.022 425	0.014 964
72	0.033 684	0.022 715	0.024 911	0.016 787
73	0.037 371	0.025 479	0.027 668	0.018 829
74	0.041 430	0.028 561	0.030 647	0.021 117
75	0.045 902	0.031 989	0.033 939	0.023 702
76	0.050 829	0.035 796	0.037 577	0.026 491
77	0.056 262	0.040 026	0.041 594	0.029 602
78	0.062 257	0.044 726	0.046 028	0.033 070
79	0.068 871	0.049 954	0.050 920	0.036 935
80	0.076 187	0.055 774	0.056 312	0.041 241
81	0.084 224	0.062 253	0.062 253	0.046 033
82	0.093 071	0.069 494	0.068 791	0.051 365

续表

年龄	非养老金业务表		养老金业务表	
	男（CL1）	女（CL2）	男（CL3）	女（CL4）
83	0.102 800	0.077 511	0.075 983	0.057 291
84	0.113 489	0.086 415	0.083 883	0.063 872
85	0.125 221	0.096 294	0.092 554	0.071 174
86	0.138 080	0.107 243	0.102 059	0.079 267
87	0.152 157	0.119 364	0.112 464	0.088 225
88	0.167 543	0.132 763	0.123 836	0.098 129
89	0.184 333	0.147 553	0.136 246	0.109 061
90	0.202 621	0.163 850	0.149 763	0.121 107
91	0.222 500	0.181 775	0.164 456	0.134 355
92	0.244 059	0.201 447	0.180 392	0.148 896
93	0.267 383	0.222 987	0.197 631	0.164 816
94	0.292 544	0.246 507	0.216 228	0.182 201
95	0.319 604	0.272 115	0.236 229	0.201 129
96	0.348 606	0.299 903	0.257 666	0.221 667
97	0.379 572	0.329 942	0.280 553	0.243 870
98	0.412 495	0.362 281	0.304 887	0.267 773
99	0.447 334	0.396 933	0.330 638	0.293 385
100	0.484 010	0.433 869	0.357 746	0.320 685
101	0.522 397	0.473 008	0.386 119	0.349 615
102	0.562 317	0.514 211	0.415 626	0.380 069
103	0.603 539	0.557 269	0.446 094	0.411 894
104	0.645 770	0.601 896	0.477 308	0.444 879
105	1.000 000	1.000 000	1.000 000	1.000 000

2. 利率

利率假设对于保险产品定价同样是很重要的因素，尤其是对于传统型的人寿保险产品，由于利率在保险合同有效期内是固定的，当市场利率有大幅度的调整和波动时，必然会对寿险业产生影响。保险公司通常采取谨慎的态度来设定利率，从而减少公司的利率风险，但有时会出现损害投保人利益的情况，在一定程度上也会影响保险公司的产品竞争力。

3. 费用率

各保险公司的费用率是不同的，保险公司要各自设定费用率。通常大的保险公司比小的有较低的费用。在设定费用率的同时还要考虑投保时的通货膨胀因素和其他因素。

二、财产保险费率厘定原理

非寿险精算涉及除了人寿保险以外的所有保险业务,包括财产保险、责任保险、信用保险、健康保险和意外伤害保险等。

(一) 财产保险费率的构成

财产保险费率由纯费率和附加费率构成。确定保险产品的价格即确定财产保险的纯费率和附加费率,在依据损失概率测定纯费率的基础上,再加上附加费率就可以得到毛费率。纯费率的测定通常有两种方法,一是依据经验的统计资料预算保额损失概率,然后确定纯费率;二是在已知索赔次数统计资料和损失分布的情况下,利用统计学的理论拟合分布模型,用所求期望的赔款金额除以期望的保险金额得到纯费率。

(二) 财产保险费率的厘定方法

1. 判断法

判断法又叫观察法或个别法,是指对个别保险标的的风险因素进行分析,观察其优劣,估计其损失概率,单独厘定出个别保险费率的方法。采用这种方法确定费率时主要凭借精算师的知识和经验判断,因而精算师的主观因素对于定价的准确与否将产生重大影响。

判断法存在的原因主要有三:第一,按这种方法厘定的费率是从保险标的的个别情况出发单独制定的,最能反映个别保险标的的危险程度,具有灵活性;第二,在风险单位很少的情况下,若将风险性质差异较大的风险单位集中制定统一费率,则会违反大数法则,不能保证费率的准确性;第三,用判断法厘定费率,虽然是针对个别标的,但是仍建立在有关的经验和数据的基础上的,在一定程度上保证了方法的科学性。

2. 分类法

分类法也叫手册法,是指在按照风险性质分类的基础上计算费率的方法。首先是将相同性质的风险分别归类,而后计算不同种类风险的费率。分类法基于这样一种假设:被保险人未来的损失在很大程度上是由相同的因素决定的。分类法的思想应符合大数法则,只有各个类别中的标的面临同样性质的风险时,才能较好地符合大数法则中要求的损失概率相同的条件。因此,在分类时应注意各个类别中风险单位是否相同,以及在适当的时期中其损失经验是否一致。

分类法是实务中应用最广泛的也是最主要的费率厘定方法,可以广泛应用于财产保险、人寿保险和大部分意外伤害保险。一般是根据保险标的物的使用性质进行分类,每一类又被分为若干等级,不同类别、不同等级费率各异。由于按照此种方法确定的费率通常印在手册上,只需查阅手册便可决定费率,又被叫做手册法。分类法的优点在于便于运用,缺点是忽视了每类风险之间的差异。

3. 增减法

增减法又叫修正法,是在分类法确定费率的基础上,结合个别保险标的的风险状况进行增减变动来确定保险费率。采用增减法是依据保险期间的实际损失经验,或是基于预期的损失经验来提高或降低保险费率,对分类法确定费率进行修正和补充,能更好地显示个别标的的风险情况,从而弥补了分类法的缺点,更好地体现了公平原则。

任务三 保险费的简单计算

为了下面的推导方便,我们首先假设保险金额均为 1 单位,保险金的给付都在被保险人死亡的保单年度年末，且计算的都是纯保费。

（一）趸交保费的计算

首先我们看一下趸交保费的计算方法。以一个简单的寿险为例，假设一个 x 岁的投保人买了一个保险金额为 1 个单位，保险期限为 1 年的寿险，保单规定如果被保险人在保险期限内死亡，则保险人在该年年末支付 1 个单位的保险金额。现在要确定该投保人应该交纳的保险费。

假设该投保人应交纳 $_1A_x$ 单位的保费，共有 L_x 个被投保人买了同样的险种，且保险金额都为 1 个单位，根据生命表可知 L_x 个 x 岁的人在 x 到 $x+1$ 这一年中将有 d_x 个人死亡。

如果每个投保人交纳 $_1A_x$ 单位保费。则 L_x 个投保人共交纳 $_1A_x \times L_x$ 的保费建立一个保险基金。

根据生命表 L_x 个 x 岁的被保险人有 d_x 个在这一年死亡，每个死亡者在年末获得 1 单位的保险金，则保险公司在年末共支出 d_x 单位的保险金，这 d_x 单位的保险金在年初的现值为 $d_x \times u$（$u = 1/1+i$）。

根据收支相等的原理收取的保费应该等于未来可能支付的现值。即：

$$_1A_x \times L_x （公司对 L_x 个被保险人共收取的保费）$$
$$= d_x \times u （公司将来保险金支出的现值）$$

则每一个投保人应支付的保费 $_1A_x = d_x \times u / L_x$，那么 d_x 和 L_x 都可以在生命表上查到，预定利率确定后该险种纯保费就确定了。

再把上面的险种推广一下，假设是一个保险金为 1 000 元，保险期限为 3 年的寿险，保单规定如果被保险人在保险期限内死亡，则保险人在死亡年度末支付 1 000 元的保险金额，现在分析给投保人应该交纳的保险费。

假设给投保人应交纳 $_1A_x$ 单位的保费，共有 L_x 个投保人买了同样的险种，且保险金额都为 1 000 元，根据生命表可知 L_x 个 x 岁的人在 x 到 $x+1$ 岁（第 1 个保单年度）这一年中将有 d_x 个人死亡，在 $x+1$ 到 $x+2$ 岁（第 2 个保单年度）又有 d_{x+1} 个人死亡，在 $x+2$ 到 $x+3$（第 3 个保单年度）有 d_{x+2} 个人死亡。

假设每个投保人交纳 $_1A_x$ 单位保费，则 L_x 个投保人共交纳 $_1A_x \times L_x$ 的保费建立 1 个保险基金。

根据生命表 L_x 个 x 岁的被保险人共有 d_x 个在第 1 个保单年度死亡，每个死亡者在年末获得 1 000 元的保险金，保险公司在年末共支出 $d_x \times 1000$ 的保险金，这 $d_x \times 1000$ 元的保险金在年初的现值为 $d_x \times 1000 \times u$，第 2 个保单年度末共支出 $d_{x+1} \times 1000$ 元，这 $d_{x+1} \times 1000$ 元的保险金在年初的现值为 $d_{x+1} \times 1000 \times u^2$，同理，第 3 个保单年度的保险金支付的现值为 $d_{x+2} \times 1000 \times u^3$。

根据收支相等的原理收取的保费应该等于未来每个保单年度可能的保险金支付的现值之和，即：

$$_3A_x \times L_x（公司共收取的保费）= d_x \times 1000 \times u + d_{x+1} \times 1000 \times u^2 + d_{x+2} \times 1000 \times u^3$$
（公司将来每个保单年度末保险金支出的现值之和）

由上式得每一个被保险人应支付的保费为：

$$_3A_x = (d_x \times 1000 \times u + d_{x+1} \times 1000 \times u^2 + d_{x+2} \times 1000 \times u^3) \div L_x$$

其中，d_x，d_{x+1}，d_{x+2} 和 L_x 都可以在生命表中查到，预定利率确定后该险种纯保费就确定了。

(二) 均衡纯保费的计算

在寿险中为了减轻投保人的交费压力，一般不采用趸交保费的交费方式，而是采用均衡保费的方式在一段时间内分期交纳。分期交纳保费也要遵守收支相等的原则，即每期交纳的保费的现值之和要等于未来可能的保险金给付的现值之和。

以趸交的第二个险种为例，假设保费不是趸交，而是在保险期限内分期交纳，也就是在每个保险年度初交纳 p 元。

在第 1 个保单年度初假设有 L_x 个 x 岁的被保险人，每个人交纳 p 元保费，其现值就为 $p \times L_x$ 元，如果在第 2 个保单年度初还有 L_{x+1} 个被保险人活着，每个人再交纳 p 元保费，共交纳 $p \times L_{x+1}$ 元，第 2 个保单年度初交纳保费的现值为 $p \times L_{x+1} \times u$，第 3 个保单年度初有 L_{x+2} 个人活着，每人交纳 p 单位的保费，则第 3 个保单年度初交纳的保费现值为 $p \times L_{x+2} \times u^2$。

3 个保单年度初交纳的保险费现值和为：

$$p \times L_x + p \times L_{x+1} \times u + p \times L_{x+2} \times u^2$$

根据上面的计算该险种未来可能保险金给付的现值为：

$$d_x \times 1\,000 \times u + d_{x+1} \times 1\,000 \times u^2 + d_{x+2} \times 1\,000 \times u^3$$

根据收支相等原理，每期交纳保费的现值之和 = 未来可能的保险金给付的现值之和，即：

$$p \times L_x + p \times L_{x+1} \times u + p \times L_{x+2} \times u^2$$
$$= d_x \times 1\,000 \times u + d_{x+1} \times 1\,000 \times u^2 + d_{x+2} \times 1\,000 \times u^3$$

则

$$p = \frac{(d_x \times 1\,000 \times u + d_{x+1} \times 1\,000 \times u^2 + d_{x+2} \times 1\,000 \times u^3)}{L_x + L_{x+1} + L_{x+2}}$$

查生命表可计算出每期应交纳的均衡纯保费。从上式可知，保费的大小和预定利率的大小成反比关系，即预定利率越高，被保险人交纳的保费越低；与预定死亡率的大小成正比关系，预定死亡率越高，费率就越高。

模块三

保险合同的履行

项目	知识目标	能力目标
项目十一 保险合同的执行	了解保险合同履行的含义，熟悉保险合同履行的原则，掌握保险合同履行过程中相关当事人的权利和义务	能够在保险业务经营中履行保险人一方的义务并能够维护保险人的利益，同时做到不侵害投保人一方的利益
项目十二 保险合同的变更、解除和终止	熟悉保险合同的解释原则和争议处理的方法，掌握保险合同转让、变更、终止过程中相关当事人的权利和义务	能够在保险实务中处理保险变更的手续并维护保险人的利益，同时防止因此发生的风险
项目十三 保险投资	了解和熟悉保险投资的概念、意义，掌握保险投资的资金构成和投资渠道	能够对保险公司的投资做出理性分析
项目十四 保险理赔	了解和熟悉保险理赔的概念，掌握理赔流程，掌握近因原则和赔偿原则在理赔中的应用，熟悉理赔的相关注意事项	能够熟练运用理赔的原则进行理赔案件的处理，能够按照理赔流程进行理赔案件的处理
项目十五 再保险	了解和熟悉再保险的概念、特征和作用，掌握再保险的种类和再保险合同的类型	能够运用所需知识对原保险业务进行再保险的基本安排和合同处理

本模块的知识结构如图 3-1 所示。

模块三 保险合同的履行

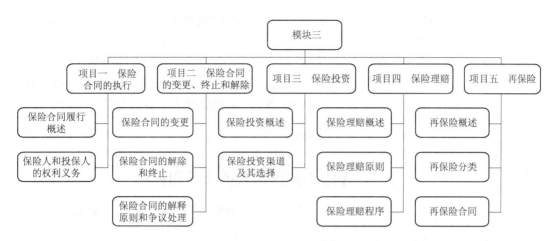

图 3-1 本模块的知识结构

项目十一 保险合同的执行

导入案例

2008年4月3日,张文余以自己为被保险人与×人寿保险公司以电子保单的形式订立了两份平安团体意外伤害保险,保险期间为2008年4月3日零时至2009年4月2日24时,期限为1年,所获保障为意外身故保障6万元,意外伤残保障6万元,意外医疗保障5千元。

2008年10月29日16时30分,张文余驾驶无牌照摩托车与他人发生交通事故,经抢救无效死亡。张文余死亡后,其妻子要求×人寿保险公司给付保险金,保险公司以张文余系驾驶无牌照车辆上路,造成意外死亡事故,符合保险合同免责条款为由,拒绝支付保险金。张妻以保险公司并未履行保险合同免责条款告知义务为由,向本院提起诉讼,要求被告支付保险金总计120 000元。

本案的争议焦点是保险公司是否履行了免责条款的告知义务,这是保险合同履行过程中保险人的一项基本义务。在本项目中,重点介绍保险合同履行过程中投保人、保险人各自拥有权利和义务。

任务一 保险合同履行概述

一、保险合同履行的含义

保险合同一经成立,投保人及保险人都必须各自承担义务。保险合同的履行是指合同当事人依照合同约定全面履行义务,从而实现权利的法律行为。一方履行其义务,他方则得以享受权利或利益。保险合同的履行是通过各方当事人、关系人义务的履行而实现的。

二、保险合同履行的原则

保险合同当事人双方在订立及履行保险合同的过程中,必须遵守最大诚信原则,以最大的诚信全面而完整地履行自己应尽的义务，互不欺骗和隐瞒有关保险标的的重要情况，严格遵守保险合同的约定和承诺。

最大诚信原则，贯穿了保险交易的整个过程，在投保之前、保险合同缔结之时、保险合同履行过程中，甚至在保险人理赔之后，保险交易的各方主体都须受最大诚信原则的制约。投保人、被保险人、保险人、受益人、保险代理人、保险经纪人、保险公估人等均应该履行相应的最大诚信义务。正确适用最大诚信原则，是在保险纠纷案件中判定各方权利义务关系的重要基础。

任务二　保险人和投保人的义务和权利

保险合同的履行主要包括投保人权利与义务的履行和保险人权利与义务的履行。

一、投保人权利与义务的履行

（一）投保人的义务

1. 交付保险费的义务

保险费是投保人要求保险人承担赔偿或给付责任以获得保险保障所必须付出的代价。交纳保险费是投保人最基本的义务，是保险合同的重要内容。保险费可按合同约定一次交付或分期交付。

投保人如违反交纳保险费义务的法律后果，因保险种类、保险费交付方式的不同而有所区别。在财产保险中，一次性交付的，如果合同约定以投保人交付保险费为合同生效条件，那么投保人未付保险费则合同不产生效力；分期交付的，投保人违反交纳保险费义务的后果，虽然我国保险法并无特别规定，但在保险实务中，保险合同一般都有保险费到期未付，保险合同效力中止、终止或失效的条款。但在人身保险中，人寿保险具有储蓄性，保险费不是保险人的利润收入，因此，《保险法》规定保险人不得以诉讼方式要求投保人履行交费义务。人寿保险大多分期交付，首期保险费的交付往往成为合同的生效条件。续期保险费到期未交付的，我国《保险法》规定了60日的宽限期，如仍未交付的，合同效力中止或者由保险人按合同约定的条件减少保险金额。《保险法》第十四条、第三十五条、第三十八条分别规定了投保人的交费义务及交费方式。

《保险法》第十四条：保险合同成立后，投保人按照约定交付保险费，保险人按照约定的时间开始承担保险责任。

《保险法》第三十五条：投保人可以按照合同约定向保险人一次支付全部保险费或者分期支付保险费。

《保险法》第三十八条：保险人对人寿保险的保险费，不得用诉讼方式要求投保人支付。

2. 如实告知的义务

如实告知义务，是指投保人在保险合同订立时，应当将保险标的有关重要事项据实向保险人陈述。保险合同是最大诚信合同，保险人只有在投保人如实告知后，才能明确认识自己所可能要承担的危险情况，从而决定是否承保和确定保险费率。因此，如实告知是投保人的基本义务。告知的内容，是指凡是能够影响保险人决定是否承保和确定保险费率的有关危险状况的重要事项。告知的方式，我国《保险法》实行询问回答告知义务，即投保人只要如实回答保险人的询问,就履行了如实告知义务,保险人没有询问的,投保人无告知义务。

《保险法》第十六条

订立保险合同,保险人就保险标的或者被保险人的有关情况提出询问的,投保人应当如实告知。

投保人故意或者因重大过失未履行前款规定的如实告知义务,足以影响保险人决定是否同意承保或者提高保险费率的,保险人有权解除合同。

项目案例链接

【案情】某人投保重大疾病终身险。保险代理人未对其身体状况进行询问就填写了保单,事后也未要求投保人做身体检查。保险期间内投保人不幸病逝,其受益人要求保险公司理赔。保险公司以投保人未如实告知在投保前因"帕金森综合征"住院治疗的事实为由,拒绝理赔。受益人遂上诉法院,要求给付保险金24万元。

【分析】本案焦点在于投保人是否履行了"如实告知"义务。根据我国《保险法》的规定,投保人应对被保险人的身体状况如实告知,投保人故意隐瞒事实,不履行如实告知义务的,或因过失未履行如实告知义务,足以影响保险人决定是否同意承保或提高保险费率的,保险人有权解除合同。但是,在此案中,难以确认投保人未履行最大诚信原则。因为,我国采用的是询问回答告知,对于保险人没有询问的事项,投保人无告知义务。保险公司业务员未对投保人进行任何询问,就填写了保单,事后也未要求投保人做身体检查,故不能认定投保人故意隐瞒事实、不履行如实告知义务。所以保险公司应予赔付。

3. 维护保险标的安全的义务

在保险合同有效期限内,投保人或被保险人有义务维护保险标的的安全,防止灾害的发生,避免损失。投保人、被保险人未按照约定维护保险标的安全的,保险人有权要求增加保费或解除合同。

《保险法》第五十一条

被保险人应当遵守国家有关消防、安全、生产操作、劳动保护等方面的规定,维护保险标的的安全。

投保人、被保险人未按照约定履行其对保险标的的安全应尽责任的,保险人有权要求增加保险费或者解除合同。

4. 危险增加的通知的义务

危险增加,是指在保险合同有效期内,保险标的发生了订立合同时未曾预料或估计到的危险程度的增加,而对保险人具有严重不利的影响。如住宅改为存放易燃物的仓库等、车辆的用途由家用改为营运出租等情况,被保险人都应履行通知义务。保险标的危险程度增加势必扩大保险人的保险责任范围,《保险法》第五十二条规定,如果被保险人不能将保险标的危险增加的情况及时通知保险人,就会产生保险人所收取的保险费与其所承担的保险责任不对等的结果。如果保险标的的危险程度增加,而被保险人未履行相应的通知义务的,因保险标的的危险程度显著增加而发生的保险事故,保险人不承担赔偿保险金的责任。

项目案例链接

【案情】 李某于2000年12月向某保险公司投保了个人住房险。2001年5月投保人住房发生火灾。保险公司查证：李某将其使用的住房出租他人开设印刷厂，火灾是因工人操作不当引起的。李某以火灾责任向保险公司索赔。保险公司认为李某的住房已改变使用性质，但并未通知保险公司申请变更，遂作出拒赔的决定。保险公司的做法是否合理？

【分析】 合理。李某投保的是个人住房险，但在保险期间将房屋租给他人做厂房，房屋的使用性质已经发生变化，危险程度增加，这种情况，李某应当及时通知保险公司，以便保险公司决定增加保费或解除合同。根据《保险法》第五十二条，被保险人未履行相应的通知义务的，因保险标的的危险程度显著增加而发生的保险事故，保险人不承担赔偿保险金的责任。因此，本案例中保险公司拒赔的做法是合理的。

5. 出险通知义务

出险通知义务，即保险事故发生的通知义务，是指在合同有效期内，发生保险事故后，投保人、被保险人或受益人应及时通知保险人。出险通知对保险人十分重要。保险事故的发生，意味着保险人可能实际履行其保险责任。保险人及时知道出险情况，就能及时采取施救措施，尽可能保存标的，防止损失扩大，并尽快查清事故原因，确定责任，核定损失，正确理赔。

《保险法》第二十一条规定："投保人、被保险人或者受益人知道保险事故发生后，应当及时通知保险人"。实践中对"及时"通常理解为在保险事故发生后可能通知到保险人的最短时间，以此期限来约束出险通知的义务人。对于延迟通知的后果，在保险实务中，为了保护保险人合法权益，一般都在合同中约定出险通知的义务人如果未及时履行出险通知义务的，保险人对因此而扩大的损失，不承担保险责任。

6. 出险施救义务

施救义务，是指保险事故发生时，投保人或被保险人应积极组织施救，以减少损失。由于投保人或被保险人往往最了解保险标的的安全状况，而当保险事故发生时，一般也先于其他人知道出险情况，能更有效地防止灾害或减少损失，因此，防灾、防损和积极施救是现代保险经营的重要内容。投保人、被保险人为防止或者减少保险标的的损失所支付的必要的、合理的费用，由保险人承担。

7. 提供单证的义务

《保险法》第二十二条规定，投保人、被保险人或受益人在保险事故发生后，向保险人请求赔偿或给付保险金时，依照法律或合同约定应提供能够确认保险事故的性质、原因、损失程度等的有关证明和资料。这些证明和资料包括保险单、批单、提单、损失清单、检验报告及其他有效单证和证明材料等。保险人依照保险合同约定，认为有关的证明和资料不完整的，应当及时一次性地通知投保人、被保险人或受益人补充提供有关的证明和资料。但是，投保人、被保险人或受益人不得为了骗取保险金，伪造、编造与保险事故有关的证明、资料和其他证据，或者指使、唆使、收买他人提供虚假证明、资料或者其他证据，编造虚假的事故原因或者夸大损失程度。

8. 协助追偿的义务

在补偿性质的保险中，因第三者造成的被保险人的损失，保险人在承担赔偿责任后，依法享有对第三者的代位追偿权。《保险法》第六十条规定："因第三者对保险标的的损害而造成保险事故的，保险人自向被保险人赔偿保险金之日起，在赔偿金额范围内代位行使被保险人对第三者请求赔偿的权利"。保险人向第三者行使代位请求赔偿的权利时，被保险人应当积极协助追偿，向保险人提供必要的文件和所知道的有关情况（《保险法》第六十三条）。

项目案例链接

【案情】贾某于2001年2月投保了一年期家庭财产保险。当年4月20号，邻居王某家起火使贾某房门及部分家具受损，贾某一直未与保险公司联系，也未向王某索赔。2003年4月19号贾某向保险公司索赔，而此时邻居王某早已搬家。保险公司认为因贾某一直未向王某求偿，在索赔期限最后一天才向保险人求偿，导致保险人赔付后将无法向王某行使代位赔偿请求权效，于是在理赔时扣减了相应的保险赔偿金额。贾某起诉到法院。法院审理认为因贾某怠于行使求偿权致使保险公司不能向王某代位追偿，判决保险公司可以扣减赔偿金额。

【分析】本案例贾某在2003年4月19号向保险人索要赔偿金之前一直未向王某提出赔偿请求，而此时距保险事故发生已近两年，即贾某向王某行使赔偿请求权的诉讼期间即将届满（2年）。《最高人民法院关于审理保险纠纷案件若干问题的解释》（征求意见稿）第二十八条规定"保险人向第三者行使代位权的诉讼时效期间与被保险人向第三者行使赔偿请求权的诉讼期间相同"。但根据《保险法》第六十条，保险人自向被保险人赔偿保险金之日起，才能在赔偿金额内取得代位求偿权。保险人的理赔也要经过一定程序，不可能即时完成，因此本案中保险人不能在20日之前取得代位求偿权。就是说，保险人不可能在代位求偿权的诉讼时效届满前取得代位求偿权，即代位求偿权对保险人来说已无意义可言。根据《保险法》第六十一条第三款"被保险人故意或者因重大过失致使保险人不能行使代位请求赔偿的权利的，保险人可以扣减或者要求返还相应的保险金。"

贾某在索赔期限内向保险人请求赔偿，保险人就有义务进行赔付；但由于贾某的过错，导致保险人赔付贾某后不能向王某代位求偿，给保险人带来损失，因此保险人依照法律可以相应扣减保险赔偿金，以维护自己的合法权益。

（二）投保人的权利

（1）及时取得保险单或保险凭证的权利：保险单和保险凭证是保险合同签订的证明，也是投保人、被保险人索赔的依据。

（2）获得保险赔偿的权利：在保险事故发生后，投保人和被保险人有权向保险人提出赔偿或者给付，以获得经济上的补偿。

（3）变更合同内容、解除保险合同：保险合同有效期内，投保人和保险人经协商同意，可以变更保险合同的有关内容；除保险合同另有约定外，保险合同成立后，投保人可以解除保险合同。

（4）受益人指定权：人身险的投保人或被保险人对受益人具有指定权，投保人指定受益人须经被保险人的同意。

二、保险人权利和义务的履行

（一）保险人义务

1. 承担保险责任的义务

承担保险责任，是指由于保险合同约定的保险事故的发生，保险人应承担的赔偿或给付保险金的义务。投保人订立保险合同，并交付保费是为了获得保险保障，这种保障是通过保险事故发生后，能够获得保险人赔偿或给付保险金来实现的。因此，承担保险责任是保险人最基本、最重要的义务。

（1）保险人承担保险责任的条件包括：

① 必须有保险事故的发生。使保险人承担保险责任的保险事故，必须是由合同约定，并发生在合同有效期内的合法危险。

② 必须造成保险标的损失。

③ 发生的保险事故与损失有因果关系。只有当保险标的的损失或意外伤害与保险事故的发生存在直接、必然联系时，保险人才承担保险责任，履行保险金赔偿或给付义务。

（2）保险责任的范围。保险人的赔偿责任包括：

① 保险合同约定的保险责任范围内的损失。

② 保险代理人的过失行为所造成的被保险人的损失。

③ 解决争议处理及相关检验费用。

④ 因防灾减损所造成的损失或施救费用。对于保险合同中约定的除外责任，保险人不负赔偿责任。

（3）保险金的赔付。补偿性的财产保险合同中，赔偿的保险金包括：保险标的的实际损失，投保人或被保险人的诉讼费用，施救费用，对事故损失的检验、估价和处理的费用，保险人或被保险人因积极施救而支出的合理、必要的费用。给付性的人身保险合同，属于定额赔偿，给付的保险金不超过合同约定的保险金额。

阅读材料

《保险法》第二十三条　关于保险金赔偿或给付的规定

保险人收到被保险人或者受益人的赔偿或者给付保险金的请求后，应当及时作出核定；情形复杂的，应当在三十日内作出核定，但合同另有约定的除外。保险人应当将核定结果通知被保险人或者受益人；对属于保险责任的，在与被保险人或者受益人达成赔偿或者给付保险金的协议后十日内，履行赔偿或者给付保险金义务。保险合同对赔偿或者给付保险金的期限有约定的，保险人应当按照约定履行赔偿或者给付保险金义务。

保险人未及时履行前款规定义务的，除支付保险金外，应当赔偿被保险人或者受益人因此受到的损失。

2. 条款说明义务

说明义务是指保险人在订立保险合同时，应就保险合同条款内容向投保人做口头或书面陈述。保险人负有对保险条款的说明义务，这是保险合同最大诚信原则的基本要求。由于保险条款具有很强的专业性和技术性，保险人或其代理人一般熟知保险条款，而投保人往往缺乏保险专业知识，容易对保险条款产生误解，可能导致被保险人或受益人不能获得预期的保险保障。同时，由于保险合同是附和合同，保险合同均采用书面格式化条款，由保险人预先印制，投保人一般只能被动接受，所以，在订立合同时，保险人或其代理人应对保险合同条款内容向投保人做出说明，特别是对免责条款做出明确解释，使投保人在明确合同条款内容的基础上自愿投保，从而形成双方当事人的合意。

> 阅读材料 《保险法》第十七条
>
> 订立保险合同，采用保险人提供的格式条款的，保险人向投保人提供的投保单应当附格式条款，保险人应当向投保人说明合同的内容。
>
> 对保险合同中免除保险人责任的条款，保险人在订立合同时应当在投保单、保险单或者其他保险凭证上作出足以引起投保人注意的提示，并对该条款的内容以书面或者口头形式向投保人作出明确说明；未作提示或者明确说明的，该条款不产生效力。

3. 及时签发保单的义务

《保险法》对保险人及时签单义务有明确规定，及时签单是保险人的法定义务。保险单证作为保险合同的具体表现形式，既是保险合同成立的证明，又是履行保险合同的依据。保险合同成立后，保险人应及时向投保人签发保险单或者其他保险凭证。

4. 为投保人、被保险人或再保险分出人保密义务

依据《保险法》规定，保险人在订立保险合同时，可以就保险标的或被保险人的业务、个人财产以及身体等情况提出询问，投保人应如实告知。而这些情况往往带有一定的隐秘性，被保险人一般不愿公开或传播。因此，保险人对在办理保险业务中知道的投保人、被保险人，以及再保险分出人的业务和财产情况，负有保密的义务。

（二）保险人的权利

1. 增加保费的权利

如果在保险有效期内，保险标的的危险程度显著增加，保险人可以按照合同约定增加保险费或者解除合同。

2. 合同解除权

一般保险合同成立后，保险人不能解除合同，除非投保人或被保险人有违反最大诚信原则的情况发生。保险人可以解除合同的情况有：① 投保人故意或者因重大过失未履行如实告知义务，足以影响保险人决定是否同意承保或者提高保险费率的；② 投保人申报的被保险人年龄不真实，并且其真实年龄不符合合同约定的年龄限制的；③ 合同效力中止之日起满二年双方未达成复效协议的；④ 未发生保险事故，被保险人或者受益人谎称发生了保险事故，或投保人、被保险人故意制造保险事故的，向保险人提出赔偿或者给付保险金请求的；⑤ 投保人、被保险人未按照约定履行其对保险标的的安全应尽责任的，保险人有权要求增加保险费或者解除合同。

3. 代位追偿权

《保险法》第六十条规定，因第三者对保险标的的损害而造成保险事故的，保险人自向被保险人赔偿保险金之日起，在赔偿金额范围内代位行使被保险人对第三者请求赔偿的权利。如果保险事故发生后，被保险人已经从第三者取得损害赔偿的，保险人赔偿保险金时，可以相应扣减被保险人从第三者已取得的赔偿金额。

4. 对标的实行安全防范措施的权利

根据《保险法》的规定，保险人可以按照保险合同的约定对保险标的的安全状况进行检查，及时向投保人、被保险人提出消除不安全因素和隐患的书面建议。保险人为维护保险标的的安全，经被保险人同意，可以采取安全预防措施。

5. 不承担赔偿或给付责任的权利

（1）《保险法》第十六条：投保人故意或因为重大过失未履行如实告知义务的，保险人对于合同解除前发生的保险事故，不承担赔偿或给付责任；

（2）《保险法》第二十一条：投保人、被保险人或者受益人知道保险事故发生后，故意或者因重大过失未及时通知保险人，致使保险事故的性质、原因、损失程度等难以确定的，保险人对无法确定的部分，不承担赔偿或者给付保险金的责任；

（3）《保险法》第二十七条：保险事故发生后，投保人、被保险人或者受益人以伪造、变造的有关证明、资料或者其他证据，编造虚假的事故原因或者夸大损失程度的，保险人对其虚报的部分不承担赔偿或者给付保险金的责任；

（4）《保险法》第四十三条：投保人故意造成被保险人死亡、伤残或者疾病的，保险人不承担给付保险金的责任；

（5）《保险法》第四十四条：以被保险人死亡为给付保险金条件的合同，自合同成立或者合同效力恢复之日起二年内，被保险人自杀的，保险人不承担给付保险金的责任；

（6）《保险法》第四十五条：因被保险人故意犯罪或者抗拒依法采取的刑事强制措施导致其伤残或者死亡的，保险人不承担给付保险金的责任；

（7）《保险法》第六十一条：保险事故发生后，保险人未赔偿保险金之前，被保险人放弃对第三者请求赔偿的权利的，保险人不承担赔偿保险金的责任。

项目十二　保险合同的变更、解除和终止

导入案例

李阿姨早年丧夫，辛辛苦苦把一对儿女抚养长大，好不容易女儿小凡出嫁了，儿子小明也上了大学，操劳了大半辈子的李阿姨肩上的担子总算有所减轻。李阿姨于2002年在浦东买了套150平方米的房子，为了免除后顾之忧，李阿姨又给自己买了几份人身综合保险，其中死亡保险金为10万元，因为和儿子一起住，李阿姨在保单上载明的受益人为儿子小明。

不料，2003年儿子结婚后，李阿姨和儿媳妇相处得不甚愉快。老话说，有了媳妇忘了娘。没想到这竟然在儿子小明的身上应验。李阿姨一气之下，搬到女儿家居住，生活起居主要由女儿照料。2004年，李阿姨身体状况急剧下降，于是召集了亲戚、朋友作证明，决定让其女儿取代其儿子作为受益人，但没有通知保险公司。不久，李阿姨病逝，小凡和小明同时向保险公司提出索赔，要求取得所有保险金。

对于李阿姨的这笔身故保险金保险公司应该如何给付呢？保险合同成立以后，要变更保单上的内容又需要有怎样的程序呢？本项目将重点解决此问题，包括保险合同当事人对合同条款的理解发生争议时的处理方法。

任务一　保险合同的变更

保险合同的变更，是指保险合同没有履行或没有完全履行之前，当事人根据情况变化，按照法律规定的条件和程序，对原保险合同的某些条款进行修改或补充。由于保险合同不是即时结清合同，保险合同的标的、风险程度等在一定的保险期限内有可能发生各种变化，因此，保险合同的变更在所难免。《保险法》第二十条规定："投保人和保险人可以协商变更合同内容。变更保险合同的，应当由保险人在保险单或者其他保险凭证上批注或者附贴批

单,或者由投保人和保险人订立变更的书面协议"。

保险合同的变更,主要包括保险合同主体的变更、内容的变更和保险合同效力的变更等。保险合同效力的变更涉及保险合同的解除和终止,将在下一任务中详细介绍。

一、保险合同主体的变更

保险合同主体的变更,即保险合同的当事人或关系人的变更,主要是指投保人、被保险人和受益人的变更。保险合同主体的变更实际上是保险合同的转让,合同的其他内容并不发生变更。

(一) 保险人的变更

保险人除发生合并、分立、破产和被撤销外,一般不会发生变更。保险企业因破产、解散、合并、分立,经国家保险管理机关批准,将其所承担的全部保险合同责任转移给其他保险人或政府有关基金承担。转移保险合同一经批准,该保险人不得再订立同类保险合同。一般保险人变更的情况极少出现。

(二) 投保人、被保险人的变更

在保险实践活动中,投保人、被保险人变更最为常见,而且在财产保险合同与人身保险合同中情况不同:

(1) 在财产保险中,由于保险财产的买卖、转让、继承等法律行为而引起保险标的所有权转移,从而引起投保人或被保险人的变更。投保人或被保险人的变更又会涉及保险单的转让。

对于货物运输保险合同,特别是海洋运输路途遥远,货物在运输过程中,从起运地到目的地流动性较大,物权可能几经易手,保险利益也会随之转移,如果每次被保险人的变更都要经过保险人的同意,手续烦琐必然会影响商品流通,所以,各国保险立法一般都规定:允许货物运输保险单随保险标的所有权的转移而自动转让,因而投保人、被保险人也可随保险标的的转让而自动变更,无须征得保险人的同意,保险合同继续有效。

而对于大多数财产保险合同而言,保险标的所有权转移后,依据《保险法》第四十九条的规定,保险标的的受让人承继被保险人的权利和义务。但是保险标的转让的,被保险人或者受让人应当及时通知保险人。被保险人、保险标的的受让人未履行通知义务的,因转让导致保险标的危险程度显著增加而发生的保险事故,保险人不承担赔偿保险金的责任。可见,如果转让后保险标的的如果危险程度没有发生显著增加,则被保险人与保险标的的受让人并不必须通知保险人,该合同继续有效,发生保险事故,保险公司应向受让人直接赔偿;而如果保险标的的转让后危险程度显著增加,如所出售的车辆、房屋的使用性质发生变化,则应当及时通知保险人,以便保险人决定是否增加保险费或者解除合同;如果被保险人及保险标的的受让人未及时通知保险人,因转让导致保险标的危险程度显著增加而发生保险事故的,保险人不承担赔偿责任。

项目案例链接 **新《保险法》破解汽车过户理赔难题**

【案情】为了工作方便,刚刚工作两年的设计师小文用攒下的钱买了一辆二手POLO,虽然是倾囊而出,但他再也不会因为挤公交在路上浪费大把的时间,工作效率大为提高,加之这辆二手POLO价格低廉，小文觉得这辆车买得划算。两个月后，小文在一十字路口转向时与邻近车辆发生刮擦，情急之下小文拨打保险公司报案电话，查勘人员在随后核查中发现小文不是该车的被保险人，按照保险法规定保险公司无法向小文进行理赔。

小文这才想到买车之后，他一直忙于工作未到保险公司办理过户手续。想着车辆维修还得自掏腰包，小文心里又悔恨又无奈。

【分析】 随着二手汽车交易日益频繁，在保险理赔中因买卖双方未及时到保险公司办理过户手续而造成无法索赔的情况时有发生，成为客户反映强烈的理赔难题。以"保护被保险人利益"为出发点的此次保险法修订，针对这一问题出台了新规，从根本上解决了过去因保险标的转让而引发的理赔纠纷。新《保险法》第四十九条规定，保险标的转让的受让人直接承继被保险人的权利义务，也就是说二手车的购买者购车后可直接承继原车主的权利义务，无须前往保险公司办理过户手续，从而避免类似小文因未及时过户造成无法索赔的问题。但前提是车辆的使用性质未发生变化，因为新法在此条款中还有如下规定，即因保险标的转让导致危险程度显著增加的，被保险人应及时通知保险人办理过户变更手续，保险公司可依据危险程度增加情况增收保费或解除合同，否则，因转让导致保险标的的危险程度增加而发生保险事故，保险公司不承担赔偿保险金责任。那什么是危险程度增加呢？比如一辆车原本是私家车，经转让后被用做营运车，这就属于危险程度增加的一种情况。

（2）人身保险中，保险合同主体变更主要涉及投保人、被保险人与受益人的变更。

① 被保险人的变更：在个人人寿保险中，一般不允许变更被保险人，因为被保险人的生命或身体就是保险标的，被保险人变更属于保险标的的变更，是保险合同内容变更的一部分，一般导致保险合同终止，用新的保险合同加以代替。而在团体人寿保险中，由于员工流动，就会产生被保险人变更，如企业为其职工投保健康保险，在保险合同有效期内职工调离该企业，就可能发生被保险人变更。

② 投保人的变更：在人身保险合同中，只要新的投保人对被保险人具有保险利益，而且愿意并能够交付保险费，其变更无须经保险人同意，但须告知保险人。如果是以死亡为给付保险金条件的保险合同，须经被保险人本人书面同意，才能变更投保人。

③ 受益人的变更：受益人是由被保险人或经被保险人同意由投保人指定的，其变更主要取决于被保险人的主观意志。被保险人或者投保人可以随时变更受益人，无须经保险人同意，但要书面通知保险人，保险人收到变更受益人的书面通知后，应当在保险单上批注。

《保险法》第四十一条

被保险人或者投保人可以变更受益人并书面通知保险人。保险人收到变更受益人的书面通知后，应当在保险单或者其他保险凭证上批注或者附贴批单。

投保人变更受益人时须经被保险人同意。

阅读材料

1. 变更投保人相关要件

受理时间：保单效力终止前

应备文件：① 保险单；② 保全变更申请书；③ 新旧投保人的身份证件

申请资格人：新投保人（若原投保人死亡，则申请资格人为其法定继承人）

2. 变更受益人相关要件

受理时间：保单有效期内
应备文件：① 保险单；② 保全变更申请书；③ 新受益人的身份证件
④ 被保险人身份证件
⑤ 投保人的身份证件（若由被保险人提出则不需要）
申请资格人：被保险人、投保人（投保人必须征得被保险人同意）

项目案例链接

【案情】2004，张先生投保了人寿保险，保额20万元，并指定妻子赵女士为身故受益人。一年后，张先生和赵女士离婚。不久张先生与李女士结为夫妻。婚后他打算将这份保险保障转给新任妻子，于是他与李女士办了公证，写明该份保单受益人由前妻赵某变更为李某。但并未通知保险公司。2007年，张先生遭遇车祸身亡。李女士提出理赔申请，然而保险公司却向张先生的前妻赵女士支付了20万元保险金，这一赔付遭到了李女士的质疑，她坚持认为自己才应该是这份保单的受益人。

【分析】根据《保险法》规定：投保人或被保险人可变更"受益人"，但须书面通知保险公司，投保人变更受益人必须经被保险人同意。保险公司收到变更受益人的书面通知后，会在保险单上将这一情况予以批注或附贴批单。

张先生既是投保人也是被保险人，所以他有行使变更受益人的权利。但他在变更受益人时只是办理了公证书，而没有履行法定程序，将变更受益人的情况以"书面形式"通知保险公司，所以对保险公司而言，该变更是无效的。根据当初的保险合同看，前妻赵女士仍为该保单的身故受益人，因此赵某获得了20万元保险金。保险公司的这一做法符合法律规定。

强调变更受益人的法定程序的必要性，目的是为了保护被保险人的利益。该案例提醒投保人和被保险人：首先您必须慎重仔细填写保险受益人；其次，在变更受益人时，千万要牢记，必须按照《保险法》规定以书面形式通知保险公司，其他任何形式，如在公证、遗嘱中变更受益人均是无效行为。

二、保险合同内容的变更

保险合同内容的变更，是指在保险合同主体不变的情况下体现双方权利和义务关系的合同条款事项的变更。保险合同内容的变更主要有两种情况：一是投保人因自己的实际需要提出变更，如延长或缩短保险期限、增减保险金额等；二是因一定法定情况的发生，即因某些特定事由出现，如保险标的危险程度增加，投保人发现告知不实而补行告知等，投保人根据法律规定通知保险人而做出的变更。

财产保险中变更的事项主要包括：保险标的的数量、价值增减而引起的保险金额的增减、保险标的的种类、存放地点、占用性质、航程等的变更引起风险程度的变化，从而导致保险费率的调整、保险期限的变更。

人身保险合同中变更的事项主要包括：被保险人职业和工种的变更、居住地点、通讯地址、交费方式、年龄、性别更正、红利领取方式、保额增减等多个项目的变更，这些变化都会影响保险人的责任承担。

因此，《保险法》允许投保人和保险人经协商同意，变更保险合同的内容，但必须依照法定的程序进行：一般由投保人提出变更保险合同内容的请求，保险人经过审核，在原保险单或者其他保险凭证上批注或者附贴批单，或者由投保人和保险人订立变更保险合同内容的书面协议。

阅读材料　　更正年龄性别错误相关要件

受理时间：保单效力终止前

应备文件：① 保险单；② 保全变更申请书；③ 投保人的身份证件
④ 足以证明年龄、性别错误的相关证明材料（如公安机关出具的证明等）

申请资格人：投保人

三、保险合同效力的变更

一般情况下，保险合同一经成立，就具有法律效力，但在有些特定条件下，其效力也可能发生变更。保险合同效力变更主要涉及保险合同的无效、中止与复效。

（一）保险合同的无效

保险合同的无效，是指保险合同成立后，因违反法定或约定的事项，而不发生效力。无效保险合同即国家法律不予承认和保护的保险合同。这种合同虽然也是通过双方当事人意思表示一致订立，但由于它违反了法律规定，违反了社会公共利益，法律上不予承认和保护，因而不产生法律上的效力。所以说合同的成立并不绝对意味着合同有效，合同成立后也有无效的可能。

1. 约定无效和法定无效

约定无效又叫相对无效，由当事人任意约定，不得违背有关法律，只要约定的事由出现，则合同无效，如规定保险费欠交若干个时期，保险合同则无效。法定无效，又叫绝对无效，是指由于法律明文规定的无效原因产生时，导致保险合同的无效。

保险合同无效的原因主要有：

（1）保险合同订立时，保险标的已经因故灭失，除保险合同当事双方不知情外，保险合同无效。

（2）合同系代理他人订立而不作申明，保险合同无效。

（3）投保人订立以死亡为给付保险金条件的人身保险合同，未经被保险人书面同意并认可保险金额的，保险合同无效。

（4）投保人不得为无民事行为能力人投保以死亡为给付保险金条件的人身保险，保险人也不得承保。否则保险合同无效。

（5）人身保险中被保险人的真实年龄不符合保险人所规定的年龄限制的。

2. 全部无效和部分无效

全部无效，是指保险合同全部不发生效力。如保险双方当事人所进行的行为为国家法律所禁止，即为全部无效，上述五种情况均为全部无效的情况。部分无效，是指保险合同中仅有一部分无效，其余部分仍然有效。如善意的超额保险，保险金额超过保险价值的部分无效，其余仍然有效。又如人身保险中，被保险人的年龄与保单所填写的不符（只要未超过年龄限制）保险人按照实际年龄给付保险金额，这也属于部分无效。

（二）保险合同的中止与复效

1. 保险合同的中止

保险合同的中止是指保险合同生效后，由于某种原因使合同暂时失效。根据我国《保险法》规定，保险合同中止仅适用于人身保险合同，分期支付保险费的长期人身保险合同，投保人因疏忽或经济状况变化而不能按期交纳保险费，在规定的宽限期内（60天）仍未交纳的，保险合同效力即中止。但在实践中，保险合同的中止也适用于某些财产保险合同，如由于被保险人的故意或过失而导致保险标的危险增加，如在住所地存放易燃、易爆的货物等，保险人有权请求被保险人予以更正，在更正之前，保险合同效力中止。在保险合同效力中止期间若发生保险事故，保险人不负给付保险金的责任。

2. 保险合同的复效

保险合同的复效是相对于保险合同的中止而言的，它是指保险合同效力中止后重新开始生效。保险合同效力的中止并不等于保险合同效力的终止，当事人之间的权利义务关系仍未结束。合同效力中止后，投保人可以提出恢复合同原有效力的请求，经保险人同意，并补交保险费后，中止的合同即恢复效力。如果在合同中止之日起两年内双方未达成复效协议的，保险合同即从合同中止时解除。

四、保险合同变更的程序及形式

保险合同变更也须经过一定的程序才可完成。在原保险合同的基础上投保人及时提出变更保险合同事项的要求，保险人审核，并按规定增减保险费，最后签发书面单证，变更完成。保险人若要变更主要险种的基本条款或费率，须申报保险监督管理部门，获准后将变更的条款作为特约条款，通知投保人及被保险人。

保险合同变更须采用书面形式，对原保单附加条款或进行批注。对此一般要出具批单，以注明保险单的变动事项。批单，又叫背书，是变更保险单上所载某些内容的一种单证，也是保险合同变更时最常用的书面单证。批单列明变更条款内容事项，须由保险人签章，一般附贴在原保险单或保险凭证上。

对于合同的变更的效力，所有附加条款优于基本条款，批单或背书优于附加条款；手写变更优于打印变更；旁注变更优于正文变更；对同一事项的多次批改变更，应以最后批改为准。

任务二 保险合同的解除和终止

一、保险合同的解除

（一）保险合同解除的含义

保险合同的解除是指保险合同生效以后，保险期限届满之前，当事人依照法定或约定的事由，提前消灭保险合同效力的一种法律行为。保险合同依法成立生效后，对当事人双方即产生法律约束力，双方应严格履行自己的义务，不得随意解除合同。但现实中由于客观情况的变化，使得保险合同的履行已成为不必要，必须提前结束双方权利义务关系，当事人可依照法律的规定或者合同的约定解除合同。因此，我们可以理解为解除保险合同是双方当事人的权利。

1. 投保人对合同解除权的行使

投保人解除保险合同即退保。保险合同是附合合同，在合同订立之初投保人就处于不利的地位。为了保护投保人的权益，实现当事人法律地位的平等，各国立法普遍规定投保人有权解除合同，并且都扩大了投保人合同解除权而限制了保险人合同解除权。我国《保险法》也在第十五条规定："除本法另有规定或者保险合同另有约定外，保险合同成立后，投保人可以解除合同"。但是这并不意味着投保人可随意行使合同解除权，《保险法》第五十条作出了限制："货物运输保险合同和运输工具航程保险合同，保险责任开始后，合同当事人不得解除合同"。这是因为这两类保险风险大、不可预测性高，不允许当事人随意解除合同，以避免可能给对方造成较大损失。投保人依照法律规定解除保险合同，其所承担的责任也随保险合同的消灭而消灭，不再向保险人交纳保险费。投保人已经交纳的保险费，保险人应当依照法律规定或者合同约定予以处理。

2. 保险人对合同解除权的行使

保险合同成立后，保险人应当承担保险事故发生时的赔付责任，原则上是不能解除保险合同，只有当法律规定或合同约定事由出现时，保险人才可依法行使合同解除权。所谓法律规定，主要是指在保险法中规定的，因投保人违法或违约行为，保险人可以解除合同的情形。原则上说，凡投保人或被保险人违反保险合同的，保险人均可以解除合同。所谓约定，是指在保险合同中约定解除保险合同的条件，但这些约定条件也不得违反保险法和有关法律规定，不得损害国家利益和社会公共利益。依照《保险法》有关规定，保险人在下述法定事由之一发生时有权解除保险合同：① 投保人故意隐瞒事实，不履行如实告知义务，或者因过失未履行如实告知义务，以影响保险人决定是否承保和提高保险费率的；② 投保人、被保险人未履行维护保险标的安全的义务；③ 被保险人未履行危险显著增加的及时通知义务；④ 投保人申报年龄符合保险人所规定的年龄限制的；⑤ 投保人、被保险人或受益人故意制造保险事故或采取欺诈行为以骗取保险金的；⑥ 人身保险的投保人，超过60天宽限期未交当期保险费而导致保险合同的效力中止，自中止之日起2年内双方未达成复效协议的。除以上法定事由外，保险合同约定的保险人可以解除保险合同的其他情形发生时，保险人有权解除保险合同。

（二）保险合同解除方式

（1）法定解除：是法律赋予合同当事人的一种单方解除权。保险法第十五条规定："除本法另有规定或者保险合同另有约定外，保险合同成立后，投保人可以解除保险合同，保险人不得解除保险合同。"依照《保险法》的有关规定，保险人解除保险合同的行为均为法定解除。

（2）协议解除：又称约定解除，是指当事人双方经协商同意解除保险合同的一种法律行为。由于保险合同的解除关系到重大利益，故其约定解除事由应当以书面形式予以记载，解除协议时也应采取书面形式。保险合同的协议解除不得损害国家和社会公共利益。

二、保险合同的终止

（一）保险合同终止的含义

保险合同的终止，是指保险合同确立的当事人之间的权利和义务关系的结束，即保险关系的消失。

保险合同的终止和解除虽然都会使合同效力消灭，但二者是两个不同的概念和制度。保险合同的终止通常是在合同期限届满或履行完毕时随之而终止，而保险合同的解除，是在合同未履行完毕或期限未届满时提前终止效力。保险合同的终止是合同关系自终止之日起向将来消灭，因此不溯及既往，当事人为合同行为的给付不用返还，而保险合同的解除通常是由于当事人违约而提前终止合同效力，因而存在效力溯及既往的问题，当事人要承担恢复原状的义务。可见，保险合同的解除是终止合同的一种形式，属于广义的保险合同终止的范畴。

（二）保险合同终止的主要原因

1. 保险合同因完全履行而终止

在保险合同中，承担赔偿或给付保险金是保险人最主要的义务。在保险合同有效期限内发生保险事故后，合同因保险人一次或数次履行了全部保险金的赔偿或给付的义务而终止。例如，财产保险合同中保险标的因保险事故而遭到全部灭失，保险人一次性赔偿全部保险金后，合同因义务全部履行而终止。若财产保险合同的保险标的数次部分受损，保险人所支付的赔偿金已达保险金额，即使合同期限未届满，保险合同即告终止，但船舶保险合同例外。

2. 保险合同因期限届满而终止

任何保险合同均有保险期限的约定，有些保险合同一直到保险期限终止也没有发生合同约定的保险事故。一旦超过此期限，保险合同也就自然终止，即使发生保险事故，保险人也不承担保险责任。这是保险合同终止的最普遍、最常见的原因。

3. 因保险标的的灭失而终止

保险标的的灭失不是因保险事故的发生所导致的，如人身保险合同的被保险人非因保险事故或事件而死亡，投保人对该保险合同就不再具有保险利益，保险合同效力随之消灭。财产保险合同的保险标的，由保险合同载明的保险事故以外的原因导致全部灭失，保险合同即告终止。保险标的是保险利益的载体，保险标的的存在是保险利益存在的前提。保险合同的效力因其保险标的的不存在而终止。

4. 保险合同因解除而终止

解除是较为常见的保险合同终止的另一类原因，但法律规定的原因或合同双方当事人约定的解除条件出现时，保险合同即终止；同时，法律也允许双方当事人有权根据自己的意愿协议终止合同。保险人有权解除保险合同的条件要受到《保险法》的限制，具体内容见上文。

任务三 保险合同的解释原则和争议处理

保险合同的争议是指保险合同成立后，合同当事人或关系人对合同的条款或合同履行时的具体做法产生分歧或纠纷。保险合同发生争议时，需要按照一定的程序进行处理和解决，一是涉及对保险合同的条款进行解释，二是涉及争议的处理方式。

一、保险合同的解释原则

在当事人发生的意见分歧和纠纷中，有很大一部分是由于合同当事人对合同中使用的语言文字以及合同用语的理解不同发生争议，甚至引起仲裁或诉讼，从而影响合同的履行。为了正确地判明当事人的真实意图，保护双方当事人的合法权益，正确处理保险纠纷，必须确立保险合同的解释原则，依照法律规定的方式或者约定俗成的方式，对保险合同的内容或文字的含义予以确定或说明。

我国在保险实务中,确立的保险合同解释原则通常有以下几种。

1. 文义解释原则

文义解释是按保险条款文字的通常含义解释,即保险合同中用词应按通用文字含义并结合上下文来解释,它是解释保险合同条款最主要的方法。保险合同中的专业术语应按该行业通用的文字含义解释,同一合同出现的同一词其含义应该一致。当合同的某些内容产生争议而条款文字表达又很明确时,首先应按照条款文义进行解释,切不能主观臆测、牵强附会。

文义解释必须要求被解释的合同字句本身具有单一的且明确的含义。如果有关术语本来就只具有唯一的一种意思,或联系上下文只能具有某种特定含义,或根据商业习惯通常仅指某种意思,那就必须按照它们的本意去理解。例如,暴风、地震、泥石流等,这些字句都有非常明确特定的含义。

2. 意图解释原则

意图解释即通过其他背景材料进行逻辑分析来判断合同订立时当事人的真实意图来解释合同。因此,解释时必须要尊重双方当时的真实意图。意图解释只适用于文义不清、用词混乱和含糊的情况。如果文字准确,意义毫不含糊,就应照字面意义解释。在实际工作中,应尽量避免使用意图解释,以防止意图解释过程中可能发生的主观性和片面性。

3. 有利于被保险人的解释原则

由于保险合同是附和性合同,多数保险合同的条款是由保险人事先拟定的,保险人在拟订保险条款时,对其自身利益应当是进行了充分的考虑,而投保人只能同意或不同意接受保险条款,一般不能对条款进行修改。且保险合同有很强的专业性,有些专业性的术语不是一般人能够完全理解的。所以,为了避免保险人利用其有利地位,侵害投保方的利益,当事人对保险合同发生争议时,人民法院或者仲裁机关应当作有利于被保险人的解释。

我国《保险法》第三十条规定:"采用保险人提供的格式条款订立的保险合同,保险人与投保人、被保险人或者受益人对合同条款有争议的,应当按照通常理解予以解释。对合同条款有两种以上解释的,人民法院或者仲裁机构应当作出有利于被保险人和受益人的解释。"各国普遍使用这一原则来解决保险合同当事人之间的争议。

4. 专业解释的原则

保险业务有其特殊性,是一种专业性极强的业务。在长期的业务经营活动中,保险业产生了许多专业用语和行业习惯用语,这些用语的含义常常有别于一般的生活用语,并为世界各国保险经营者所接受和承认,成为国际保险市场上的能行用语。为此,在解释保险合同时,对某些条款所用词句,不仅要考虑该词句的一般含义,而且要考虑其在保险合同中的特殊含义。例如,在保险合同中,"暴雨"一词不是泛指"下得很大的雨",而是指达到一定量标准的雨,即雨量每小时在16毫米以上,或24小时降水量大于50毫米的,方可构成保险业所称的"暴雨"。

二、保险合同争议的解决方式

按照我国有关法律规定,解决保险合同争议的方式一般有如下4种形式:协商、调解、仲裁和诉讼。

(一) 协商

协商是指在争议发生后由当事人双方在平等、互利谅解基础上通过对争议事项的协商,互相作出一定的让步，取得共识，形成双方都可以接受的协议，以消除纠纷，自行解决争议，保证合同履行。这种方式不但能使矛盾迅速化解，省时省力，而且还可以增进双方的进一步信任与合作，有利于合同的继续执行。

（二）调解

调解是指在第三人（合同管理机关或法院）参与主持下根据自愿、合法原则，在双方当事人明辨是非、分清责任的基础上，促使双方互谅互让，达成和解协议，以便合同得到履行。调解必须遵循法律、政策与平等自愿原则。只有依法调解，才能保证调解工作的顺利进行。如果一方当事人不愿意调解，就不能进行调解。如调解不成立或调解后又反悔，可以申请仲裁或直接向法院起诉。

（三）仲裁

指争议双方在争议发生之前或在争议发生之后达成协议，自愿将争议交给第三者即双方共同信任、法律认可的仲裁机构作出裁决，双方有义务执行仲裁裁决。这种裁决一般是终局性的，对双方当事人都有约束力，如果败诉方不自动执行裁决，胜诉方有权向法院提出申请，要求予以强制执行。仲裁是一种自愿性的解决争议的方式，在订有仲裁协议的条件下，发生争议时应通过仲裁解决，除非有特殊情况，当事人双方都不得向法院起诉，仲裁已经成为国际上通行的解决合同争议的重要方式。

（四）诉讼

诉讼是指合同当事人的任何一方按照民事法律诉讼程序向法院对另一方当事人提出权益主张，并要求法院予以裁判和保护。它是解决争议最激烈的一种方式。保险合同的诉讼是指保险合同纠纷发生后，当事人一方按照民事诉讼程序向法院对另一方提出权益主张，由法院进行裁判。人民法院具有宪法授予的审判权，是维护社会经济秩序、解决民事纠纷最权威的机构，不受行政机关、社会团体和个人的干涉，以事实为依据，以法律为准绳，独立行使审判权，维护当事人的合法权益。

项目案例链接

【案情】 王某乘坐某客运公司客车，司机在不应停车的地方停车，王某下车后横穿公路时被汽车冲撞身故。交通事故管理部门认定客车对该起事故负全部责任。客运公司在向王某家属赔偿损失后，依据其所投保的机动车第三者责任险向保险公司提出索赔。

保险公司认为，在这起事故中，客运公司赔偿王某家属的经济损失并不是所保车辆直接引起的，因此这不是第三者责任保险责任范围内的事故，保险公司不承担赔偿责任。客运公司认为拒赔不合理，起诉到法院。

法院审理认为，客运公司在致王某死亡的交通事故中因违反了《高速公路交通管理办法》，应当承担赔偿王某损失的责任。客运公司投保了第三者责任险，原、被告双方在对该保险合同条款的理解上发生争议，即对该赔偿责任是否属于保险责任有分歧，应按照《保险法》的规定作有利于被保险人的解释。因此判决保险公司承担赔偿责任。保险公司对一审判决不服，提起上诉。

【分析】 本案例争议的焦点是导致客车公司赔偿王某家属的事故是否属于保险事故，双方在对相关条款的解释上有争议。《保险法》中规定的"有利于被保险人的解释"原则为在有争议时解释保险合同条款提供了一种原则,但该解释原则不能排除合同解释的一般原则或方法,不能对保险合同任意作不利于保险人的解释。也就是说,并不是只要对保险条款发生争议,就必须作不利于保险人的解释。如果保险条款的含义清楚、意图明确,只是由于投保人、被保险人或受益人的理解错误而与保险人发生争议,就应该按保险条款的真实含义进行解释。

在本案例中,第三者责任险的保险责任条款的含义是很明确的:由于保险车辆自身发生的保险事故,给第三者造成了人身损害或直接的财产损毁,被保险人依法应当承担赔偿责任。王某的死亡是迎面而来的小轿车直接撞击造成的,尽管客车司机违反有关道路交通管理规定应承担事故的全部责任,但由于大客车本身并未发生交通事故,所以并没有发生保险事故。因此保险公司不应当承担客运公司对王某的赔偿责任。

【启示】对保险合同条款的理解产生的争议是导致保险合同纠纷的重要原因之一,对保险合同条款进行正确合理的解释对于维护保险人和被保险人的合法权益起着至关重要的作用。虽然我国《保险法》充分体现了对被保险人利益的保护,规定了"不利解释"原则,但这一原则在实际中的使用是有条件的,不能一有争议即照搬。

项目十三 保险投资

阅读资料 **保监会连发六条新规 保险资金投资运用再松绑**

新华网上海10月23日电(记者王涛、王原)中国保监会两日之内连发六条通知,对四万亿元保险资金投资运用的渠道继续松绑,这也是继7月份连续颁布4项险资运用政策之后,再度出台关于险资投资的新政策。

保监会22日连续发布了四条新规:《关于保险资金投资有关金融产品的通知》、《保险资金境外投资管理暂行办法实施细则》、《关于保险资产管理公司有关事项的通知》和《基础设施债权投资计划管理暂行规定》。其中两项为投资新政策,一项扩大了保险资产管理公司的业务范围,另外一项为基础设施债券计划管理细则。

随后23日,保监会又连续发布《保险资金参与金融衍生产品交易暂行办法》、《保险资金参与股指期货交易规定》,继续为险资"松绑"。

"保监会密集出台新政策的目的一方面是给保险公司资金的运用打开通道,另一方面,更重要的是支持整个国家经济的发展。"中央财经大学保险系主任郝演苏表示。

中国保监会主席项俊波此前表示,发布的一系列新规旨在促进保险市场健康运行,进一步改善保险公司资产结构,完善保险资金投资政策体系。

资料来源:新华网2012年10月23日

任务一 保险投资概述

一、保险投资的含义

保险投资是指保险企业在经营过程中,将积聚的各种保险资金加以运用,使其保值增值的活动。在保险经营过程中,由于保险责任范围内的自然灾害和意外事故的发生具有随机性和损失程度不同等特点,从某一时点看,保险费的收取与赔偿或给付,将在时间上和数量上产生差异。也就是说，保险公司收到的保费不会立即全部用于支付赔偿或给付。这种时间差和数量差，导致保险公司的一部分资金沉淀下来，变成暂时闲置资金，同时也就成为保险投资的资金来源。在保险公司的资产负债表上，这部分资金表现为负债项目的各种准备金。

二、保险投资的可能性

在保险经营过程中，一方面，由于保险责任范围内的自然灾害和意外事故发生具有随机性，从某一时点看，保险费的收取不会立即用于保险金的赔偿与给付，两者之间存在着时间差。特别是人寿保险一般年限比较长。另一方面，保险责任范围内的自然灾害和意外事故造成的损失程度具有不同的预计性，因此，从某一时点看，收取保险费的总额不可能正好等于赔偿或给付数量的总额，两者之间存在时间差。所以，保险投资具有了可能性。

三、保险公司投资的必要性

（一）保险公司投资首先是由保险资金的性质决定的

1. 负债性

由于保险公司业务经营中保费收入与保险金赔付之间存在的"时间差"和"数量差"，使保险公司有大量的资金处于闲置状态。这些资金除了资本金和总准备金外，其他属于保险公司的负债。这些资金以保险事故发生为契机，在将来某一时刻返还给被保险人。

因为保险投资这部分资金的负债性，保险公司不能把这些资金作为业务盈余在股东之间分配，也不能作为经营利润上交所得税，只能由保险公司进行投资运作，使之保值并不断增值，以履行未来的赔付责任。同时，这些资金的负债性也决定了保险公司在投资时以安全性原则作为投资的首要原则。

2. 稳定性

从资本金来看，它是保险公司的自有资金，是股东对保险公司的投资。根据《公司法》的规定，股东一般不能撤回资金。此外，我国《保险法》规定，当保险公司的最低偿付能力不足时，应增加资本金，补足实际资产与实际负债之间的差额。这说明资本金只能随投入资本的增加而增加，不可能减少，它是保险公司最稳定的资金来源。

从总准备金来看，总准备金是从保险公司的税后利润中计提的，用于应对巨灾事故所造成的损失，它属于保险公司的自有资金，在正常年景下，很少动用。总准备金因此也是成为十分稳定的保险投资资金的来源。再从责任准备金来看，虽然责任准备金属于保险公司的负债，但是，由于保险公司的持续经营，保险公司手中始终拥有一笔责任准备金，尤其是具有长期性和储蓄性的人寿保险业务使得寿险准备金成为一种不断累积的稳定的责任准备金。由此可见，稳定性是保险投资资金的又一重要性质。

3. 社会性

保险是通过收取保险费的方式集中社会上的分散资金建立保险基金，当保险责任范围内的自然灾害和意外事故造成损失时给予经济补偿的一种经济保障制度，风险通过这种经济保障制度在全社会范围内分散。因此，保险责任准备金主要来源于社会上不同投保人交纳的保险费，具有广泛的社会性，成为全社会共同的应对风险的后备资金，属于全社会共同利益的一部分。

(二) 保险投资是由保险运行内在的金融性质和保险行业间的竞争所决定的

详情如图 3-2 所示。

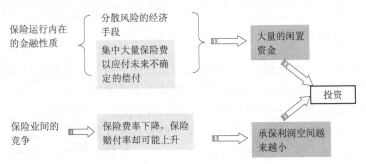

图 3-2 保险运行内在的金融性质

四、保险投资的原则

(一) 一般性投资原则

1. 安全性

安全性是指保证保险投资资金的返还。由于保险经营是一种负债经营,所以保险公司在投资时,首先要保证资金的绝对安全,否则会影响到保险经济补偿职能的实现,影响参加保险的企业和个人的正常生活和运转,甚至影响到社会的稳定。因此保险公司在投资前必须加强对投资项目的可行性研究,同时在投资时注意分散风险。

但是安全性是从投资的总体而言,并非要求每个投资项目都绝对安全,因为投资风险是客观存在的,风险越大,收益越高。所以只要确保保险投资资金的总体安全,在投资总额中,用一部分资金投入风险较大的项目,分散保险投资风险,也无损于保险投资的安全性条件约束。

2. 收益性

收益性是指保险公司从事保险投资活动获取投资收益的能力。收益性就是保险投资收益的最小期望值应大于相应资金投资所获得利益与相应的投资费用总和。投资收益是现代保险企业弥补承保业务亏损、增强自身偿付能力和市场竞争力的重要手段。

在具体实践中,投资收益和投资风险往往成正比,投资收益率越高,投资风险也就越大,这就要求保险公司从事保险投资时,在安全性和收益性之间选择最佳的组合,在总体上符合安全性的前提下,尽可能提高投资收益率。

3. 流动性

流动性是指在不损失资产价值的前提下投入资金的变现能力。

流动性与安全性一样,并非要求每一项投资项目都要有较强的流动性。只要从总体上确保其具有一定的流动性即可。

保险投资的安全性、流动性和收益性三者之间存在着矛盾。安全性是收益性的基础,流动性是安全性的保证,收益性是安全性和流动性的最终目标。从总体上讲安全性和流动性通常是成正比的,流动性越强,风险越小,安全性越好,反之亦然。流动性、安全性与收益性成反比,流动性强、安全性好的资产往往收益低,而流动性差、安全性不好的资产盈利能力强。

(二) 特殊性投资原则

1. 对称性

对称性要求保险公司在业务经营中注意资金来源和资金运用的对称性，也就是说保险投资时使投资资产在期限、收益率和风险度方面与保险资金来源的相应要求匹配，以保证资金的流动性和收益性。

2. 替代性

替代性首先要求保险公司在制定投资策略时根据自身资金来源、保单的性质和期限以及保险金的给付情况对投资目标定位；其次是充分利用各种投资形式在安全性、流动性和收益性方面的对立统一关系，寻求与保险公司、业务相适应的资产结构形式；最后，在某一投资目标最大化的前提下，力求使其他目标能在既定的范围内朝最优的方向发展或者牺牲一个目标来换取另一目标的最优化。

3. 分散性

分散性要求保险投资策略多元化、投资结构多样化，以降低整个保险投资资产组合的风险程度。

为了满足分散性要求，首先，保险公司在投资客体上要实现多样化，在保险法允许的范围内采取多项投资，尽量分散投资风险；其次，在投资的地域上尽可能分散，对股票和债券的投资风险在国际金融市场上分散；再次，投资资产规模尽可能分散，投资于同一部门、行业的资金规模不能过大；最后，适度控制保险投资的结构和比例，即对投资于某种形式资产的最高比例限制和对某一项资产投资的最高比例限制。

4. 转移性

转移性是指保险投资时保险公司可以通过一定的形式将投资的风险转移给他方而降低自身的风险。

最常用的风险转移方式有：一是转让，即通过契约性的安排让合约的另一方承担一定的风险，如通胀时期的浮动利率债券合约；二是担保，如保单质押贷款、第三方保证贷款、以银行或信用机构为担保的贷款以及以小动产或动产为抵押的贷款；三是将风险转移给再保险人或资本市场的投资者；四是套期保值，保险公司通过持有一种资产来冲销所持有的另一种资产的风险，从而达到降低自身投资风险的目的。

5. 平衡性

平衡性要求保险公司投资的规模与资金来源规模大体平衡，并保证一定的流动性，既要防止在资金来源不足的情况下进行投机性的买空卖空交易，增加投资的风险性，又要避免累积大量资金不运作或少运作而承担过高的机会成本，无法满足将来保险金赔付的需要。

> 阅读材料 **保监会：保险资金运用必须把防范风险放在首位**

在近日举行的保险资金运用监管工作会议上，中国保监会主席吴定富表示，防范资金运用风险、保障保险资产安全，是保险资金运用必须坚持的生命线。在保险资金投资渠道基本全面放开的情况下，要把防范风险放在首要位置，健全保险资金运用风险控制机制。

吴定富表示，目前我国保险资金配置的空间基本接近国际成熟保险市场的水平，但是新的投资渠道也意味着新的风险因素。无担保债券、不动产、非上市股权等新的保险资产投资渠道都是风险相对较高的领域，流动性风险、市场风险和管理风险相对突出，并且具有一定的顺周期特性，对风险管理的要求很高。保险业在相关的投资领域缺乏经验和人才，对涉足这些领域的潜在风险更应该高度警惕。

吴定富表示，保险资金运用关系到广大被保险人根本利益和金融稳定大局。只有始终把防范风险放在首位，处理好加快发展和防范风险的关系，切实防范化解风险，才能实现保险资金安全性、流动性和收益性的有机统一。

据了解，下一步保监会将健全保险资金运用风险控制机制，加快推进资产托管制度，制定发布《保险资产托管管理暂行办法》，同时加大现场检查力度，对违规运用资金的保险机构和高管人员，依法严肃处理。

资料来源：新华网 2010 年 10 月 8 日

五、保险投资的资金来源

商业保险的保险资金由保险公司的自有资本金、保险责任准备金和其他投资资金三部分构成。

（一）自有资本金

保险公司的自有资本金包括注册资本（或实收资本）和公积金。

（1）注册资本或实收资本一般由保险公司法规定，在开业时可视作初始准备金，在经营期间又是保险公司偿付能力或承保能力的标志之一。最低资本金的数额，各国保险法作了法律规定。我国《保险法》69 条明确规定，设立保险公司注册资本的最低限额为 2 亿元。保险法还要求保险公司以一定比例的资本金交存保证金，存入管理当局指定的银行，未经管理机关批准，保险公司不得动用，在保险公司清算时用于清偿债务。我国《保险法》规定保险公司应以注册资本额的 20% 交存保证金。

在正常的情况下，保险公司的资本金除了上交部分保证金外，基本上处于闲置状态，这部分资金具有较强的稳定性和长期性，一般可以作为长期投资。

（2）公积金，是保险公司按保险公司法的规定从历年的利润中提存，它和保险公司的注册资本（或实收资本）共同构成保险公司偿付能力或者承保能力。我国《保险法》第九十九条明确规定保险公司应当依法提取公积金。

（二）保险责任准备金

1. 非寿险责任准备金

非寿险责任准备金的内容如图 3-3 所示。

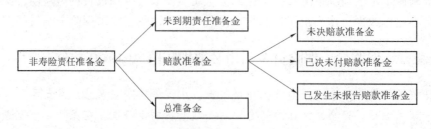

图 3-3　非寿险责任准备金的内容

（1）未到期责任准备金。由于保费的收取总是早于未来义务的履行，加之保险年度与会计核算年度不相吻合，对会计核算年度内收取的保费不能全部作为当年收入处理，而应按权责发生制原则将部分保费以责任准备金的方式提存起来，作为未来履行赔偿或给付责任的资金准备，这种资金准备称为未到期责任准备金。我国《保险法》规定，经营寿险业务以外的其他保险业务，应以当年自留保费收入的50%提取未到期责任准备金。以财产保险为例，某投保人于2002年4月26日投保一年期的企业财产保险，交纳保费12 000元，则其中8个月的8 000元保险费属于2002年度的收入，称为已赚保费；另外4个月的4 000元保费属于下一年度的收入，称为未赚保费。这部分未赚保费就是应提取的未到期责任准备金。未到期责任准备金在会计年度决算时一次计算提存，提取方法主要有年平均法、季平均法、月平均法和日平均法。

（2）赔款准备金。赔款准备金是用于赔付所有已经发生但尚未赔付的损失的金额，它包括三种情况：① 未决赔款准备金。当会计年度结束时，被保险人已提出索赔，但在索赔人与保险人之间，尚未对保险责任归属、赔付额度等事项达成一致意见，对这种未决赔案提取的责任准备金就是未决赔款准备金。② 已决未付赔款准备金。对于已经理算完结、赔付金额已确定的索赔案件，但尚未赔付，或尚未支付全部款项的已决未付赔案，对其提取的准备金称为已决未付赔款准备金。它是赔款准备金中最为确定的部分，只需逐笔计算即可。③ 已发生未报告赔款准备金。有些损失在年内发生，但索赔要在下一年度才能提出。因赔案发生在本会计年度，仍属本年度支出，为其提取的责任准备金即为已发生未报告赔款准备金，其数额大小只能由每家保险公司根据不同业务的不同经验来确定。

（3）总准备金。总准备金是从保险公司的税后利润中计提的，用于应付特大风险损失的一项专用准备金。总准备金只有在当年的保险业务经营发生亏损并且当年的投资利润还不足弥补时才动用，因此，在正常情况下，总准备金是长期沉淀的，是保险公司长期投资的一项主要的资金来源。总准备金归属为所有者权益。

2. 寿险责任准备金

人寿保险责任准备金是专门针对1年期以上的长期人寿保险计提的准备金，由保险人所收的纯保费中超交的部分及其利息积累而成。在不同的人寿保险种类和交费方式下，责任准备金的计提是有差别的。

以交费方法为依据，人寿保险的保险费可分为自然纯保费、趸交纯保费和均衡纯保费。自然纯保险费是以死亡率为交付标准计算的保险费，它按年收取。随着年龄的增大，人死亡的概率越来越高，需交纳的保险费也越来越多。根据其计算的原理，自然保费收入恰好等于当年给付的支出。从理论上讲，在自然保费条件下，无须在营业年度末计提责任准备金。

趸交纯保费是指毛保费中扣除附加保费的部分，并在投保之日一次性交清的纯保费。在现实生活中，很少有人一次性交清所有保险费。在趸交保费方式下，由于投保人在以后的保险期限内不再交纳保费，而保险人的给付责任并没有在付费当期结束，它将对以后保险期限内的各年度承担保险金给付责任，所以保险人对趸交方式下的长期性人寿保险合同，应在每个营业年度末计提长期责任准备金。

均衡纯保费是指在约定交费期限内，每次交费金额始终不变的纯保费。这种交费方式在保险业中得到了广泛运用。在均衡纯保费方式下，保费金额在各交费期限内是均衡的，但保险责任却是变动的。随着被保险人年龄的增长，死亡率在增加，死亡保险的给付可能性也随之增加。在保险期限前期，均衡纯保费高于自然保费（或支出）；在保险期限后期，均衡纯保费低于自然保费（或支出）。对于投保人早期交付的均衡纯保费中多于自然保费的部分，不能视为保险人的业务盈余，只能视为保险人对被保险人的负债，必须逐年提取作为责任准备金，以保证履行将来的保险金给付义务。从一般意义上讲，人寿保险责任准备金就是指均衡纯保费责任准备金。

国外一般按长期人寿保单的价值净额提取准备金。我国的做法是将本业务年度的人寿保险收入总额抵补本业务年度的人寿保险全部支出后的差额全数转入人寿保险责任准备金。

（三）其他投资资金

其他投资资金主要包括结算中形成的短期负债、应付税款、未分配利润、公益金、企业债券等。这些资金可根据其期限的不同作相应的投资。

任务二　保险投资渠道及其选择

一、保险资金运用渠道

依据保险投资的三原则和各类保险基金的特点来选择合适的投资渠道和投资对象是保险投资的重要一环。可供保险公司选择的保险投资的形式如图3-4所示。

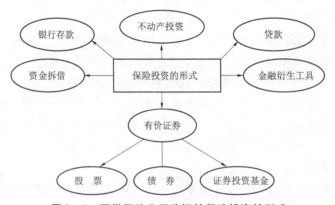

图3-4　可供保险公司选择的保险投资的形式

（一）银行存款

银行存款是指将保险基金存放于银行或其他金融机构。这种投资方式较好地满足了保险金的安全性和流动性要求，但它的收益是非常低的。除非该国的金融市场非常落后，可供投资的选择很少，否则，银行存款是不能作为保险基金投资的主要形式的。保险公司将少部分保险基金用于银行存款，主要是便于随时支付赔款。

（二）债券

债券是指发行者为筹集资金而向债权人发行的，在约定时间支付一定比例的利息，到期偿还本金的一种有价证券。购买债券也是保险基金进行投资的一种方式。由于债券的种类较多，不同类型的债券其风险和收益也是不同的，这给保险基金的运用提供了多种选择。保险公司可以根据保险基金对于收益性和流动性的不同要求，将保险基金在不同的债券种类中进行搭配。各国的实践表明，债券投资已经成为保险基金投资的重要选择之一。

（三）股票

股票是股份公司发给股东的股权凭证。投资者购买了公司的股票之后，便成为公司的股东,享有参与公司决策及分红派息的权利。股票投资具有高风险、高收益的特点,同时股票的流动性很好,因此它可以作为保险公司进行短期或长期投资的选择。但由于股票的系统风险很大程度上受到一国资本市场的成熟度的影响,因此,保险监管机构对于保险基金投资股票进入资本市场是十分慎重的。

(四)证券投资基金

投资证券投资基金是指通过发行基金证券集中投资者的资金,交由专家从事股票、债券等金融工具的投资,是投资者按投资分享其收益并承担风险的一种投资方式。保险公司购买证券投资基金券实际上是一种委托投资行为,即保险公司通过购买专门的投资管理公司的基金券完成投资行为,由投资基金管理公司专门负责资金的运营。

知识链接 **股票、债券和投资基金的区别**

证券基金与股票、债券并称有价证券市场中的三大品种,但它们所反映的关系却有区别,由此带来的收益和风险亦有不同。例如,股票反映的是一种产权关系,其收益取决于多种因素的影响,其投资收益是不固定的,风险性较大。债券反映的是债权人和债务人之间的借贷关系,双方通常事先确定利率,债务人到期必须还本付息,债权人的收益是固定的。证券投资基金反映的却是一种信托关系,除公司型基金外,购买基金券并不取得所购基金券发行公司的经营权,也不参加证券的发行、销售工作,只是分享基金管理公司的投资收益或分担其投资风险,同时还可以通过赎买方式抽回基金。因此,证券投资基金的投资风险要小于股票而大于债券,其收益一般也大于债券投资收益。

(五)不动产投资

不动产投资包括两种,一种是通过购买不动产的债券或股票来实现对不动产的间接投资;一种是直接购买不动产。保险基金一般是直接进行不动产投资。不动产投资的周期比较长,安全性较好,但是投资的流动性较差。因此保险公司对于不动产的投资也比较谨慎。

(六)贷款

保险基金用做贷款主要表现为两种形式:一般贷款和保单质押贷款。一般贷款是指保险公司作为非银行金融机构向单位或个人提供贷款。保险公司的这种贷款非常注意限制风险,一般为抵押贷款,而不发放信用贷款。保单质押贷款是指保险公司以具有现金价值的寿险保单作为质押向保单所有人提供的贷款。这种贷款的安全性很高,但收益较低。贷款额一般不超过保单现金价值的一定比例。

(七)资金拆借

资金拆借是指具有法人资格的金融机构之间或具有法人资格的金融机构与经法人授权的非法人金融机构之间进行的短期资金融通。资金拆借包括资金拆入和资金拆出。作为保险公司投资渠道的资金拆借是指资金拆出,即资金多余的保险公司向资金不足者借出款项,收取利息。保险公司是同业拆借市场交易主体的主要组成部分之一。保险公司进入同业拆借市场参与资金拆出活动,有利于保险公司在满足当期发生的赔付需要的前提下,灵活调度多余的保险资金,增强保险资金的流动性。资金拆出的风险较小,收益相对比银行存款利息高。

(八)金融衍生工具

金融衍生工具是随着金融市场发展而出现的新兴产品,主要包括期货(Futures)、期权

(Options)、互换（Swap）等。金融衍生工具的共同特点主要体现为：一是在品种设计上有杠杆作用或放大作用，俗称"四两拨千斤"；二是具有风险的对冲作用，抵消未来市场变化给资产或负债带来的风险。因此，金融衍生工具投资又称为风险管理资产（Risk Management Assets）。期货或期权可用来抵消现有资产组合的风险，锁定将来保费收入和投资的当期收益率。通过互换将利息收入转化成需要的形态，可更好地实现资产和负债的匹配。所以，金融衍生工具的投资对提高寿险公司的整体抗风险能力和投资效果都具有积极的意义。

阅读材料 **主要国家保险投资工具的运用状况（见表3-1）**

表3-1 主要国家保险投资工具的运用　　　　　　　　　　　　　　　　　　%

国家	房地产	抵押贷款	股票	债券	贷款	其他投资	总计
澳大利亚	4.96	0.44	27.89	25.40	5.20	36.11	100
加拿大	4.84	4.55	9.92	53.50	23.06	4.13	100
法国	9.46	—	21.08	61.12	2.72	5.62	100
德国	4.47	10.99	6.59	13.80	49.37	14.78	100
日本	5.40	3.66	24.73	23.88	30.78	11.55	100
英国	6.79	0.30	60.28	28.62	1.15	2.85	100
美国	1.97	8.63	10.60	69.78	4.03	5.00	100

阅读材料 **险资十年投资路：资金运用渐次开闸**
投资品种渐丰

继9月26日公布首批获准受托管理保险资金的9家机构后，10月12日，中国保监会再次发布《关于确认保险资金投资管理人报告事项的公告》，公布了第二批17家可以受托管理保险资金的机构名单，保险资金的投资管理人范围进一步拓宽。

这只是保险业资金市场化改革10年来的一个缩影。相比之下，保险资金运用渠道早已经覆盖投资领域的方方面面。"无论是债券、基金、股票、PE，还是不动产、QDII等，都已经为保险资金敞开了大门。"用一位保险公司投资部负责人的话来说，如今保险资金几乎没有什么渠道不能投资。

从2002年底的5 799亿元，到2012年6月底的6.78万亿元，中国保险业资产总额在10年间增长了12倍。这10年来，随着保险资金运用市场化改革的不断深化，保险创新大戏不断上演，改革步伐越迈越大。在资本实力提升的同时，从严管到放开，从渠道狭窄到投资多元，从品种单一到百花齐放，保险资金运用获得了前所未有的跨越式发展。

"'十六大'以来的10年，保险业体制机制创新实现了重大突破，保险资产管理体制改革逐步深化，保险资金运用渠道已基本全面放开，投资范围接近成熟保险市场水平。"保监会主席项俊波如是评价。

监管松绑　释放市场能量

10年来，在金融改革的大背景下，以市场化的保险投资变革为核心，中国保险业吹响了迈向新时代的号角。政策监管的松绑不仅改善了保险业的投资环境,更为市场释放了能量。

自我国加入世贸组织以来,保险公司的资金运用仅限于银行存款、政府债券、金融债券和国务院规定的其他资金运用形式,银行存款占保险资金运用额的一半以上,投资品种非常单一,造成保险投资的利率风险过于集中,投资收益不高。

2003年1月1日新修改的《保险法》实施,强化了保险投资者的便利化和选择的自由化。而2008年第二次《保险法》修订草案,更是强调拓宽保险资金运用渠道,首次规定保险资金可以用于不动产投资。

10年来,为使保险业进一步进入资本市场,提高投资收益率,保监会支持符合条件的中小保险公司设立治理完善、股权结构合理、市场化运作的保险资产管理公司,探索设立专业化保险资产管理机构。

自2012年4月以来,陆续获批的光大永明等5家保险资产管理公司,彻底打破了长期以来保险资金主要集中于2006年先后成立的9家大型资产管理公司手中。中小保险公司开设资产管理公司的获批,标志着保险业以更开放的姿态迎接市场,真正实现了保险与银行、证券、信托的市场化对接。

2012年以来,在金融改革的大背景下,保险业进一步深化保险资金运用市场化改革进程,在有效防范风险的前提下,放松管制、拓宽范围、简化审核程序,同时要求保险公司在符合监管法规的前提下自主决策、自行投资、自担风险。

截至2012年6月底,保险公司总资产达6.78万亿元。即将陆续出台的投资新政"13条",旨在全面深化保险资金运用市场化改革,这意味着保险资金的投资范围将打破以往体内循环的封闭现状,打通目前逾6万亿元的保险资金和证券、基金、银行、信托等行业的业务通道,有力推动保险资金运用市场化改革。

渠道拓宽　维护金融稳定

10年来,在坚持合法合规、风险可控并满足资产负债配置需要的前提下,保险业充分发挥保险资金融通功能,提高保险资金运用水平,支持国民经济建设。

保监会不仅鼓励保险资金购买国债以及符合条件的公司债和企业债,为国家经济建设提供资金支持,同时还鼓励保险公司直接或间接投资资本市场,发挥保险机构作为长期机构投资者的优势,促进资本市场稳定。

2004年10月,《保险机构投资者股票投资管理暂行办法》发布,为险企带来了新的曙光,正是由于保险公司可直接入市的投资比例逐步放开,险企投资收益率大幅度提升。

2005年2月17日,华泰资产管理公司取得保险资金入市第一单,完成了保险资金直接入市的首笔交易。另以中国人寿为例,2006—2010年,2006年"股权投资类投资收益"一项较2005年增长高达1 785.21%。

时至2010年,保监会再次发文打通股票和证券投资基金之间的界限,自主投资股票和股票型基金的比例增加至上季末总资产20%以内,投资股票、股票型基金加货币型基金合计不超过总资产的25%。

10年来,在保险投资渠道不断拓展的背后,相伴而生的是保险投资管理模式的不断演进。2006年10月,保监会正式公布《关于保险机构投资商业银行股权的通知》,对保险资金积极投资未上市商业银行股权及相关细节进行了明确规定,意味着保险资金自直接投资股票市场以来又一次获得了实质性突破。

至此,保险资金以前所未有的力度参与投资上市和未上市的银行股权。同年 10 月,工行 A+H 股同步上市,在 A 股发行中,保险机构约有 142 亿元资金积极参与其中,通过一级市场共计竞得超过 45.5 亿股,占工行当时 A 股发行规模的 30.5%;同年 11 月,中国人寿竞购广发行 20% 股权,成为首家成功参股未上市全国性商业银行的保险机构。

"银行股权投资的放开,有利于加强保险资产负债匹配管理,化解历史利差损,降低金融风险,不仅促进了保险业与银行业深层次合作,也有利于促进金融业结构调整,维护金融稳定。"亲历这一发展过程的保险业资深人士表示。

2012 年 5 月,保险投资新政"13 条"相继发布,如今已有四项正式出台,不仅降低了投资门槛、增加了投资范围,更进一步提高了投资比例,增加了资产配置的主动性和灵活性。随着保险资金运用市场化改革的继续深入,行业壁垒正逐一打破,险企与银行、证券公司、信托等金融机构同台竞技的时代正悄然到来。

结构改善 投资品种渐丰

10 年来,保险业以"发挥保险保障和融资功能,促进经济社会稳定运行"为本,引导保险公司以债权方式投资交通、通讯、能源等基础设施项目和农村基础设施项目,稳妥推进保险公司投资国有大型龙头企业股权,特别是关系国家战略的能源、资源等产业。

自 2012 年 8 月以来,伴随新一轮投资新政的落地,保险资金另类投资牌照密集下发。在短短 2 个月之内,中国人寿、中国太保、中国平安等多家保险公司相继获得保监会股权和不动产投资"双牌照",这标志着保险资金运用"13 条"新政策开始进入实质性的落实阶段。

日前,太平人寿公布了旗下"南水一号"首月结算利率,8 月份年化结算利率为 5%,以附加险身份出现的"南水一号"保险资金,逾 50% 的比例直接挂钩于国家重大基础民生工程——南水北调债权投资计划。在当前经济环境下,太平人寿增持基础设施类资产并获得较高收益率,被业界解读为保险资金投资渠道放宽后险企对产品创新、投资创新的积极响应。

前不久,太平洋保险集团宣布,旗下产、寿险公司及资产管理公司同时获得股权投资和不动产投资"双牌照"。据悉,去年太平洋资产管理公司发起设立的"太平洋-上海公共租赁房"项目金额达 40 亿元,并在业内牵头发起设立迄今最大的保险债权投资计划,金额达 210 亿元。

在支持基础设施和保障房建设的资金闸门打开之后,保险业服务民生工程和实体经济的力度进一步加大。

按照《金改"十二五"规划》的发展蓝图,"十二五"期间,保险业要规范保险资产管理公司管理体制,支持符合条件的中小保险公司设立公司治理完善、股权结构合理、市场化运作的保险资产管理公司,探索设立专业化保险资产管理机构。与此同时,要鼓励开展资产管理产品创新,稳步开展保险资金投资不动产和未上市企业股权,支持保险资金在风险可控的前提下拓宽投资渠道,依规投资保险类企业、非保险类金融企业和与保险业务相关的养老、医疗、汽车服务等企业股权。市场普遍预期,在《金改"十二五"规划》的指引下,未来保险业保险投资市场将更具活力,改革发展的步伐将会更加稳健。

资料来源:金融时报 2012 年 10 月 27 日

二、保险投资选择策略

(一) 保险投资结构策略

保险投资结构直接关系到保险企业的资金安全和经济效益。保险企业在选择有效的投资结构时,要采取科学的决策方法,综合考虑各种因素的影响,正确估计自身的实力,以确保保险资金流动性、安全性及运用的收益最大化。影响保险投资结构的主要因素包括以下四点。

1. 政府对保险投资结构的规定

为了保护被保险人的利益,确保保险公司的偿付能力,许多国家和地区政府都对保险投资结构做出了明文规定。我国《保险法》第一百零六条规定:"保险公司的资金运用必须稳健,遵循安全性原则。保险公司的资金运用限于下列形式:银行存款;买卖债券、股票、证券投资基金份额等有价证券;投资不动产;国务院规定的其他资金运用形式。保险公司资金运用的具体管理办法,由国务院保险监督管理机构依照前两款的规定制定。"因此,保险公司应在政府规定条件下,根据自身特点来选择投资方向,确定投资结构。

资料链接

2010年OECD国家各类资产配置比重的范围 (见表3-2)

表3-2 2010年OECD国家各类资产配置比重的范围

	债券	股票	房地产	贷款	其他投资
寿险	34.1%~93.9%	0.6%~50%	0~14.1%	0~31.8%	0.13%~35.6%
非寿险	4.3%~87.5%	0~42.4%	0~14.4%	0~94.3%	0~47.3%
全部保险	20.9%~93.3%	0.7%~41.6%	0~11.6%	0~55.2%	0.05%~37.2%

资料链接

中国保险资金资产配置比例及参考收益率 (见表3-3)

表3-3 中国保险资金资产配置比例及参考收益率　　　　%

项目		2004	2005	2006	2007	2008	2009	2010
银行存款	占比	47.0	36.7	33.7	24.4	26.5	28.1	30.2
	五年期存款利率	3.60	3.60	4.14	5.28	4.55	3.60	4.38
国债	占比	24.3	25.5	20.5	14.8	13.8	10.8	10.5
	银行间五年期率国债收益率	3.7	3.0	2.6	3.5	3.6	2.7	2.9
金融债券	占比	9.5	12.8	15.5	18.4	28.7	23.4	21.8
	银行间五年期率金融债收益率	3.7	3.1	3.0	4.0	4.3	3.1	3.4
企业债券	占比	5.9	8.5	11.9	10.5	15.1	16.2	17.2
	银行间五年期企业债收益率	—	—	—	—	5.3	4.5	4.6

续表

项目		2004	2005	2006	2007	2008	2009	2010
证券投资基金		6.2	7.9	5.1	9.5	5.4	7.4	5.7
股票	占比	0.0	0.3	2.0	4.8	1.7	2.4	11.9
	上证综指涨幅	-15.4	-8.3	130.4	96.7	-65.4	80.0	-14.3
其他		7.0	8.4	11.3	17.6	9.0	11.7	2.8
保险公司投资收益率		2.87	3.6	5.82	12.17	1.91	6.41	4.42

2. 经济发展和产业结构调整的影响

保险业是国民经济的有机组成部分，保险业务发展取决于社会经济的发展，保险投资业务发展也同样与之相关。保险公司的投资基金的供给，无论在投资方向上还是在投资结构上，都受社会经济发展中的资金需求制约；产业结构的调整对保险投资也将产生一定的影响。一般来说，各产业部门在发展过程中对资金的需要和吸收能力是不同的，因而保险资金的供给，即投资方式和对各部门的投资量也是不同的。在经济体制改革中，我国企业已走向市场，在此情况下，保险投资应多样化，尤其应适当增加有价证券投资，使投资结构趋向国际化。投资结构见表3-4。

表3-4 投资结构

项　目	产　险	寿　险
资金规模	规模较小	规模大
期限结构	以短期投资为主	资金可以长期运作
收益结构	对收益率要求不高	要求较高的收益率
风险结构	要求投资小心谨慎	约束相对较小

3. 资金市场变化的影响

从投资收益和投资风险来看，资金市场的变化直接影响保险投资结构，包括利率变化、证券价格变化以及各种投资形式收益率变化。例如，利率下降，就会使闲置货币资本流入股票市场，以期赚取股票的高额回报，从而增加了对股票的需求，股票价格就会上升。相反，利率提高，股价就会下降。另外，利率下降，证券价格上升还将导致证券资产收益率的相对上升。因此，根据资金市场变化及时调整投资结构是提高保险投资效益的关键。

4. 资金来源结构的影响

一般来说，属于长期负债的寿险准备金以及总准备金可用于长期投资，提高资金收益；属于短期负债的财险准备金则应用于短期投资或变现能力较高的项目。寿险公司和非寿险公司各自所经营的业务因期限长短不一或储蓄性与非储蓄性的差别，其资金来源也呈多种结构。

（二）保险投资主体模式策略

典型的保险投资主体模式有公司内设投资机构运作模式、委托专业的投资机构运作模式和专业化保险资产管理公司运作模式三种。

1. 公司内设投资机构运作模式

保险公司采取内部设立专门的投资管理部门，具体负责本公司的保险投资活动。这种模式的最大好处是有利于总公司对其资产直接管理和运作，易于监控，能够较好地贯彻执行公司的投资战略，保证保险投资的安全。但其缺点是不能适应管理专业化和服务多样化的要求，投资收益率低，容易产生内部黑箱作业，管理风险较大，这种模式现已逐渐被大多数保险公司扬弃。

2. 委托专业的投资机构运作模式

这种模式属于第三方投资管理公司运作模式。投资主体是受保险公司委托的专业化投资机构、证券投资公司、综合性资产管理公司。

其优点是保险公司将保险资金交给专业的投资公司进行有偿运营，使保险公司能够集中力量开拓保险业务。同时，投资机构可以对保险资金实行专业化管理，实现规模效益，保险公司只需支付少量合理的费用便可以享受专业投资的管理服务，既节约了成本费用，又享受到了专家理财的好处。

委托专业的投资机构运作模式的缺点是保险公司无法控制它们的经营活动，保证资金运用的安全，因此保险公司选择这一模式不仅要承担投资失败的风险，还要承担专业投资公司的操作风险，包括交易风险等。

一般而言，保险公司与专业投资公司根据立法的规定签订一份详尽的投资管理协议，包括保险公司的投资目标、资产分配和风险控制要求，投资公司进行投资决策和操作的权利，信息披露条款等。

3. 专业化保险资产管理公司运作模式

此模式是通过全资或控股子公司运作，投资的主体是保险公司控股的投资子公司。母公司只负责资金运作的总体规划、协调以及投资风险的控制。其优点在于：

一是有利于母公司建立多层次的风险监控体系，较好地贯彻公司的投资战略，有效地防范投资风险；二是保险资产管理公司具有完全独立的董事会、管理团队和组织结构，有着独特的投资理念和鲜明的业务特色，拥有投资领域出色的专业队伍，保证了其工作效率和投资的收益率；三是专业化保险资产管理公司在投资过程中透明度高、市场适应性强、资金运用速度快、资金运作的层次分明，可以防止内部黑箱操作和关联交易。

保险资产管理公司与保险公司在业务上相互独立、各司其职，财务上独立核算、自负盈亏，双方就保险资金的投向、投量、收益以及双方的权利、义务等达成协议。资产管理公司根据协议的规定，自主运用资金，但必须定期向保险公司报告投资的状况。

保险公司也可以根据自身业务的需要，向资产管理公司提出调整资金的投资方向和金额的要求。因此，专业化保险资产管理公司模式是目前大型保险公司较普遍采用的模式。

专业化的保险资产管理公司，使保险公司的业务向资产管理业务渗透，它既有利于明确保险公司与资产管理公司的责任和权利，加强对投资管理的考核，促进专业化运作，又有利于保险公司扩大资产管理的范围，为第三方管理资产，为公司争取更多的管理费收入。

从保险公司的业务模式和收益结构来看，资产管理已成为现代保险公司新的利润增长点。目前，欧美主要保险集团的附属投资公司除负责保险资金的投资运营外，还为外部客户提供资产管理服务，甚至将集团所有投资子公司重组为资产管理公司，统一负责保险资金和外部资金的管理。

三种保险投资主体模式相比较而言，完全依靠委托专业化投资公司管理保险资产的管理模式很难有效地控制保险投资风险；内设投资部的管理模式对保险资产管理的专业化水准和市场竞争能力的提高构成较大的限制；而专业化的保险资产管理模式不仅有效地增强了保险资产管理的经营管理能力，而且提高了保险资金的运用效率。

保险投资组织模式如图 3-5 所示。

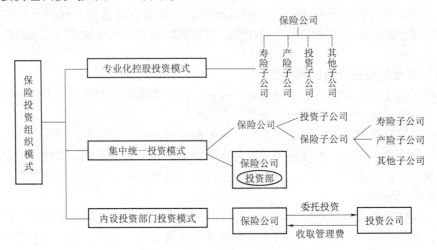

图 3-5　保险投资组织模式

资料链接

保险资产管理公司扩容进程见表 3-5。

表 3-5　保险资产管理公司扩容进程

	公司名称	申请获批时间	设立获批时间	成立（开业）时间	注册资本/亿元	背　　景
第一批	中国人寿资产管理有限公司			2004.6	10	2002 年底，全国保险资金运用余额达 5 799 亿元，比上年增长 56.6%。面对越来越多的资金余额，作为保险公司的一个业务部门的保险资金管理中心组建力不从心。2003 年 1 月，时任中国保监会主席吴定富在全国保险工作会议上明确表示，"允许符合条件的保险公司设立专业资产管理公司，创造保险业进一步进入资本市场，提高投资收益率，防范风险的内部条件。"随后，中国人保、中国人寿等多家保险公司紧锣密鼓地筹划设立资产管理公司。
	中国人保资产管理股份有限公司			2003.7	8	
	平安资产管理有限责任公司			2005.5	5	
	中再资产管理股份有限公司			2005.2	2	
	太平洋资产管理有限责任公司			2006.6	5	
	新华资产管理股份有限公司		2005.1	2006.6	1	
	泰康资产管理有限责任公司			2006.3	1.5	
	太平资产管理有限公司			2006.9	1	
	友邦外资保险资产管理中心			2006		
	华泰资产管理有限公司			2005.1	3	

续表

	公司名称	申请获批时间	设立获批时间	成立（开业）时间	注册资本/亿元	背　景
第二批	生命资产管理有限责任公司		2010.12	2011.7	1	2010年保监会明确提出支持符合条件的中小保险公司设立公司治理完善、股权结构合理、市场化运作的保险资产管理公司，推进保险资产管理专业化建设，深化保险资金运用体制改革。
	安邦资产管理有限责任公司			2011.5	3	
第三批	合众资产管理股份有限公司		2011.1	2012.6	1	此前，保险资产管理公司已有"9+1"格局被打破。进入2012年，在整个金融行业创新的推动下，保监会提出了"13条"保险资金投资新政，更是激起了保险企业成立资管公司的渴望。
	光大永明资产管理公司			2012.2		
第四批	中英益利资产管理有限公司	2012.6			1	
	阳光资产管理股份有限公司	2012.6			1	
	民生通惠资产管理有限公司	2012.6			1	

项目十四　保险理赔

阅读资料

暴雨致在京险企估损超10亿元

根据北京市保监局7月31日发布的数据，截至7月30日24时，在京保险公司共接到因强降雨造成损失的各类报案4.7万件，估损金额约10亿元。

其中，机动车辆保险接报案4.2万件，估损金额约3.9亿元；企业、家庭、工程等财产保险接报案2 331件，估损金额约5.1亿元；投保种植业保险农户受灾面积约28.3万亩；养殖业损失约24.3万头（只）；种养两业估损金额约9 142.6万元，已向农户预先赔付保险金2 000余万元；人身保险预计赔付保险金额457.6万元，已赔付220.3万元，涉及53人，其中34人死亡、5人失踪、14人受伤。

保监会财产保险监管部副主任董波在接受媒体采访时表示，保险公司要按照"重合同、守信用"的原则，适当放宽理赔条件，及时、足额赔付。董波说，特别是对于一些小的案件，更应该减少理赔程序，放宽理赔要求，加快速度，使投保人尽快得到赔款。要充分考虑消费者的诉求，不能简单地以合同等为依据，简单拒赔。

资料来源：京华时报2012年8月2日

任务一　保险理赔概述

一、保险理赔的含义

保险理赔，即处理赔案，是指保险标的发生保险责任范围内的自然灾害和意外事故造成损失时，保险公司根据保险合同的约定，对被保险人提出的索赔进行处理的过程。被保险人发生的经济损失有的属于被保风险引起的，因多种因素和条件的限制，被保险人的损失额并不一定等于保险人的赔偿或给付额。因此，保险理赔涉及保险双方的权利与义务的实现，是保险经营中的一项重要内容。

二、保险理赔的原则

1. 重合同、守信用

由于保险人与被保险人之间的权利义务关系都是通过保险合同来实现的，保险合同双方当事人都必须恪守合同的规定，保证合同的顺利履行。保险理赔是保险人对保险合同履行义务的具体体现，对保险人来说，在处理各种赔案时，应严格按照保险合同中条款的规定，受理赔案、审核责任、确定损失、及时赔付。既不能任意扩大保险责任范围乱赔，也不能缩小保险责任范围惜赔。

2. 实事求是

保险合同条款对赔偿责任作了原则性规定，但实际情况错综复杂，这就要求保险公司必须以实事求是的精神，运用保险条款的规定，并结合具体情况合情合理地处理赔案，既要有原则性，又要有一定的灵活性。尤其对通融赔付的案例，更应从严掌握，对有利于保险业务的稳定和发展、有利于维护保险公司的信誉和提高市场竞争能力、有利于社会的安定团结的案例才考虑通融赔付，而不是无原则地随意赔付。

3. 主动、迅速、准确、合理

这是保险理赔工作的"八字方针"，也是理赔质量的重要标准，旨在提高保险服务水平，争取更多的保险业务。所谓"主动、迅速"，就是要求理赔人员在处理赔案时要积极主动，及时深入现场，主动了解受损情况，迅速赔偿损失。所谓"准确、合理"，就是要求理赔人员在审核赔案时要分清责任，合理定损，准确地核定赔款金额，做到不惜赔、不乱赔。

4. 实际现金价值原则

对于财产保险和医疗费用保险，当保险事故发生时，保险人在保险金额的限度内按实际损失赔偿，实际损失多少赔付多少，被保险人不能因保险额外获利。

5. 重复保险的分摊原则

财产保险和医疗费用保险中出现重复保险，各家保险公司按比例责任分摊制或责任限额分摊制分摊实际损失，使被保险人获得的赔偿仅限于实际损失。但是人身保险中死亡保险金和残废保险金的给付不存在重复保险的分摊。只要是保险责任范围内的事故造成被保险人的死亡和残废，任何一家保险公司都必须按照约定的保险金额给付。

6. 代位追偿原则

保险标的的损失由于第三者的过错造成的，在财产保险和医疗费用保险中，如果第三者责任方赔付了，保险人不再赔付。如果保险人先按保险合同的规定赔付，保险人可以行使代位追偿权，代替被保险人向有责任的第三者追偿，使被保险人获得的赔偿限于其实际损失。但是，在人身保险中如果被保险人的死亡或残废是由第三者的过错造成的，保险人给付后不能行使代位追偿权。

7. 通融赔付的原则

通融赔付是指保险公司根据保险条款和有关法律的规定，权衡经营业务的得失后，对没有责任赔付给被保险人的损失，放宽保险金责任而支付保险金的理赔行为。通融赔付很容易给予理赔人员赔偿的弹性，出现滥赔、乱赔和人情赔款。因此，对通融赔付应经有关部门多层审批，严格把握。使通融赔付有利于保险公司的长远盈利，有利于提高保险公司的声誉和市场竞争力，有利于提高人们的保险意识。尽量减少借用通融赔付实施不应该的赔偿。

三、保险理赔的意义

保险理赔是保险经营的主要环节，做好理赔工作，对提高保险公司的经济效益和社会效益都具有十分重大的意义。

首先，保险理赔是保险基本职能的最终实现。保险的经济补偿或保险金给付职能是保险之所以存在的经济意义所在，也是保险存在的价值所在。从单个保单来说，是否能够进入到保险理赔环节是随机的，但对于整体的风险单位，保险理赔则是必然的。消费者之所以花费保险费购买保险的目的就是在可能发生风险事故的时候可以获得保险公司的赔付，从而可以使得个人的经济状况不至于一蹶不振，使得企业不至于由于自然灾害或意外事故造成的经济损失而濒临破产，所以保险理赔履行了保险公司在一纸约定中的承诺，体现了投保人购买保险的效用所在。

其次，及时、合理的保险理赔可以帮助保险公司树立良好的口碑，从而增加市场份额。保险这种商品的特殊性就在于，卖出了保险，并不意味着交易的终止，如果保险公司没有长远的眼光，客户索赔的时候，或者惜赔，或者不赔，这样不按照保险经营规律办事，公司的前景堪忧。所以现在保险市场上的保险公司大都在理赔环节做起了文章，提高理赔质量。如：太平洋财险主打的是"一站式服务"：客户可以委托太平洋保险直接代理处理交通赔付等一应事务；深圳人保主打的是：设立六大"保险事故车辆拆检定损中心"服务；平安财险主打的是车险全国通赔：通过网上联网平安全国分支机构可获得保险直接赔付。

最后，保险理赔环节起到了真正实现了保险的"社会稳定器"的作用。每家保险公司的客户群都是一个很大的集合，包含了社会各个岗位的人群，当发生灾害事故，个人的力量很难承担得起时，保险理赔可以帮助这样的个人或家庭渡过难关，从而减少了社会中的悲剧的发生，真正地稳定了社会。

任务二　保险理赔原则

一、近因原则

在保险事故中，造成损失的原因有时是多方面的，如果属于保险人承保的保险责任，就由保险人来承担赔偿责任，但是如果不属于保险承保的保险责任，保险人就不会承担赔偿责任。可见确定损失原因是保险人履行保险责任的非常重要的一环。近因原则就是在保险事故引起保险标的灭失或损坏时,为了分清与事故有关的责任,明确因果关系而专门设立的一种原则。

(一)近因的含义

近因是指在风险和损害之间,导致损害发生的最直接、最有效、起决定作用的原因,而不是指时间上或空间上最近的原因。英国法庭在1907年曾给"近因"下过定义:"近因是指引起一连串事件,并由此导致案件结果的能动的、起决定作用的原因"。后又对"近因"进一步说明为:"是指处于支配地位或者起决定作用的原因,即使在时间上它并不是最近的。"保险损害的近因,是指引起保险事故发生的最直接、最有效、起主导作用或支配作用的原因。

(二)近因原则的含义

按照法律上或保险业务中的惯例,当一起事故发生时,只注意造成这一事故的直接原因,而抛开各种各样的非直接原因。英国《1906年海上保险法》第五十五条规定,只有近因才是所要考虑的唯一原因。"近因"是指直接造成事件发生的关键因素。"远因"指的是那些虽然对事故的发生起了一定的作用,但并非起主导作用的原因。

近因原则的基本含义是:在风险与保险标的的损害关系中,如果近因属于被保风险,保险人应负赔付责任;如果近因属于除外风险或未保风险,则保险人不负赔付责任。

(三)近因原则的应用

认定近因的关键是确定风险因素与损害之间的关系,确定的方法有两种:一是从最初事件出发,按逻辑推理直到最终损害发生,最初事件就是最后一个事件的近因。二是从损害开始,自后往前推,追溯到最初事件,最初事件就是近因。例如,暴风吹倒了电线杆,电线短路引起火花,火花引燃房屋,导致财产损失。对此,我们无论运用上述哪一种方法,都会发现此案例中的暴风、电线杆被刮倒、电线短路、火花、起火之间具有必然的因果关系,因而,财产受损的近因——暴风,也就随之确定了。

在保险理赔中,正确理解近因原则,对确定保险责任具有重要意义。

1. 由单一原因造成的损害

造成保险标的损害的原因只有一个,这个原因就是近因。若这个近因属于承保风险,保险人负保险责任。若该近因属于未保风险或除外责任,则保险人不承担保险责任。例如,一人投保人身意外伤害保险,某一天被突如其来的汽车紧急刹车的声音惊吓导致心脏病复发而死亡,由于死亡的近因为心脏病,不属于意外伤害保险的保险责任的范围,所以保险公司不承担给付保险金的责任。

2. 由同时发生的多种原因造成的损害

同时发生的多种原因均属近因,如果多种原因均属被保风险,保险人负责全部保险责任。如果在多种原因中既有保险危险,又有除外危险,保险人如何承担责任,是一个有争议的问题。一种意见认为,保险人应赔偿全部损失,因为损害毕竟是由保险事故造成的。另一种意见认为,保险人只负责赔偿因保险事故所造成的损失,对非保险事故造成的损失不承担责任。对何为保险事故造成的损失,则应按照保险危险与不保危险对损害造成的原因比例确定。如果无法确定损失是否由保险事故造成,有的学者主张保险人对损失概不负责,也有的学者主张按照公平原则分摊。通常采用后一种意见。如某企业运输两批货物,第一批投保了水渍险，第二批投保了水渍险并加保了淡水雨淋险，两批货物在运输中均遭海水浸泡和雨淋而受损。显然，两批货物损失的近因都是海水浸泡和雨淋，但对第一批货物而言，由于损失结果难以分别计算，而其只投保了水渍险，因而得不到保险人的赔偿；而对第二批货物而言，虽然损失的结果也难以划分，但由于损失的原因都属于保险风险，所以保险人应予以赔偿。

3. 由连续发生的多项原因造成损害

连续发生的原因都是被保风险，保险人承担全部保险责任；连续发生的多项原因中含有除外风险或未保风险，若前因是被保风险，后因是除外风险或未保风险，且后因是前因的必然结果，保险人负全部保险责任；若前因是除外风险或未保风险，后因是承保风险，后因是前因的必然结果，保险人不负保险责任。人身意外伤害保险（疾病是除外风险）的被保险人因打猎时不慎摔成重伤，因伤重无法行走，只能倒卧在湿地上等待救护，结果由于着凉而感冒高烧，后又并发了肺炎，最终因肺炎致死。此案中，被保险人的意外伤害与死亡所存在的因果关系并未因肺炎疾病的发生而中断，虽然与死亡最接近的原因是除外风险——肺炎，但它发生在保险风险——意外伤害之后，且是意外伤害的必然结果，所以，被保险人死亡的近因是意外伤害而非肺炎，保险人应承担赔付责任。

4. 由间断发生的多项原因造成损害

在一连串发生的原因中，有一项新的独立的原因介入导致损害。若新的独立的原因为被保风险，保险人承担保险责任；反之，保险人不承担保险责任。例如某人投保了意外伤害保险后被车撞倒，造成伤残，并住院治疗，在治疗过程中因感染死亡。由于意外伤害与感染没有内在联系，死亡并非意外伤害的结果。感染是死亡的近因，属于疾病范畴，不包括在意外伤害保险责任范畴内，故保险人对被保险人死亡不负保险责任，只对意外伤害伤残支付保险金。在人身意外伤害保险中，被保险人在交通事故中因严重的脑震荡而诱发癫狂与抑郁交替症。在治疗过程中，医生叮嘱其在服用药物巴斯德林时切忌进食干酪。但是，被保险人却未遵医嘱，服该药时又进食了干酪，终因中风而亡，据查中风确系巴斯德林与干酪所致。在此案中，食用相忌的食品与药物所引发的中风死亡，已打断了车祸与死亡之间的因果关系，食用干酪为中风的近因，故保险人对被保险人中风死亡不承担赔偿责任。

二、补偿原则

（一）补偿原则的含义

损失补偿原则是指当保险事故发生使被保险人遭受损失时，保险人必须在保险责任范围内对被保险人所受的损失进行补偿。补偿原则是由保险的经济补偿职能决定的，是委付制度和代位求偿权制度的基础。因此，一般来说，补偿原则主要适用于财产保险合同以及其他补偿性保险合同。

补偿原则的确切含义可以归纳为两点：

（1）被保险人只有遭受约定的保险危险所造成的损失才能获得赔偿。如果有危险事故发生但是没有造成损失或者损害并非约定的保险事故所造成的，则无权要求保险人给予赔偿。

（2）补偿的数额应该在实际损失范围内，即保险人的补偿恰好能使保险标的恢复到保险事故发生前的状态。被保险人不应获得多于损失的补偿，保险人的补偿也不应该少于损失的程度。

(二) 补偿原则的意义

(1) 有利于实现保险的基本职能。补偿损失是保险的基本职能之一,补偿原则恰好体现了保险的基本职能,补偿原则的质的规定和量的限定都是保险基本职能的具体反映。也就是说,如果被保险人由于保险事故遭受的经济损失不能得到补偿,就违背了保险的宗旨。损失补偿原则约束保险人必须在合同约定条件下承担保险保障的义务,履行保险赔偿责任;对被保险人而言,保证了他实现正当的权利。

(2) 有利于防止被保险人通过保险获取额外利益,减少道德风险。损失补偿原则的质的规定性在于有损失则赔偿,无损失则不赔偿;其量的规定性将使被保险人因损失所获得的补偿,不能超过其所受到的实际损失,使被保险人只能获得与损失发生前相同经济利益水平的赔偿。因此,该原则可以防止被保险人利用保险而额外获利,有效抑制了道德风险的发生。

三、损失补偿原则

(一) 损失补偿原则的限制

(1) 以被保险人的实际损失为限进行保险补偿,这是一个基本限制条件。即当被保险人的财产遭受损失后,保险赔偿应以被保险人所遭受的实际损失为限。在实际赔付中,由于财产的价值经常发生变动,所以,在处理赔案时,应以财产损失当时的实际价值或市价为准,按照被保险人的实际损失进行赔付。如企业投保财产综合险,确定某类固定资产保险金额为 30 万元,一起重大火灾事故发生使其全部毁损,损失时该类固定资产的市价为 25 万元,保险人按实际损失赔偿被保险人 25 万元。

(2) 以保险金额为限进行补偿。保险金额是保险人承担赔偿或给付责任的最高限额,赔偿金额不能高于保险金额。另外,保险金额是保险人收取保险费的基础和依据。如果赔偿额超过保险金额,则会使保险人处于不平等地位。例如:一栋新房屋刚投保不久便被全部焚毁,其保险金额为 50 万元,而房屋遭毁时的市价为 60 万元。虽然被保险人的实际损失为 60 万元,但因保单上的保险金额为 50 万元,所以被保险人只能得到 50 万元的赔偿。

(3) 以保险利益为限制进行补偿。发生保险事故造成损失后,被保险人在索赔时,首先必须对受损的标的具有保险利益,而保险人的赔付金额也必须以被保险人对该标的所具有的保险利益为限。例如:某银行开展住房抵押贷款,向某贷款人贷出款额 20 万元;同时,将抵押的房屋投保了 20 万元的 1 年期房屋火险。按照约定,贷款人半年后偿还了一半贷款。不久,该保险房屋发生重大火灾事故,贷款人也无力偿还剩余款额,这时由于银行在该房屋上的保险利益只有 10 万元,尽管房屋的实际损失及保险金额均为 20 万元,银行也只能得到 15 万元的赔偿。

(二) 损失补偿的方式

1. 补偿的范围和方式

损失补偿的范围为被保险人遭受的实际损失,主要包括保险事故发生时保险标的的实际损失、合理费用和其他费用。保险标的的实际损失通常以损失发生时受损财产的实际价值计算,最高赔偿额则以保险金额为限。合理费用主要是指施救费用和诉讼支出。其他费用主要是指为了确定保险责任范围内的损失所支付的受损保险标的的检验、估价、出售等费用。损失补偿的方式主要包括现金赔付、置换和恢复原状。

（1）现金赔付是赔偿中最常见的一种方式。由于此财产保险中的损失都可以用一定量的货币来衡量，保险人可以根据损失的金额，支付相应数量的货币，货币的种类应该是双方事先约定好的。

（2）置换是指保险人还给被保险人一个与被损坏标的的规格、型号、新旧程度、性能等相同或者相近的标的。

（3）恢复原状是指在物质标的遭受损坏后，保险人出资把损坏部分修好，使标的恢复到损坏前的状态。

2. 补偿的方法

（1）第一损失赔偿方式。第一损失是保险金额限度之内的损失，超过保险金额的损失为第二损失。第一损失赔偿方式意思是在保险金额的限度内按照实际损失进行赔偿。

（2）比例赔偿方式。按照保障程度（保险金额与损失当时保险标的的实际价值的比例）计算赔偿金额。

$$赔偿金额 = 损失金额 \times 保险保障程度 \times 100\%$$

$$保险保障程度 = 保险金额 / 损失当时保险财产的实际价值$$

（3）限额责任赔偿方式。它分为固定责任赔偿方式和免责限度赔偿两种方式。

固定责任赔偿方式用于农作物收获保险，其做法是：事先确定一个限额，当实际收成达不到限额时，赔偿其差额部分。其特点是不计损失数额多少，只补偿收获量不足限额责任的部分，以保障被保险人收获量基数。计算公式为：

$$赔偿金额 = 赔偿限额 - 实际收获价值$$

免责限度赔偿方式是指保险人事先规定一个免责限度（可以是免赔率，也可以是免赔额），只有在损失超过这个限度时才予以赔偿。其优点是，对保险人来说，可以避免大量小额损失赔案的烦琐工作，减少工作量，提高工作效率。对被保险人而言，可以增强被保险人的责任感，并可减轻其保险费负担。它分为相对免赔与绝对免赔两种。

① 相对免赔。

当保险标的损失达到规定的限度时，保险人按全部损失赔偿。其计算公式为：

$$赔偿金额 = 保险金额 \times 损失率 \quad (损失率大于免赔率)$$

② 绝对免赔。

$$赔偿金额 = 保险金额 \times (损失率 - 免赔率) \quad (损失率大于免赔率)$$

此公式说明当保险标的的损失超过规定限度时，仅就超过限度的那部分进行赔偿。

从上述分析中，不难看出多保并不一定多赔。超过了一定限度，即保险金额超过了实际价值，构成了超额投保，那么被保险人最多能得到实际损失的全部金额。这不仅是财产保险的损失补偿原则所决定的，也是使保险区别于赌博和防止道德风险的重要标志与措施。换句话讲，保险金额未超过保险价值，在保险价值范围内，多保可以多赔；但保险金额超过了保险价值，无论你的投保金额有多大，也不可能得到更多的赔款，因为在所有财产险种中，保险人支付给被保险人的最高赔偿金额是不会超过保险价值的。

四、补偿原则的派生原则

(一) 保险代位原则

1. 保险代位原则的含义与意义

代位即取代他人的某种地位。保险代位指的是保险人取代投保人对第三者的求偿权(又称"追偿权")或对标的的所有权。

保险代位原则是指保险人依照法律或保险合同约定,对被保险人所遭受的损失进行赔偿后,依法取得向对财产损失负有责任的第三者进行求偿(或追偿)的权利或取得对保险标的的所有权。保险代位原则包括代位求偿权和物上代位权。规定保险代位原则的意义在于:

(1) 防止被保险人因同一损失获取不当利益。当保险标的发生的损害是由第三者的疏忽、过失或故意行为所造成,且该种损害的原因又属保险责任时,被保险人既可以依据民法向造成损害的第三者要求赔偿,也可以依据保险合同向保险人请求赔偿。这样,被保险人就会因同一损失而获得超过标的实际损失额的赔款,从而获得额外利益。同理,当保险标的发生保险事故而致实际全损或推定全损时,在保险人全额赔付的情况下,被保险人将标的的损余物资价值进行回收处理后,最终所得款额亦将超过其所遭受的实际损失额。这既违背了损失补偿原则,又违背了保险的宗旨,不利于保险及社会的健康发展。代位原则的规定,目的就在于严格执行损失补偿原则,防止被保险人获得额外利益。

(2) 维护社会公共安全,保障公民、法人的合法权益不受侵害。社会公共安全在法律上要求肇事者对其因疏忽、过失所造成的损失承担经济赔偿责任。如果被保险人因从保险人处获得赔偿而不追究责任者的经济赔偿责任,就会使肇事责任者逍遥法外,有违社会公平,而且也容易助长他人肇事行为的发生,从而干扰社会安全秩序。

(3) 有利于被保险人及时获得经济补偿,尽快恢复生产,安定生活。保险事故发生后,如果肇事责任者限于经济条件而无力承担被保险人的经济赔偿责任时,将会直接影响被保险人正常的生产和生活。而按照保险代位原则,保险人先向被保险人垫付赔款,有利于被保险人及时获得经济补偿,尽快恢复生产,安定生活。从另一方面说,被保险人向保险人请求赔偿也是保险合同赋予其的最基本的权利。

2. 保险代位求偿原则的内容

保险代位求偿包括代位求偿权(权利代位)和物上代位权。

(1) 代位求偿权。代位求偿权(又称"代位追偿权")是指当保险标的因遭受保险事故而造成损失,依法应当由第三者承担赔偿责任时,保险人自垫付保险赔偿金之日起,在赔偿金额的限度内,相应取得向对此损失负有责任的第三者请求赔偿的权利。

① 行使代位求偿权的前提条件。代位求偿权是债权的代位,即保险人拥有代替被保险人向责任方请求赔偿的权利。保险人行使代位求偿权,需要具备三个前提条件:第一,保险标的损失的原因是保险事故,同时又是由于第三者的行为所致。这样被保险人对保险人和第三者同时存在赔偿请求权,他既可以依据保险合同向保险人要求赔偿,也可以依据法律向第三者要求赔偿。第二,被保险人未放弃向第三者的赔偿请求权。如果被保险人放弃了对第三者请求赔偿的权利,则保险人在赔偿被保险人的损失之后就无权行使代位求偿权。第三,保险人取得代位求偿权是在按照保险合同履行了赔偿责任之后。因为,代位求偿权是债权的转移,在此项债权转移之前,被保险人与第三者之间特定的债权关系与保险人无关。保险人

只有按照保险合同的规定向被保险人赔付保险金之后，才依法取得对第三者请求赔偿的权利。

② 代位求偿权的实施对保险双方的要求。行使代位求偿权对保险双方都有一定的要求。就保险人而言，首先，其行使代位求偿权的权限只能限制在赔偿金额范围以内。即如果保险人向第三者追偿到的款额小于或等于赔付给被保险人的款额，那么追偿到的款额归保险人所有；如果追偿所得的款额大于赔付给被保险人的款额，其超过部分应归还给被保险人所有。其次，保险人不得干预被保险人就未取得保险赔偿的部分向第三者请求赔偿。《中华人民共和国保险法》第四十五条第三款规定："保险人依照第一款行使代位请求赔偿的权利，不影响被保险人就未取得赔偿的部分向第三者请求赔偿的权利。"第三，保险人为满足被保险人的特殊需要或者在法律的费用超过可能获得的赔偿额时，也会放弃代位求偿权。就投保人而言，不能损害保险人的代位求偿权并要协助保险人行使代位求偿权。首先，如果被保险人在获得保险人赔偿之前放弃了向第三者请求赔偿的权利，那么，就意味着他放弃了向保险人索赔的权利。其次，如果被保险人在获得保险人赔偿之后未经保险人同意而放弃对第三者请求赔偿的权利，该行为无效。第三，如果发生事故后，被保险人已经从第三者取得赔偿或者由于过错致使保险人不能行使代位求偿权，保险人可以相应扣减保险赔偿金。第四，在保险人向第三者行使代位求偿权时，被保险人应当向保险人提供必要的文件和其所知道的有关情况。

③ 代位求偿原则的行使对象。根据代位求偿权的一般原理，任何对保险标的的损失负有赔偿责任的第三者都可以成为代位求偿权的行使对象。但是，在实践中，各国立法都规定保险人不得对被保险本人及其一定范围的亲属或雇员行使代位求偿权，除非保险事故是由上述人员故意造成的。因为，如果允许对上述对象行使代位求偿权，被保险人就得不到实际补偿，保险也就失去了意义。《中华人民共和国保险法》第四十七条规定，除被保险人的家庭成员或者其组成人员故意制造保险事故造成保险标的损失以外，保险人不得对被保险人的家庭成员或者其组成人员行使代位请求赔偿的权利。显然，我国保险法规定的限制对象为"被保险人的家庭成员及其他组成人员"。

④ 代位求偿权的行使范围。代位求偿权一般不适用于人身保险。人身保险的标的是人的寿命或身体，与财产的性质不同，其价值难以估量，因而不会发生多重获益的问题。所以，如果被保险人在保险事故中致残或身亡，既可获得保险金，也可获得肇事的第三者的赔偿。《中华人民共和国保险法》第六十八条规定："人身保险的被保险人因第三者的行为而发生死亡、伤残或者疾病等保险事故的，保险人向被保险人或者受益人给付保险金后，不得享有向第三者追偿的权利。但被保险人或者受益人仍有权向第三者请求赔偿。"但是，并非所有人身保险合同或人身保险合同中的全部责任都适用这一规定。在医疗保险中，保险人赔付的医疗费用保险金应属于对被保险人支出医疗费用的补偿，不仅有价值，而且还是可以确定的，因而，保险人对于因第三者责任而支付的保险金仍可以进行追偿。

（2）物上代位权。物上代位权是指保险标的因遭受保险事故而发生全损时，保险人在全额支付保险赔偿金之后，依法拥有对该保险标的物的所有权，即代位取得受损保险标的物上的一切权利。

① 物上代位权的取得一般是通过委付实现的。委付是被保险人在保险标的处于推定全损状态时，用口头或书面形式提出申请，愿意将保险标的所有权转移给保险人，并请求保

人全部赔偿的行为。委付是被保险人放弃物权的法律行为,是一种经常用于海上保险的赔偿制度。当保险人接受委付的情况下,不仅取得保险标的物上的权利,而且包括标的物项下所应承担的义务。因此,保险人是否接受委付应谨慎从事。

② 物上代位是一种所有权的代位。与代位求偿权不同,保险人一旦取得物上代位权,就拥有了该受损标的的所有权。处理该受损标的所得的一切收益,归保险人所有,即使该利益超过保险赔款仍归保险人所有。但在不足额保险中,保险人只能按照保险金额与保险价值的比例取得受损标的的部分权利。

(二) 损失分摊原则

1. 损失分摊原则的含义与意义

分摊原则是在投保人重复保险的情况下产生的补偿原则的一个派生原则,即在重复保险情况下,被保险人所能得到的赔偿金由各保险人采用适当的方法进行分摊,从而所得的总赔偿金额不得超过实际损失额。重复保险指投保人对同一保险标的、同一保险利益、同一保险事故分别向两个以上的保险人订立保险合同。坚持重复保险分摊原则的意义在于:

(1) 有利于确保保险补偿原则的顺利实现。在存在重复保险的情况下,保险事故发生后,若被保险人就同一损失向不同的保险人索赔,就有可能获得超额赔款,这显然是违背损失补偿原则的。因此,确立重复保险的分摊原则可以防止被保险人利用重复保险在保险人之间进行多次索赔,获得多于实际损失额的赔偿金,从而确保了损失补偿原则的顺利实现。

(2) 有利于维护社会公开、公正和公平原则。在重复保险的情况下,坚持被保险人的损失在保险人之间进行分摊,必须公开多个保险人就同一危险所承保的份额及其所收取的保费,合理负担相应的保险赔偿责任,从而维护社会公开、公正和公平原则。

2. 损失分摊的方法

在重复保险情况下,对于损失后的赔款保险人如何进行分摊,各国做法有所不同。主要有以下三种分摊方法:

(1) 比例责任制。比例责任制又称保险金额比例分摊制,是各保险人按各自单独承保的保险金额占总保险金额的比例来分摊保险事故损失的方式。计算公式如下:

某保险人承担的赔偿责任 = 该保险人的保险金额/所有保险人的保险金额总和 × 实际损失

(2) 责任限额制。责任限额制也称赔款比例分摊制,是指保险人承担的赔偿责任以单独承保时的赔款额作为分摊的比例而不是以保额为分摊的基础。计算公式为:

某保险人承担的赔偿责任 = 该保险人单独承保时的赔款金额/
所有保险人单独承保时的赔款金额的总和 × 实际损失

(3) 顺序责任制。顺序责任制又称主要保险制,该方法中各保险人所负责任依签订保单顺序而定,由其中先订立保单的保险人首先负责赔偿,当赔偿不足时再由其他保单依次承担不足的部分。

顺序责任制对有的保险人有失公平,因而各国实务中已不采用该法,多采用前两种分摊方法。《中华人民共和国保险法》第四十一条第二款规定:"除合同另有约定外,各保险人按照其保险金额与保险金额总和的比例承担赔偿责任。"可见,我国一般采用比例责任制的分摊方法。

任务三 保险理赔程序

要保证保险理赔工作的质量,除了以保险条款作为理赔准则外,还要按照保险理赔工作的程序认真负责地处理好赔案。保险理赔程序根据不同的险种和案情而定，一般需经过登记立案、单证审核、现场勘察、核定损失、责任审定、损失计算和赔付、赔付结案、归档保管等过程。如图3-6所示。

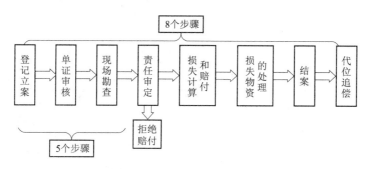

图3-6 保险理赔的八个步骤

（一）登记立案

保险标的发生保险事故，财产保险的被保险人，人身保险的被保险人或受益人有义务将事故发生的时间、地点、原因及其他有关情况及时通知保险公司或保险代理人。我国《保险法》规定，保险事故发生后，投保人、被保险人或者受益人必须履行以下义务：

（1）及时通知保险人；

（2）依照保险合同请求赔偿或者给付保险金；

（3）提出赔偿或给付请求的同时向保险人提供其所能提供的与确认保险事故的性质、原因、损失程度等有关的证明和材料；

（4）当保险人依照保险合同的规定，认为有关的证明和资料不完整并通知投保人、被保险人或受益人补充提供有关的证明和材料时，及时补充提供证明和资料；

（5）被保险人有责任尽力采取必要的措施，防止或者减少损失。

损失通知可采用电话（传真）报案、上门报案和营销人或经纪人报案三种形式。及时通知损失可以使保险公司立即开展损失调查，避免因延误造成调查的困难，可以防止道德危险因素的产生，以便保险公司及时采取施救措施，防止灾害事故的蔓延和损失的加重。损失通知根据险种不同通常有时限要求。例如被保险人在保险财产遭受保险责任范围内的盗窃损失后，被保险人应该在24小时内通知保险人，否则保险人有权不予赔偿。有的险种没有明确的时限规定，只要求被保险人在可能的情况下，尽快将损失通知保险人。如果被保险人在法律规定或合同约定的索赔时效内未通知保险人，视为自动放弃索赔权利。在《保险法》颁布之前，索赔期限通常规定在各个险种的保险条款之中，有的规定为1年，有的规定为2年。《保险法》对此作了统一的规定：

（1）人寿保险以外的其他保险的被保险人或者受益人，对保险人请求赔偿或者给付保险金的权利，自其知道保险事故发生之日起2年内不行使而消灭；

（2）人寿保险的被保险人或者受益人对保险人请求给付保险金的权利，自其知道保险事故发生之日起5年内不行使而消灭，如图3-7所示。

一般保险公司都设有24小时的报损中心，专门接受被保险人的损失通知。被保险人及时通知保险公司，保险公司在接到通知后再请被保险人填写出险通知书。财产保险损失通知的内容一般包括被保险人的姓名或名称、地址、保单号码、出险日期、出险原因、受损财产

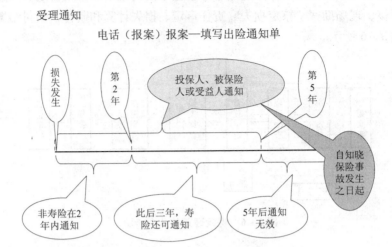

图 3-7 保险理赔的权利期限

的项目和金额等；责任保险损失通知的内容包括责任事故发生的时间、地点、受害人、证人等。

被保险人或受益人发生损失通知后，应该向保险人提供索赔必需的各种单证。在财产保险中，索赔单证包括保险单的正本、损失报告等。人寿保险的死亡索赔单证有保险单原件、受益人的身份证和户籍证明、最后一期的交费收据、公安机关出具的死亡证明等。意外伤害保险中残废保险金的索赔单证为保险单原件、被保险人的身份证明、指定机构开具的被保险人身体残疾程度鉴定书（如果伤残为意外所致，须提供意外事故证明文件；如为工伤，须提供劳动部门工伤事故调查报告）。医疗费用保险索赔须出具的单证有：指定医院出具的详细诊断书（包括诊断全称、简单病史和治疗过程）、治疗费用结算明细表、治疗费用原始收据（药费原始收据应附处方）、门诊、急诊病历、被保险人身份证明文件、保险单原件、最后一次交费收据等。海洋货物运输保险的索赔单证有保险单或保险凭证正本、运输合同、发票、装箱单、磅码单、检验报告、货损货差证明和索赔清单等，如果损失涉及承运人和托运人等第三者的责任，被保险人还应提供向第三者责任方索赔的书面文件。如果损失涉及海难，被保险人应提供海事报告书或海事声明书。

(二) 单证审核

保险公司在接到被保险人或受益人的损失通知和索赔单证后，保险内勤人员要立即进行单证的审核，以决定是否有必要全面开展理赔工作。单证的审核包括：

(1) 审核保险单的有效性。如果保单是无效的，就不必受理。例如人身保险合同规定，如果投保人在过了宽限期仍未交保费，保险合同中止，除非投保人在两年内提出复效申请，提供健康证明，补交保险费和利息，否则保险合同终止。又如，我国财产保险基本条款规定，被保险人应当履行如实告知义务，否则保险人有权拒绝赔偿，或从解约通知书送到 15 日后终止保险合同。

(2) 审核损失是否是由保险责任范围内的原因造成的。如果保险标的损失是由不保损失原因造成的，保险公司不承担保险责任，也就没有继续进行理赔工作的必要。

(3) 审核索赔人在索赔当时对保险标的有无可保利益，即索赔人是否有权取得赔偿。

索赔人一般是保险单载明的被保险人,对寿险保单而言,索赔人应是指定的受益人或被保险人的法定继承人。保险人在赔偿时要查明被保险人或受益人的身份,以决定其有无资格领取保险金。例如对财产保险合同,要审核被保险人在损失发生时对保险标的有无可保利益。又如货物在运输途中发生海损,但是运输单据包括保险单已从发货人手中转到收货人手中,这时发货人就无权索赔。

(4)理赔人员还要审核有关单证的有效性。例如,人身保险中理赔人员要审核交费凭证、身份证、死亡案件的死亡证明、残废案件的残废证明等单证是否有效。又如,海上保险除了审核保单外,还要审核损失证明是否合法,货物的发票、提单与保单是否一致。

(5)损失的财产是否为保险财产。保险人对被保险人的索赔财产,必须根据保险单认真审核,以判断是否属于保险财产。例如,我国财产保险综合规定,土地、矿产、水资源、货币、有价证券属于除外不保的财产,堤堰、铁路、金银、珠宝属于保险双方特别约定才能承保的财产。

(6)损失发生是否在保险的有效期内。保险单都明确载明保险有效的起讫时间,只有在保险有效期内发生的损失,保险人才负赔偿责任。例如,我国远洋货物运输保险的保险期限通常以仓至仓条款来限制,规定保险期限从保单载明的起运地发货人的仓库运输时开始到保单载明的收货人仓库为止,并以货物卸离满轮后60天为最后期限。

在初步确定赔偿责任后,保险公司根据损失通知编号立案,把保单副本与出险通知单核对,为现场勘查作准备。

单证审核的具体内容如图3-8所示。

(三)现场勘查

现场勘查的具体内容包括以下几个方面(如图3-9所示)。

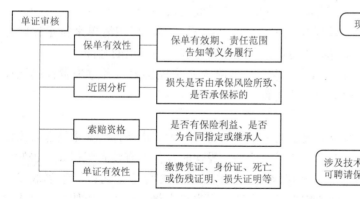

图3-8 单证审核的具体内容

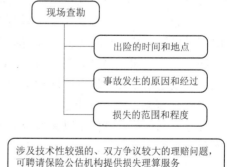

图3-9 现场勘查的具体内容

(1)查明出险的时间和地点。查明出险的时间是核实出险时间是否在保单的有效期内,即损失时间是否发生在保险责任的起讫时间内。对投保时已出险或保险期满后未办理续保手续的拒绝理赔;对那些没有及时损失通知,事后补保的索赔人,更应仔细核实出险时间,不仅向当事人、现场目击者了解出险时间,而且要向公安消防或有关部门核实。查明出险地点是核实出险地点是否与保单载明的财产地点一致或在保单载明的有关区域内。例如远洋货物运输保险或船舶保险中出险地点要在保单载明的航线和行驶区域。

(2)调查和核实出险原因。调查和核实出险原因就是核实出险原因是否属于保险责任范围内的风险，这是一项非常复杂的工作，保险理赔人员必须通过深入细致的调查研究才能确定出险的原因。例如，我国的企业财产保险的理赔，理赔人员要对于出险有关的风力、风向、水位、流速、室内外火源、电源以及安全管理情况等做详细调查，以便分清直接原因和间接原因，自然因素和人为因素，从而找出损失的近因。对一些技术性问题，有时还要依靠专家提供咨询服务，或请有关部门做出技术鉴定。例如，我国的保险公司对火灾损失和交通事故一般都由公安消防和交通管理部门调查损失原因并提供损失的书面证明。

（3）查清受损标的的名称、数量和施救整理的过程，以核实保险标的的损失程度和范围以及支出的施救费用。

（4）妥善处理受损的保险标的，处理受损标的的损余物资，尽量减少保险损失。

（5）为了获得保险事故的举证材料，保险理赔人员在勘查过程中还要取得有关行政主管部门如公安局、消防部门、交通管理部门出具的事故证明。

根据现场勘查和现场记录，保险理赔人员要做出保险事故的勘查报告或检验报告，为责任审定提供第一手的资料。

（四）责任审定

保险公司在现场勘查后，根据勘查报告，审定损失责任。如果损失属于保险责任，就要明确保险人的保险赔偿责任和赔偿范围，如果损失不属于保险责任，保险人必须向被保险人或受益人发出拒绝赔偿或给付保险金的书面通知。如果涉及第三者责任，还必须分清责任。

（1）审核被保险人是否具有可保利益，索赔单证及索赔时效是否有效，被保险人是否有违约行为而影响索赔权利等。

（2）根据保险合同、勘查报告、有关部门出具的损失证明或专家的技术鉴定等资料，审核损失是否由承保的风险导致的，损失是否在保险责任范围内并符合索赔条件，受损的标的是否与保单中载明的一致，保险事故是否发生在保单有效期内等。

（3）根据有关的报表、单据、被保险人提供的损失清单、施救费用清单来核定保险标的的实际损失金额，同时还要审核施救费用是否合理以及合理费用支出的金额。

（4）如果是第三者责任造成保险标的的损失，保险人必须提供第三者过失责任的法律依据，并核定第三者责任方应该承担的损失金额。

（5）认定被保险人的求偿权利

保险人承担赔偿责任是以保险合同规定的被保险人的义务为前提条件。如果被保险人没有履行保单规定的义务，保险人可以拒绝赔付。例如，投保时投保人有没有履行如实告知的义务；当保险标的的危险程度增加时，被保险人有没有及时通知保险公司；保险事故发生时，被保险人有没有采取必要的合理的施救措施来防止损失扩大等，这些足以使被保险人丧失索赔的权利。

（五）损失计算和赔付

保险人通过责任审定，确定保险赔偿责任和赔偿范围，并根据保险标的的保险金额和保险人的承保条件决定赔偿方式，然后理赔人员按照确定的赔偿方式，根据损失情况，分别按保险标的的损失、施救费用、勘查费用、损余回收、免赔额等项目列出计算公式，填制"赔索计算书"。

1. 保险补偿

根据保险补偿原则，保险补偿既包括对保险标的损失的补偿，也包括对保险标的损失的各种费用的补偿。我国《保险法》规定，保险事故发生后，保险人除承担因自然灾害或意外事故造成的保险标的的经济损失外，还须承担以下费用：

（1）被保险人为防止或者减少保险标的的损失所支付的必要的、合理的费用，其数额在保险标的损失赔偿金额以外另行计算，最高不超过保险金额的数额；

（2）投保人、被保险人为查明和确定保险事故的性质、原因以及保险标的的损失程度所支付的必要的、合理的费用；

（3）责任保险的被保险人因给第三者造成损害的保险事故被提起仲裁或者诉讼的，除保险合同另有约定外，由被保险人支付的仲裁或者诉讼费用以及其他必要的、合理的费用，由保险人承担。

在一般的财产保险合同中，保险人承担的损失补偿有：

（1）保险金额限度内保险标的的实际损失；

（2）保险事故发生后，被保险人为防止或减少保险标的的损失所支付的必要的合理的费用，费用的补偿在保险标的损失赔偿金额以外另行计算，最高不超过保险金额的数额；

（3）必要的合理的检验费用。

2. 人身保险业务保险金的计算

（1）人寿保险业务。对于传统的人寿保险业务，保险事故造成被保险人死亡或保险期满时保险人继续生存，保险人按保险合同中约定的保险金额给付。

对于投资型的人寿保险业务，保险事故造成被保险人死亡，保险人按投资收益的多少决定保险金的给付，但最低不低于保单中规定的基本保额。

（2）人身意外伤害险业务。按照我国人身意外伤害保险条款规定，因意外事故造成伤亡的，或双目完全失明，或者两肢永久完全残废，或一目永久完全失明，同时一肢永久完全残废的，给付保险金额全数。因意外事故造成一目永久完全失明或一肢永久完全残废的，给付保险金额半数。因意外事故造成其他伤害以致完全丧失劳动能力、身体机能，或永久丧失部分劳动能力、身体机能的，可能按照丧失劳动能力和伤残程度给付全部或部分保险金。为此，我国保险公司制定了"意外伤害保险金额给付表"和"意外伤害残废给付标准"，供寿险工作人员使用。残废保险金多少视保险金额和伤残程度确定，伤残程度用百分率表示，如丧失拇指全部为25%，丧失一足趾为5%。

$$残废保险金 = 保险金额 \times 伤残程度百分率$$

当一次意外事故造成被保险人多处伤残时，按总和的伤残程度百分率来计算残废保险金。如果被保险人身体各部分伤残程度百分率合计超过100%，只能按保险金额全数给付保险金。如果被保险人在保险期内多次遭受意外伤害，每次意外伤害，保险人都必须按合同规定给付，但累计的保险金给付不超过保险金额。

特别注意的是人寿保险中的死亡保险金给付和人身意外伤害险中的残废保险金的给付不存在重复保险问题，也不存在代位追偿问题。被保险人拥有数份保单，保险事故发生时，任何一家公司必须按约定的保险金额给付，不得有所增减。如果是第三者的责任造成被保险人死亡和残废，保险公司给付后不得行使代位追偿。

保险公司完成审核和勘察工作后，就损失责任、赔偿金额与被保险人或受益人达成协议，即可支付赔款。保险人对被保险人请求赔偿或给付的要求按保险合同的规定办理，如果保险合同没有约定的，按照《保险法》的有关规定办理。我国《保险法》第二十三条规定：

保险人收到保险赔偿的请求后,应当及时作出核定,对属于保险责任的,在与被保险人或者受益人达成有关赔偿和给付保险金协议后10日内,履行赔偿或者给付保险金的义务。如果保险合同对保险金额及赔偿或者给付期限有约定的,保险人应当依照保险合同的约定,履行赔偿或者给付保险金的义务。我国《保险法》第二十五条规定:保险人自收到赔偿或者给付保险金的请求和有关证明、资料之日起60日内,对其赔偿或者给付保险金的数额不能确定的,应当根据已有证明和资料可以确定的最低数额先予支付;保险人最终确定赔偿或者给付保险金的数额后,应当支付相当的差额。保险赔偿通常以现金赔付,在财产保险中保险人也可以与被保险人约定其他方式,如恢复原状、更换、修理和重置等。

如图3-10所示为保险赔偿方式的具体内容。

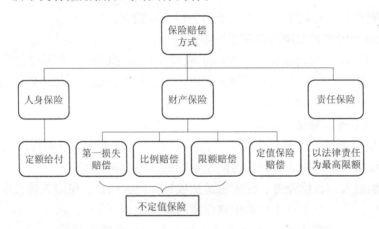

图3-10 保险赔偿方式的具体内容

(六)损余物资的处理

在财产保险中,受灾的财物有时还有一定的价值,保险公司在全部赔付之后,有权处理损余物资。损余物资的妥善处理,对挽救财产损失,减少赔款支出,具有积极的意义,保险人应在适当照顾被保险人利益的同时,使损余物资得以充分利用。损余物资有时可以折价给被保险人,以充抵保险金。如果损余物资必须由保险人收回,理赔部门应填写"损余物资收回凭证"。

(七)赔付结案

保险理赔人员在支付赔偿金后,清理有关赔案的所有文件和单证,以及现场的照片和录音,归档管理,以便日后查阅。在结案时,保险理赔人员还要注意追偿。如果损失应由第三者负赔偿责任,被保险人在取得赔偿后应填具权益转让书,把对第三者责任方的要求赔偿权利转让给保险人。在海上货物运输保险中,保险人按推定全损赔付时,被保险人必须将有关保险标的的一切权益委付给保险人。

项目十五 再 保 险

阅读资料

2005年和2012年,史上最强飓风——"卡特里娜"和"桑迪"飓风登陆美国,两次灾难带来的保险损失分别高达 450 亿美元和 250 亿美元。全球再保险资本迅速反应,再保险的风险分散机制有效保障了当地保险公司的偿付能力稳定。

又如,2010 年智利地震,保险赔付的 95% 实际上是由再保险人分担;2010 年和 2011 年新西兰连续两次地震,保险赔付的 70% 由再保险人分担;2011 年日本地震,再保险人分担 57%;2011 年泰国洪水,再保险人分担 70%。数据显示,2011 年各类灾害产生的经济损失中,保险赔付约合 1 060 亿美元,其中再保险人分担比例高达 65%,可见再保险已经成为分担巨灾损失的主要渠道。通过再保险安排,在更大范围内分散和化解巨灾风险,这是再保险机制优势的直接体现。

作为民族再保险公司代表,中再集团参与了国内绝大多数直保公司的巨灾再保险合约,承担国内巨灾风险总累计责任超过 5 000 亿元。其中,洪水台风总累计责任超过 2 000 亿元,旱灾风险总累计责任超过 1 000 亿元,中再集团已经成为国内巨灾再保险的主要承担者。同时,为了提升巨灾风险分散能力,中再集团目前正在加紧夯实基础,一方面对国内巨灾趋势、发生规律等进行研究,另一方面也加快引进国际先进的巨灾模型,在此基础上加以开发和使用。

资料来源:《中国保险报》2012 年 12 月 11 日

任务一 再保险概述

一、再保险的含义

再保险亦称再保或分保,是转移保险人承担的风险责任的行为或方式。

再保险是原保险人与再保险人之间的一种契约关系,原保险人将其承保风险和责任的一部分转嫁给再保险人,相应支付规定的分保费,再保险人按照再保险合同的规定,对原保险人在原保险单项下的赔款承担补偿责任。由此可见,再保险合同具有经济补偿性质,属于补偿性合同。在再保险业务中,习惯上把保险与再保险关系的示意图如图 3-11 所示。

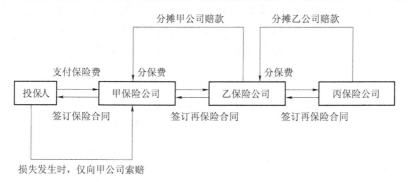

图 3-11 保险与再保险关系示意图

再保险业务的原保险人可称为再保险分出公司、再保险分出人、分保分出公司、分保分出人,通常简称为分出人或分出公司;接受再保险业务的公司可叫做再保险接受公司、再保险接受人、分保接受公司、分保接受人,通常简称为分入人、分入公司或再保险人等。

分保费又被称为再保险费,是指再保险中的分出公司支付给分入公司的保险费。分保佣金又被称为分保手续费,是指再保险中的分出公司支付给分入公司的保险费。分保佣金又被称为分保手续费，是指再保险中的分入公司支付给分出公司的报酬，用于补偿分出公司在招揽业务过程中支出的费用。转分保又被称为再再保险，是指再保险中的分入公司将其接受的业务再分给其他保险人的行为。转分保中的双方被分别称为转分保分出人和转分保接受人。

我国的《保险法》规定，经营财产保险业务的保险公司当年自留保险费，不得超过其实有资本金加公积金总和的四倍，保险公司对每一风险单位，即对一次保险事故可能造成的最大损失范围承担的责任，不得超过其实有资本金加公积金总和的10%；超过的部分，应当办理再保险。

二、再保险与保险的区别

（一）合同当事人不同

原保险合同的当事人是投保人和保险人，而再保险合同的当事人都是保险人，即原保险人和再保险人。尽管再保险合同中的分出人就是原保险合同中的保险人，但由于身份的变化，使其履行的权利和义务完全不同。在原保险合同中，他享有向投保人收取保险费的权利，承担向投保人支付赔款的义务；而在再保险合同中，原保险人由原来的卖方变买方，故其权利和义务发生了根本的变化，诸如：

（1）交纳分保费；
（2）收取分保手续费；
（3）摊回赔款；
（4）告知义务；
（5）防止损失扩大义务；
（6）全权处理保险事宜；
（7）账务、赔款等接受再保险人的检查。

（二）保险标的不同

原保险合同的保险标的是被保险人的财产、人身、信用及其有关的利益和责任。再保险合同中的保险标的是原保险人所承担的责任或风险。再保险人并不直接对物质的损失给予赔付，而是对原保险承担的风险责任给予补偿，并以此构成再保险的客体。

（三）合同补偿性质不同

原保险合同具有补偿性或给付性，前者表现在财产保险合同中，后者体现在人身保险契约内。而在再保险合同中，不论是财产、人身还是信用等险种，都是以补偿原则，表现为分摊性。

（四）合同涉及主客体广度不同

原保险合同通常是一家保险公司与某一保户之间所订立（共同保险例外），而且大多数是就地投保，即多在本国或本地区范围内承保；而再保险合同所涉及的往往是巨大灾害，如地震、飓风、洪水等，或者是巨额风险，如人造卫星、核发电厂等巨额分保业务，一旦发生事故，保险公司多年辛勤经营所积累的保险基金就会顷刻间化为乌有。因此，多数精明的保险人都比较慎重，不敢贸然参加较高份额的再保险业务。再保险业务的通常做法是，保险公司承保业务后，经常把成千上万笔业务组织安排为一个再保险合同，本身自留适当部分，后分给几个、几十个，甚至上百个国内外的再保险接受人。因此，再保险业务发生特大赔案时，往往会有世界许多国家的保险公司共同分摊其赔款。

(五) 保险费支付不同

在原保险合同中，除了奖励性支付外，保险费支付都是单向付费的，即投保人向保险人支付保费；而在再保险合同中，保险人须向再保险人支付分保费，再保险人须向原保险人支付分保佣金。

三、再保险的作用

再保险的产生，主要是基于保险人分散风险的需要。保险被誉为是"社会的稳定器"，再保险被誉为"保险经营的稳定器"，从而再保险也是社会的稳定器。再保险的作用主要表现在以下几个方面。

(一) 扩大业务规模，提高承保能力

扩大业务规模，承保尽可能多的风险单位，是保险企业经营保险业务必须坚持的基本原则之一。然而每一个保险人的业务发展是有限的，不可能无限制地承揽业务。因为保险公司的实际承保能力是受资本金和总准备金等自身财务状况限制的。

有了再保险，保险公司就可以突破限制，尽可能多地拓展业务。因为在计算保险费收入的时候可扣除分出保费，只计算自留保费。因此保险人对大额业务也可以承保，然后通过分保将超过自身承受能力的部分转移出去。这样一方面，保险人在不违反法律对业务资本量比例限制的前提下，就可以将保险责任控制在可以承受的范围之内；另一方面，利用分保增加了承保数额，保费收入增加，而管理费用并未按比例增加，从而降低了经营成本。

同时，保险人将业务分出，再保险人还会返还分保佣金，当分出业务良好时又可得到盈余佣金。对保险人来说，有了分保，降低了成本，增加了保费及各项佣金，提高了经营利润，增大了保险人的承保能力。

(二) 控制保险责任，保持财务的稳定性

保险业要实现稳健经营，要求承保的每一风险单位的风险责任比较均衡，不能差距过大。因为根据风险分散的原理，保险单位越多，保额越均衡，保险人的财务稳定性就越好；反之，保险人对各风险单位承担的经济责任越是大小不等，保险人的财务稳定性就越差。可能由于一次风险事故的发生，在一个风险单位内必须支付巨额的保险赔款就会使财务陷入困境，甚至导致保险人的破产。因此，保险人必须对每一风险单位承担的责任加以控制。但事实上，保险标的的价值悬殊，保险金额差别很大，保险人又不能一味地追求均衡保额，因为那样的话根本无法满足投保人的需求。

通过再保险，保险公司和再保险公司都可以根据自己的承保能力，科学地制定自留额和责任限额来控制自己的风险责任，包括对一个风险单位风险责任的控制、一次巨灾事故的累积风险责任的控制以及全年累积风险责任的控制。这样把超过自己承担能力的风险责任转移出去，既增多了风险单位的数目，又达到了保险金额均衡的目的，使预期平均损失与实际损失更加接近，从而保持了财务的稳定性。

(三) 被保险人获得更为可靠的保障

再保险分散了原保险人的责任，被保险人得到的赔偿实质上是由原保险人与再保险人共同分担，显然这种保障比由原保险人单独承保更加安全可靠。同时，对于巨额保险业务的投保人来说，再保险使其投保程序大大简化，投保人只须向一家保险公司投保即可，节省人力物力，便于投保人对投保的管理。同时，对于企业投保人来说，因为有了原保险公司和再保险公司的保障，投保企业更能得到银行的信赖，从而提高了企业信用，为获得融资提供便利。

（四）增加保险公司的净资产，提高保险公司的偿付能力

再保险的这一作用主要表现在两个方面。一方面，再保险可以使分出公司通过提取未到期赔付责任准备金、未决赔款准备金、分摊赔款和分摊保险经营费用而聚集大量资金，同时加以适当运用，来增加保险公司的收益；另一方面，分出公司在分保业务中还可以得到一定数量的分保佣金和盈余佣金，从而增强了分出公司的财务力量。保险公司的偿付能力是以公司的净资产来衡量的，即资产减负债。通过办理再保险可以增加公司的资产，降低公司的负债，从而提高偿付能力。

（五）形成巨额全球性保险基金，加强同业合作

保险公司之间通过再保险业务，相互分保，可以使较多的保险公司联合起来，形成巨额保险基金，共同承保巨额保险责任。就世界范围来讲，再保险已经打破国家与地区之间的界限，形成了国际再保险市场。各国保险同业之间分出分入业务，有往有来，使世界各国的保险基金通过再分配，形成雄厚的国际性联合保险基金，发挥了再保险在国际间分散风险与补偿损失的积极作用。有了这种巨额的、联合的、全球性的保险基金，就可以承保一家保险公司或一国保险市场无法承担的巨额风险，满足现代化生产和高新技术发展对巨额保险的需要。

（六）促进国际贸易和经济全球化的发展

随着世界经济的发展，各国之间的经济往来日益频繁。在经济交往中，无论是国际贸易还是人员技术交流都离不开保险，货物运输保险和运输工具保险已成为国际贸易和经济全球化发展的重要保障，而再保险作为保险的保险自然也是不可或缺的。同时国际再保险本身就是一项国际经济活动，是国际经济合作与交流的体现，对世界经济一体化具有重要的支持和推动作用。

任务二　再保险分类

为了分散风险和其他目的，原保险人往往把自己承保的保险责任限制在适当数额之内，而将多余的部分再分给其他再保险人，其中自留部分叫做自留比例，转嫁出去的部分称为分保额或分保比例。自留额和分保额可以以保额为基础，也可以以赔款为基础。再保险业务若从责任分配方面来分类，可以分为比例再保险和非比例再保险。

（一）比例再保险

比例再保险（Proportional Reinsurance）是以保险金额为基础来确定分出公司自留额和接受公司责任额的再保险方式，故有"金额再保险"之称。在比例再保险中，分出公司的自留额和分入公司的责任额都表示为保险金额的一定比例，该比例也是双方分配保费和分摊赔款时的依据。也就是说，分出公司和分入公司对于保费和赔款的分配，按照其分配保额的同一比例进行，这就充分显示了保险人和再保险人利益的一致性。因为比例再保险最能显示再保险当事人双方共命运的原则，因而其应用范围十分广泛。比例再保险方式具体分为成数

再保险和溢额再保险两种。

1. 成数再保险

成数再保险（Quota Share Reinsurance）是最典型的也是最简便的比例再保险方式。它是指原保险人将每一风险单位的保险金额，按照约定的比率分给再保险人。成数再保险方式的最大特征是"按比率"。例如，分出公司自留30%，分出70%，则称该合同为70%的成数再保险合同。由于成数再保险对每一风险单位都按一定的比率分配责任，故在遇有巨额风险责任时，原保险人和再保险人承担的责任仍然很大。因此，为了使承担的责任有一定范围，每一份成数再保险合同都按每一危险单位或每张保单规定一个最高责任限额，分出公司和接受公司在这个最高责任限额中各自承担一定的份额。

【例1】假定在一成数再保险合同中规定原保险人自留保险金额的比例为30%，再保险人分入的保险金额为70%，每一风险单位的最高责任限额为2 000万元。现有三笔业务保险金额分别为1 000万元、2 000万元和3 000万元。则这三笔保险业务的保险金额在原保险人与再保险人之间的分割如表3-6所示。

表3-6 保险金分割表

	保险金额/万元	分出公司自留保险金额/万元	分入公司自留保险金额/万元	分出公司另行安排保险金额/万元
1	1 000	300	700	0
2	2 000	600	1 400	0
3	3 000	600	1 400	1 000

再假定这三笔保险业务的保险费率均为0.3%，在合同有效期内发生的赔款分别为16万元、48万元和120万元。则这三笔业务的保费与赔款的分配及分割如表3-7所示。

表3-7 保险费与赔款分配表

	保险费收入/万元	限额内分配比例	分出公司自留保险费/万元	分入公司自留保险费/万元	分出公司另行安排保额的保险费/万元
1	3	30%∶70%	0.9	2.1	0
2	6	30%∶70%	1.8	4.2	0
3	9	30%∶70%	1.8	4.2	3
	赔款/万元	限额内分配比例	分出公司自留保险费/万元	分入公司自留保险费/万元	分出公司另行安排保额的保险费/万元
1	16	30%∶70%	4.8	11.2	0
2	48	30%∶70%	14.4	33.6	0
3	120	30%∶70%	24	56	40

成数再保险的优点主要体现在两个方面。首先，合同双方的利益一致。由于成数分保对于每一风险单位的责任均按保险金额由分出公司和分入公司按比例承担，因此合同双方存在

真正的共同利益,不论业务大小、好坏,双方一律共同分担。在各种再保险方式中,成数再保险是保险人与再保险人双方利益完全一致的唯一方式。因此,成数再保险双方很少发生争执。其次,成数再保险手续简单,节省人力和费用。采用成数分保,分出公司和分入公司之间的责任、保费和赔款分配都按约定的同一比例进行计算,使得分保实务和分保账单编制方面手续简化,节省了人力、时间和管理费用。

成数再保险的特性具有上述优点,但其也有不足之处。具体表现在以下两点。第一,成数再保险过于僵化,缺乏弹性。成数再保险具有手续简便的优点,但同时也意味着其缺乏弹性。在成数再保险合同中,只要属于合同的承保范围,任何业务分出人均应按照约定的比例自留和分出,没有选择的余地。这种死板的规定使分出人对于没有分保必要的质量好而保额不大的业务,也要按比率分出而不能多做自留,从而使分出公司支付较多分保费;反之,对质量较差的业务,分出人又不能减少自留。其结果表现为对再保险人有利,对分出人不利。总的来说,成数再保险往往不能满足分出公司获得准确再保险保障的需求。第二,成数再保险不能均衡风险责任。由于不论保险金额高低,一律按固定比例划分责任,因此,针对各风险单位的保险责任不能做到均衡化。在成数分保之后保险金额高低不齐的问题仍然存在。比如船舶保险,有的船只保险金额很大,有的很小,各船的保险金额很不平衡,而原保险人都要按一个比例确定自留额,结果是原保险人对不同船只承担的保险责任不均衡,这样,如果价值昂贵的船只受损,保险公司会遭受较大的损失。

成数再保险由于其操作方便简单,因此多用于新公司、新业务。新建立的保险公司由于对分析风险责任缺乏经验,往往采用成数再保险,这样可以从再保险人那里获得技术上的帮助。对于新开办的险种,由于缺乏实际操作经验和统计资料,因此,多采用成数再保险进行分保。有一些险种,如汽车险、航空险,危险程度高,赔偿频繁,利用成数再保险可以发挥手续简便、确保双方利益一致的优势。相对而言,经验丰富、历史悠久的公司一般较少采用成数再保险。另外,成数再保险和其他分保方式混合运用,往往能发挥最佳效果。

2. 溢额再保险

溢额再保险(Surplus Reinsurance)是指原保险人与再保险人在合同中约定自留额和最高分入限额,将每一风险单位的保险金额超过自留额的部分分给分入公司,并按实际形成的自留额与分出额的比率分配保险费和分摊赔款的再保险方式。由于在溢额再保险合同项下,原保险人与再保险人之间保险费的分配、赔款的分摊,都是按实际形成的保险金额分割比率进行,因此,溢额再保险也属于比例再保险。在溢额再保险合同项下,若某一业务的保险金额在自留额之内时,就不需要办理分保,只有在保险金额超过自留额时,才将超过部分分给溢额再保险人。因此,溢额再保险的自留额是一个确定的自留额,不随保险金额的大小变动;而成数再保险的自留额表现为保险金额的固定百分比,随保险金额的大小而变动。这是溢额再保险与成数再保险的最大区别。

溢额再保险也是以保险金额为基础来确定再保险当事人双方的责任的。对于每一笔业务,自留额已先定好,将保险金额与自留额进行比较,即可确定分保额和分保比例。例如,某一溢额分保合同的自留额为 50 万元,现有三笔业务,保险金额分别为 50 万元、100 万元和 200 万元,第一笔业务在自留额之内无须分保,第二笔业务自留 50 万元,分出 50 万元,第三笔业务自留 50 万元,分出 150 万元。溢额与保险金额的比例即为分保比例。本例第二笔业务的分保比例为 50%,第三笔业务的分保比例为 75%。

由以上可以看出，溢额再保险关系成立与否，主要看保险金额是否超过自留额，超过自留额的部分即由溢额再保险吸收承受。但分入公司分入的保险金额，并非无限制，而是以自留额的一定倍数为限。这种自留额的一定倍数，称为线数（Lines）。自留额与线数的乘积就是分入公司的最高分入限额，超过这个限额的部分，由分出公司自己负责或自行安排。合同规定的自留额的大小，决定分出公司承担责任的大小。同样，在自留额一定的条件下，线数的多少，决定着分入公司可能承担的责任的大小。自留额与分保额之和叫做合同容量（Capacity）或合同限额（Limit）。

一般而言，分出公司根据其承保业务和年保费收入来制定自留额和决定溢额分保合同的最高限额的线数。有时由于承保业务的保额增加，或是由于业务的发展，需要设置不同层次的溢额，依次称为第一溢额、第二溢额等。当第一溢额的分保限额不能满足分出公司的业务需要时，则可组织第二甚至第三溢额作为第一溢额的补充。

【例2】假定在一溢额再保险合同中规定原保险人自留额为200万元，分入公司分入业务的最高限额为4线。现有三笔业务，保险金额分别为150万元、800万元和1 500万元。则这三笔保险业务的保险金额在原保险人与再保险人之间的分割如表3-8所示。

表3-8 保险金分割表

	保险金额/万元	分出公司自留保险金额/万元	分入公司自留保险金额/万元	分出公司另行安排保险金额/万元
1	150	150	0	0
2	800	200	600	0
3	1 500	200	800	500

再假定这三笔保险业务的保险费率均为0.3%，在合同有效期内发生的赔款分别为16万元、48万元和120万元。则这三笔业务的保险费和赔款的分配与分割如表3-9所示。

表3-9 保险费与赔款分配表

	保险费收入/万元	限额内分配比例	分出公司自留保险费/万元	分入公司自留保险费/万元	分出公司另行安排保额的保险费/万元
1	0.45	100%:0%	0.45	0	0
2	2.4	25%:75%	0.6	1.8	0
3	4.5	20%:80%	0.6	2.4	1.5
	赔款/万元	限额内分配比例	分出公司自留保险费/万元	分入公司自留保险费/万元	分出公司另行安排保额的保险费/万元
1	16	100%:0%	16	0	0
2	48	25%:75%	12	36	0
3	120	20%:80%	16	64	40

(二) 非比例再保险

非比例再保险（Non-Proportional Reinsurance）是以赔款为基础确定再保险当事人双方责任的分保方式。当赔款超过一定额度或标准时，再保险人对超过部分的责任负责。与比例再保险不同的是，在这种再保险方式下，分出公司和分入公司的保险责任和有关权益与保险金额之间没有固定的比例关系，因此称为非比例再保险。比例再保险与非比例再保险主要有以下区别。

（1）自负责任与分保责任的确定基础不同。比例再保险以保额为基础划分双方责任额，接受公司的责任额要受原保险金额大小的影响；而非比例再保险是以赔款为基础来确定自负责任和分保责任的，接受公司的责任额不受原保险金额大小的影响，而是与赔款总额相关联。

（2）分保费计算的方式不同。比例再保险分保费率与原保险费率一致，按分保责任比例与保费之积计算分保费；非比例分保由于双方赔付机会不一样，不是按原保险费率计算分保费，而是采取单独的费率制度，根据分保业务损失资料另行制定再保险费率，分保费按合同年度的净保费收入与分保费率之积计算，与原保险费并无比例关系。

（3）分保手续费是否支付。比例再保险中有分保佣金和盈余佣金的规定；非比例再保险的分保接受公司视分出公司与被保险人地位相等，因此，不必向分出公司支付分保佣金和盈余佣金。

（4）保险费准备金是否扣留。比例分保的接受公司必须提存与其承担责任比例相应的保费准备金，并根据需要提存赔款准备金；非比例分保的接受公司仅在赔款超过起赔点时才承担赔偿责任，通常在合同中没有提存保费准备金的规定。

（5）赔款的偿付方式不同。比例再保险的赔款偿付，除个别巨灾赔款分出公司要求接受公司以现金赔偿外，通常都通过账户处理，按期结算；非比例再保险的赔款多以现金偿付，接受公司于收到分出公司的损失清单后短期内如数偿付。

非比例再保险可以分为险位超赔再保险、事故超赔再保险和赔付率超赔再保险三种方式。

1. 险位超赔再保险

险位超赔再保险（Excess of Loss Per Risk Basis）是以一次事故中每一风险单位所发生的赔款金额为基础，来确定分出公司的自负责任额和分入公司最高责任限额的再保险方式。假若总赔款金额不超过自负责任额，其全部损失由分出公司赔付；假若总赔款金额超过自负责任额，则超过部分由接受公司赔付。但再保险责任额在合同中的规定，也是有一定限度的。关于险位超赔在一次事故中的赔款计算，有两种情况：一是按风险单位分别计算，接受公司对每一风险单位的赔款不超过最高责任限额，但对一次事故的总赔款没有额度限制；二是接受公司在对每一风险单位的赔款不超过最高责任限额的情况下，还有事故限额，即对每一次事故总的赔款有限制，一般为险位限额的 2～3 倍，即每次事故接受公司只赔付 2～3 个单位的损失。

【例3】有一个超过 100 万英镑以上的 200 万英镑的火险险位超赔合同，在一次事故中有四个风险单位受损，损失金额分别为 300 万英镑、400 万英镑、600 万英镑和 700 万英镑。如果每次事故对风险单位没有限制，则赔款的分摊如表 3-10 所示。

表 3-10　赔款分摊表　　　　　　　　　　　　　　　　　单位：万英镑

风险单位	发生赔款	分出公司承担赔款	接受公司承担赔款	其他
（1）	300	100	200	
（2）	400	100	200	
（3）	600	100	200	
（4）	700	100	200	
共计	2 000	400	800	800

如果每次事故分入公司的总赔款责任限额为险位责任限额3倍，那么分入公司只负责上例中3个险位限额的赔款，也就是600万英镑即可。

2. 事故超赔再保险

事故超赔再保险（Excess of Loss Per Event Basis）是指在合同中分出公司首先确定其对每一事故可能发生的赔款的自负责任额，分入公司在该自负责任额之上确定其最高赔款责任限额的再保险。在事故超赔再保险形式下，在一次事故的实际赔款不超过分出公司的自负责任额时，全部赔款都由分出公司负责。只有一次事故的实际赔款超过分出公司的自负责任额时，分出公司才在最高责任限额以内负责超过分出公司自负责任额以上的部分。

【例4】假定在一事故超赔再保险合同中规定原保险人自负责任额为100万元，分入公司的最高赔款责任限额为400万元。在一次灾害事故中有3个险位发生损失，损失金额分别为30万元、150万元和500万元。按照合同规定的条件，分出公司和分入公司各自应负担的赔款如表3-11所示。

表 3-11　赔款分摊表

	赔款/元	分出公司自负赔款	分入公司分摊赔款	分出公司另行安排的赔款	赔款总额
1	300 000				
2	1 500 000				
3	5 000 000				
		1 000 000	4 000 000	18 000 000	6 800 000

3. 赔付率超赔再保险

赔付率超赔再保险（Excess of Loss Ratio Reinsurance）是按年度赔款与保费的比率来确定自负责任和再保险责任的一种再保险方式。在约定的年度内，当赔付率超过分出公司自负责任比率时，超过的部分由分入公司负责。由于这种再保险可以将分出公司某一年度的赔付率控制于一定的标准之内，所以，对于分出公司而言，又有"损失中止再保险（Stop Loss Reinsurance）"之称。

【例5】假定在一赔付率超赔再保险合同中规定原保险人自负责任比率为60%，分入公司的最高责任比率为超过60%以上的80%，分入公司最高赔款限额为1 600万元。假如有三种情况：第一种是分出公司列入该再保险合同的业务的年净保费收入为2 600万元，年净赔款为1 170万元；第二种是分出公司列入该再保险合同的业务的年净保费收入为2 100万元,年净赔款为 2 520 万元;第三种是分出公司列入该再保险合同的业务的年净保费收入为 1 800 万元,年净赔款为 2 844 万元;在这三种不同的情况下,分出公司与分入公司各自应承担的赔款责任如表 3-12 所示。

表 3-12 分出公司与分入公司各自应承担的赔款责任

	年净保费收入/万元	年净赔款/万元	赔付率	分出公司自负赔款/万元	分入公司分摊赔款/万元	分出公司另行安排的赔款/万元
1	2 600	1 170	45%	1 170	0	0
2	2 100	2 520	120%	1 260	1 260	0
3	1 800	2 844	158%	1 080	1 440	324

任务三 再保险合同

一、再保险合同含义

再保险合同是指保险责任的分出公司与分入公司就保险责任的分担约定保险权利与义务关系的协议。

二、再保险合同的基本条款

(一) 共命运条款

共命运条款是指再保险人与原保险人在利益和义务方面共命运,主要是根据再保险的特点做出的。因为再保险人往往与原保险人处在不同的国家或地区,尽管前者承担的责任是基于原保险合同的承保范围,但实际上难以介入原保险合同,所以将标的审核、费率制定、保费收取以及赔款处理等诸多事宜都授权给原保险人单独处理,与此而产生的一切权利和义务,均按原保险人和再保险人双方达成的再保险合同的有关条款共同分享和分担。

(二) 过失或疏忽条款

在再保险合同中,普遍订有过失或疏忽条款,规定原保险人和再保险人缔约双方不能因为另一方在工作中发生了错误、遗漏或延迟而推卸其对另一方原本应承担的责任。

显然,本条款主要是鉴于原保险人在办理再保险实务过程中,由于非故意的过失或疏忽造成的错误、遗漏或延迟给予纠正的机会,以利于保险交易的顺利进行。

(三) 双方权利保障条款

双方权利保障条款是原保险人与再保险人应保证对方享有其权利,以使合法利益得到保护。原保险人应赋予对方查校账册,如保单、保费、报表、赔案卷宗等业务文件的权利;再保险人则赋予原保险人选择承保标的、制定费率和处理赔款的权利。

(四) 仲裁条款

我国现行的海上货物运输险分保合同和海上船舶运输险分保合同的仲裁条款中规定:"双方对本合同有关的一切争执应友好协商解决,如协商不能解决时,则提请中国海事仲裁委员会仲裁,海事仲裁委员会裁决是最终的决定,双方都应服从。"

中国海事仲裁委员会是目前我国的常设海事仲裁机构，原名为"中国国际贸易促进委员会海事仲裁委员会"。

再保险合同仲裁条款一般包括仲裁程序、仲裁机构、仲裁地点和仲裁效力等内容。

（1）仲裁程序。仲裁程序主要规定如何进行仲裁。

（2）仲裁机构。其中伦敦海事仲裁员协会的影响最大。

（3）仲裁地点。再保险业务争议的仲裁地点，通常约定在分出公司的所在地。

（4）仲裁效力。关于仲裁效力，世界各国的规定有同有异。比如，英国规定，所作的仲裁必须有法院的许可。而我国的民事诉讼法规定："经中华人民共和国的涉外仲裁机构裁决的案件，当事人不得向人民法院起诉。"

（五）其他条款

其他条款是保险合同一般应具有的共同条款，包括：缔约当事人的名称、地址；保险期限；再保险的险种和方式；保险费的计算和支付方式；保险责任的分担及除外责任；争议处理，包括仲裁或诉讼条款；赔款规定等。

三、再保险合同的性质

再保险同原保险一样，也是通过合同来明确原保险人和再保险人之间的权利与义务关系的。合同的主要内容包括再保险项目、条件、期限和手续费等等。再保险合同主要有以下三种形式：

（一）临时再保险合同

临时再保险（Facultative Reinsurance）是最早采用的再保险方式，是指在保险人有分保需要时，临时与再保险人协商，订立再保险合同，合同的有关条件也是临时议定的。对于临时分保的业务，分出公司和分入公司均可自由选择。也就是说，对于某一业务，是否要安排再保险、再保险额是多少，完全是根据保险人本身所承受风险的情况来决定的。再保险人是否接受、接受多少、是否需要调整再保险条件等，都可以由分出人和分入人根据风险的性质、本身的承受能力等因素来临时商定。由此可见，灵活性是临时分保的一大显著特点。另外，临时再保险还具有针对性。其通常是以一张保险单或一个风险单位为基础逐笔办理分保。分保的风险责任、摊赔条件等都具有很强的针对性，便于再保险人了解、掌握业务的具体情况，正确作出分入与否的决策。

临时再保险的缺点主要表现在两方面。其一，由于临时分保时间性较强，要求办理分保要及时，否则原保险人将承担较大风险。因为在临时分保未办妥之前，如果原保险合同已经生效，一旦发生损失，损失将全部由原保险人自己承担。而如果原保险人与再保险人达成分保协议后才决定接受原保险业务，则将可能失去获取业务的良机，从而限制了原保险人的业务接受能力，不利于原保险人对业务的竞争。其二，由于必须逐笔安排业务及到期续保，手续繁杂，工作量大，费用开支也大，对双方来说在人力、时间及费用上都是不经济的。

（二）合同再保险

合同再保险（Treaty Reinsurance）也称固定再保险，是由原保险人和再保险人事先签订再保险合同，约定分保业务范围、条件、额度、费用等事项。在合同期内，对于约定的业务，双方无须逐笔洽谈，也不能对分保业务进行选择，分出公司必须按照合同规定的条件向分入公司办理分保；而分入公司也必须接受分保，承担保险责任，不得拒绝。可见，固定分保合同对于分出公司和分入公司都有"强制性"。

一般来说，固定分保合同没有期限的规定，属于长期性合同。但订约双方都有终止合同的权利，通常是要求终止合同的一方于当年年底前3个月以书面形式通知对方，在年终止合同。合同再保险是以某一类险别的全部业务为基础的。也就是说，原保险人要对某类别业务进行分保，就必须将该险别的全部业务纳入分保合同，不能有所选择。这样可以防止原保险人的逆向选择，即将优质业务自留，将劣质业务分出，损害再保险人利益。同时这样做也可以简化业务操作手续。

由于合同再保险的长期性、连续性和自动性，对于约定分保的业务，原保险人无须逐笔办理再保险，从而简化了分保手续，提高了分保效率。同时，通过合同再保险，分保双方建立了长期稳定的业务关系。这样对原保险人而言，可以及时分散风险，从而增强了原保险人的承保能力；对再保险人而言，可以比较均衡地获得批量业务。因此，合同再保险是国际市场上普遍采用的主要分保方法。

（三）预约再保险

预约再保险（Open Cover）也称临时固定再保险（Facultative Obligatory Reinsurance），是一种介于临时再保险和合同再保险之间的再保险。它是指双方事先签订分保合同，原保险人对于合同规定范围内的业务可以自由选择是否分保，而再保险人则没有选择的自由，凡合同规定范围内的业务，只要原保险人决定分出，再保险人就必须接受，无选择的余地。

这种再保险的特点是，对原保险人没有强制性，原保险人有选择是否分出的权利；而对再保险人具有强制性，再保险人没有选择的权利。因此，预约再保险对原保险人来说是有利的，原保险人既可以享有临时再保险的灵活性，又同时具有合同再保险及时分散风险的优点。但对于再保险人来说则较为不利，因为原保险人可能将业务分给再保险人，也可能不分，使得再保险人业务来源的稳定性差；而且原保险人通常会选择将风险大、质量欠佳的业务分给再保险人，而再保险人却没有对分入的业务进行选择的权利，业务的质量难以控制，因而预约再保险并不受再保险人的欢迎。

预约再保险实际上是合同再保险的一种补充。当原保险人承保业务的保险金额超过合同再保险的自留额和再保险限额之和时，需要对超过的溢额部分再进行分保。采用临时分保，则时间紧迫，而且手续烦琐、费用高；这种情况下，预约分保是比较合适的选择，预约分保无须和再保险人临时协商，手续简便，并且可以及时分散风险。由于预约分保对原保险人有利，许多再保险人不愿接受预约分保业务，所以这种分保方式仅在业务关系密切的保险人之间进行，并未被广泛运用。

> **阅读资料**
>
> ## 中国再保险股份有限公司
>
> 中国再保险（集团）股份有限公司（以下简称"中再集团"）由国家财政部和中央汇金投资责任有限公司发起设立，注册资本为人民币361.5亿元，两大股东各持14.5%和85.5%的股权，是目前中国唯一的再保险集团公司。
>
> 中再集团源于1949年10月成立的中国人民保险公司。1996年，在中国人民保险公司再保险部的基础上成立中保再保险有限公司，填补了新中国保险史上没有再保险公司的空白；1999年3月18日，中国再保险公司成立，实现了向现代商业再保险公司的历史性转

变;2003年12月22日,重组为中国再保险(集团)公司;2007年10月,改制为中国再保险(集团)股份有限公司,跨入专业化、集团化、国际化经营的全新时期。

目前,中再集团控股6家子公司:中国财产再保险股份有限公司、中国人寿再保险股份有限公司、中国大地财产保险股份有限公司、中再资产管理股份有限公司、中国保险报业股份有限公司、华泰保险经纪有限公司。拥有再保险、直接保险、资产管理、保险经纪、保险传媒等完整保险产业链,形成了多元化和专业化的集团经营架构与管理格局。

历经数次重大变革的中再集团,在培育中国再保险市场、促进直接保险市场发展、服务社会与经济发展方面发挥了积极作用。作为"保险的保险",中再集团在中国保险市场一直发挥着再保险主渠道的作用。在长期的发展过程中积累了丰富的资源,形成了多方面的优势。通过多年的经营实践,中再集团建立起一支包括精算、核保、核赔、风控、产品开发、战略研发在内的高水准的业务管理队伍,积累了大量的再保险业务数据以及具有较高理论水平和实践意义的技术资料,并在技术推广培训、自主开发技术成果等方面做了大量有益有效的工作。

作为中国再保险业的领军企业,中再集团在国际再保险市场正发挥着越来越重要的作用。中再集团是中国核保险共同体主席成员与管理公司、中国航天保险联合体副主席成员、亚非保险与再保险联合会执委会成员。

站在新的历史起点,中再集团将以科学发展观为指导,以再保险业务为战略支柱,以直接保险和资产管理业务为战略支持,围绕集团化、专业化、多元化、国际化的发展方向,立足中国,引领亚洲,辐射全球,致力打造资本充足、内控严密、服务和效益良好、具有可持续发展能力和核心竞争力的国际再保险(金融)集团。

模块四

保险职业道德

项目	知识目标	能力目标
项目十六 保险职业道德概述	了解保险职业道德的概念和特征，掌握保险职业道德的要求	能够树立强烈的职业道德理念和目标
项目十七 保险从业人员职业道德操守	掌握关于在保险职业过程中的任何环节的职业操守的具体要求	能够在保险实务操作中遵循职业操守的要求，并按照职业操守的要求去做

本模块的知识结构如图4-1所示。

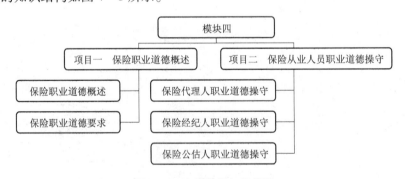

图4-1 本模块的知识结构

导入案例

平安人寿因销售误导被保监会约谈

2012年04月23日 02:45 新京报

记者昨日从中国保监会获悉，保监会人保监管部已召集人寿保险股份有限公司总经理柳志坚进行监管谈话，要求中国平安积极整改，认真开展销售误导治理工作。据了解，人寿是治理销售误导以来首家遭到保监会约谈的险企。

据悉，保监会约谈平安的原因是近期平安人寿在北京、厦门等多个地区的营销员向社会公众发送误导和违法违规内容的产品宣传短信，引发的集中误导问题。据媒体报道，3月初，平安人寿在推出"财富尊享"分红型时曾向客户发送短信称，"年存10万（仅存3年），10天后便可取出7万，平安依然按10万本金进行分红和年年返还至终身（第三年开始返还保额的21%）。取出的7万元可以做其他投资，售完为止。现在抢购还有银条赠送。"有保险人士表示，短信中提及的"取出7万元可以做其他投资"以及"抢购还有银条赠送"均有违保监会的相关要求。

项目十六 保险职业道德概述

任务一 保险职业道德概述

我国《公民道德建设实施纲要》指出："职业道德是所有从业人员在职业活动中应该遵循的行为守则，涵盖了从业人员与服务对象、职业与职工、职业与职业之间的关系。"从本质上看，保险从业人员的职业道德是保险从业人员在履行其职业责任、从事保险过程中逐步形成的、普遍遵守的道德原则和行为规范；也是社会对从事保险工作的人们的一种特殊道德要求，是社会道德在保险职业中的具体体现。

保险职业道德，是指在长期的保险职业活动中逐渐形成的并适应保险职业活动的需要，从事保险行业的工作者在其职业活动中应当遵循的行为规范和行为准则。

任务二 保险职业道德要求

一、保险代理从业人员的职业道德要求

（一）守法遵规

以《中华人民共和国保险法》为行为准绳，遵守有关法律和行政法规，遵守社会公德；遵守保险监管部门的相关规章和规范性文件，服从保险监管部门的监督与管理；遵守保险行业自律组织的规则；遵守所属机构的管理规定。

（二）诚实信用

在执业活动的各个方面和各个环节中恪守诚实信用原则；在执业活动中主动出示法定执业证件并将本人或所属机构与保险公司的关系如实告知客户；客观、全面地向客户介绍有关保险产品与服务的信息，不误导客户；如实告知所属机构与投保有关的客户信息；向客户推荐的保险产品应符合客户的需求，不强迫或诱骗客户购买保险产品。当客户拟购买的保险产品不适合客户需要时，应主动提示并给予适当的建议。

（三）专业胜任

执业前取得法定资格并具备足够的专业知识与能力；在执业活动中加强业务学习，不断提高业务技能；参加保险监管部门、保险行业自律组织和所属机构组织的考试和持续教育，使自身能够不断适应保险市场的发展。

(四) 客户至上

为客户提供热情、周到和优质的专业服务；不影响客户的正常生活和工作，言谈举止文明礼貌，时刻维护职业形象；在执业活动中主动避免利益冲突。不能避免时，应向客户或所属机构作出说明，并确保客户和所属机构的利益不受损害。

(五) 勤勉尽责

秉持勤勉的工作态度，努力避免执业活动中的失误。忠诚服务，不侵害所属机构利益；切实履行对所属机构的责任和义务，接受所属机构的管理。不挪用、侵占保费，不擅自超越代理合同的代理权限或所属机构授权。

(六) 公平竞争

尊重竞争对手，不诋毁、贬低或负面评价保险公司、其他保险中介机构及其从业人员。依靠专业技能和服务质量展开竞争，竞争手段正当、合规、合法，不借助行政力量或其他非正当手段开展业务，不向客户给予或承诺给予保险合同以外的经济利益。加强同业人员间的交流与合作，实现优势互补、共同进步。

(七) 保守秘密

对客户和所属机构负有保密义务。

二、保险经纪从业人员的职业道德要求

(一) 守法遵规

以《中华人民共和国保险法》为行为准绳，遵守有关法律和行政法规，遵守社会公德。遵守保险监管部门的相关规章和规范性文件，服从保险监管部门的监督与管理。遵守保险行业自律组织的规则。遵守所属保险经纪机构的管理规定。

(二) 诚实信用

在执业活动的各个方面和各个环节中恪守诚实信用原则。在执业活动中主动出示法定执业证件并将本人或所属保险经纪机构与保险公司的关系如实告知客户。客观、全面地向客户介绍有关保险产品与服务的信息；如实向保险公司披露与投保有关的客户信息。

(三) 专业胜任

执业前取得法定资格并具备足够的专业知识与能力。在执业活动中加强业务学习，不断提高业务技能。参加保险监管部门、保险行业自律组织和所属保险经纪机构组织的考试和持续教育，使自身能够不断适应保险市场的发展。

(四) 勤勉尽责

秉持勤勉的工作态度，努力避免执业活动中的失误。代表客户利益，对于客户的各项委托尽职尽责，确保客户的利益得到最好保障，且不因手续费（佣金）或服务费的高低而影响客户利益。忠诚服务，不侵害所属保险经纪机构利益；切实履行对所属保险经纪机构的责任和义务，接受所属保险经纪机构的管理。不擅自超越客户的委托范围或所属保险经纪机构的授权。在执业活动中主动避免利益冲突。不能避免时，应向客户或所属保险经纪机构作出说明，并确保客户和所属保险经纪机构的利益不受损害。

（五）友好合作

与保险公司、保险代理机构和保险公估机构的从业人员友好合作、共同发展。加强同业人员间的交流与合作，实现优势互补、共同进步。

（六）公平竞争

尊重竞争对手，不诋毁、贬低或负面评价保险公司、其他保险中介机构及其从业人员。依靠专业技能和服务质量展开竞争，竞争手段正当、合规、合法，不借助行政力量或其他非正当手段开展业务，不向客户给予或承诺给予保险合同以外的经济利益。

（七）保守秘密

对客户和所属保险经纪机构负有保密义务。

三、保险公估从业人员的职业道德要求

（一）守法遵规

以《中华人民共和国保险法》为行为准绳，遵守有关法律和行政法规，遵守社会公德。遵守保险监管部门的相关规章和规范性文件，服从保险监管部门的监督与管理。遵守保险行业自律组织的规则。遵守所属保险公估机构的管理规定。

（二）独立执业

在执业活动中保持独立性，不接受不当利益，不屈从于外界压力，不因外界干扰而影响专业判断，不因自身利益而使独立性受到损害。

（三）专业胜任

执业前取得法定资格并具备足够的专业知识与能力。在执业活动中加强业务学习，不断提高业务技能。参加保险监管部门、保险行业自律组织和所属保险公估机构组织的考试和持续教育，使自身能够不断适应保险市场的发展。

（四）客观公正

在执业活动中以客观事实为根据，采用科学、专业、合理的技术手段，得出公正合理的结论。

（五）勤勉尽责

秉持勤勉的工作态度，努力避免执业活动中的失误。对于委托人的各项委托尽职尽责，不因公估服务费用的高低而影响公估服务的公正性和质量。忠诚服务，不侵害所属保险公估机构利益；切实履行对所属保险公估机构的责任和义务，接受所属保险公估机构的管理。

（六）友好合作

在执业活动中与保险人、被保险人等有关各方友好合作，确保执业活动的顺利开展。与保险公司、保险经纪机构和保险代理机构的从业人员友好合作、共同发展。加强同业人员间的交流与合作，实现优势互补、共同进步。

（七）公平竞争

尊重竞争对手，不诋毁、贬低或负面评价保险公司、其他保险中介机构及其从业人员。依靠专业技能和服务质量展开竞争，竞争手段正当、合规、合法，不借助行政力量或其他非

正当手段开展业务，不向客户给予或承诺给予不正当的经济利益。

（八）保守秘密

对执业活动中的相关各方以及所属保险公估机构负有保密义务。

项目十七 保险从业人员职业道德操守

任务一 保险代理人职业道德操守

（一）持证上岗与培训

参加资格考试，取得《保险代理从业人员资格证书》，取得《保险代理从业人员展业证书》或《保险代理从业人员执业证书》；岗前培训与持续教育是保险代理从业人员执业素质的重要保证。《保险代理机构管理规定》《保险中介从业人员继续教育暂行办法》等法规规定，保险代理从业人员接受岗前培训时间累计不少于80小时，其中接受保险法律和职业道德教育时间累计不少于12小时。上岗后每年接受教育时间累计不少于36小时，其中，接受保险法律和职业道德教育时间累计不少于12小时。

（二）与所属机构关系

保险代理从业人员应当与所属机构签订书面委托代理合同或取得所属机构的授权。保险代理从业人员的执业行为不得擅自超越代理权限或授权范围。保险代理从业人员在从事人寿保险代理业务时，不得同时接受两家或两家以上人寿保险公司的委托。保险代理从业人员与所属机构之间的劳动或代理关系终止或一方提出解除，双方应及时按有关规定或双方约定办理相关手续。

（三）展业

1. 接洽客户

表明身份：保险公司和保险专业代理机构的保险代理从业人员在执业活动中应当首先向客户声明所属机构的名称、性质和业务范围，并主动出示《保险代理从业人员展业证书》或《保险代理从业人员执业证书》。告知获取客户信息的途径：如果客户要求，保险代理从业人员应当向客户说明如何得知该客户的名称（姓名）、联系方式等信息。

2. 推销

以满足客户的保险需求为出发点：保险代理从业人员在向客户提供保险建议前，应深入了解和分析客户需求，不得强迫或诱骗客户购买保险产品。当客户拟购买的保险产品不适合客户需要时，应主动指出并给予合适的建议。使用由所属机构发放的保险单证和展业资料；对客户的如实说明：保险代理从业人员应当客观、全面、准确地向客户提供有关保险产品与服务的信息，不得夸大保障范围和保障功能；对于有关保险人责任免除、投保人和被保险人应履行的义务以及退保的法律法规规定和保险条款，应当向客户作出详细说明。保险代理从业人员应当就履行法定说明义务以及公司规定的其他说明义务取得客户的书面确认。保险代理从业人员不得对投资连结产品和分红产品等新型产品的回报率作出预测或承诺。在对不同的保险产品作比较或者在保险产品与其他投资产品之间作比较时，保险代理从业人员应当向客户特别指明各种产品的不同特性。

3. 客户签单

（1）提醒客户如实告知：保险代理从业人员应将客户的如实告知义务以及违反义务可能造成的后果明确告知客户。

（2）投保人故意隐瞒事实，不履行如实告知义务的，或者因过失未履行如实告知义务，足以影响保险人决定是否同意承保或者提高保险费率的，保险人有权解除保险合同。投保人故意不履行如实告知义务的，保险人对于保险合同解除前发生的保险事故，不承担赔偿或者给付保险金的责任，并不退还保险费。投保人因过失未履行如实告知义务，对保险事故的发生有严重影响的，保险人对于保险合同解除前发生的保险事故，不承担赔偿或者给付保险金的责任，但可以退还保险费。

（3）不得代客户签名：保险代理从业人员应当按照有关法律法规要求或所属机构规定将保险单据和重要文件交由客户本人签署确认，不得代客户签署，也不得唆使或引诱他人代客户签署。文件、信息的传递效率：如果所属机构与客户之间信息、保险单据和文件的传递经由保险代理从业人员进行，那么保险代理从业人员应当确保传递的及时性和准确性。

（4）文件的检查责任：保险代理从业人员应当仔细检查与客户有关的保险单据和文件的完整性和准确性，发现问题应当及时通知所属机构或客户更正。未取得所属机构同意或客户书面授权，不得对保险单据和文件进行更改。

对所属机构的如实告知义务：保险代理从业人员应当将所知道的与投保有关的客户信息如实告知所属机构，不得唆使、引诱客户或与客户串通，隐瞒或虚报客户的投保信息。

（四）售后服务

（1）释疑服务：保险代理从业人员应与客户保持适当的联系，及时解答客户提出的有关问题。

（2）保单保全服务：应客户要求，保险代理从业人员应当协助客户办理变更保单信息等事宜；保险代理从业人员应在保险期届满以前及时通知客户续保，并应客户要求协助办理保单续保事宜；如果客户提出退保，保险代理从业人员应当提醒客户注意保单中有关退保的条款、退保可能引致的财务损失以及退保后客户所面临的保单保障范围内的风险。如果客户仍决定退保，保险代理从业人员应当按照客户的要求协助办理有关事项。

（3）防灾防损服务：保险代理从业人员应当按照所属机构要求协助客户做好防灾防损工作。

（4）理赔查勘服务：保险代理从业人员应当在所属机构授权的范围内办理理赔查勘事宜；保险代理从业人员不得唆使、引诱或串通客户，向保险人进行欺诈性索赔，也不得以任何方式协助或参与欺诈性索赔。

（五）代收付款

（1）向客户说明保费支付事项：保险代理从业人员应当将保费的支付方式以及不按时支付保费可能导致的后果告知客户。

（2）保费的代收与解付：保险代理从业人员在代收保费时应当向客户出具所属机构的收款凭证，不得以个人名义收取保费；保险代理从业人员应当及时将代收的保费全额交付所属机构，不得将收取的保费存入个人账户，不得侵占、截留、滞留或挪用，也不得从保费中坐扣手续费（佣金）；保险代理从业人员不得向客户收取保费以外的任何费用；

（3）赔款或保险金的转交：保险代理从业人员应当根据所属机构授权及时将赔款或保

险金转交客户，不得侵占、截留、滞留或挪用。未经客户同意，不得从赔款或保险金中坐支保费。

（六）竞争

（1）保险代理从业人员不得借助行政力量或其他非正当手段进行执业活动。

（2）保险代理从业人员不得向客户给予或承诺给予保险合同规定以外的经济利益。

（3）保险代理从业人员应当严格执行经保险监督管理部门批准或备案的保险条款和费率，不得擅自改变。

（4）保险代理从业人员不得诋毁、贬低或负面评价保险中介机构和保险公司及其从业人员。

（5）保险代理从业人员不得以销售保单为目的建议客户提前终止其他保单。

（七）保密

（1）保险代理从业人员应当对有关客户的信息向所属机构以外的其他机构和个人保密。

（2）保险代理从业人员应当对客户的与投保无关的信息向所属机构保密。

（3）保险代理从业人员应当保守所属机构的商业秘密。

（八）争议与投诉处理

（1）保险代理从业人员应当将投诉渠道和投诉方式告知客户。

（2）对于与客户之间的争议，保险代理从业人员应争取通过协商解决，尽量避免客户投诉。

（3）保险代理从业人员应当始终对客户投诉保持耐心与克制，并将接到的投诉及时提交所属机构处理。

（4）保险代理从业人员应当配合所属机构或有关单位对客户投诉进行调查和处理。

任务二　保险经纪人职业道德操守

（一）持证上岗与培训

保险经纪从业人员在执业前，应当取得中国保险监督管理委员会颁发的《保险经纪从业人员基本资格证书》以及有关单位据此核发的《保险经纪从业人员执业证书》。保险经纪从业人员应当接受并完成有关法规规定的持续教育。保险经纪从业人员应积极参加保险行业自律组织和所属保险经纪机构举办的培训，不断增强法律和诚信意识，提高职业道德水准和专业技能。

（二）接洽客户

保险经纪从业人员在执业活动中应当首先向客户声明其所属保险经纪机构的名称、性质和业务范围，并主动出示《保险经纪从业人员执业证书》。如果客户要求，保险经纪从业人员应当向客户说明如何得知该客户的名称（姓名）、联系方式等信息。保险经纪机构应当与客户签订保险经纪业务合同，就客户委托的有关事项作出明确约定。保险经纪从业人员的执业活动应当在委托权限范围内进行，遇到超出委托权限范围的事项应当取得客户的书面授权。

（三）风险管理咨询

保险经纪从业人员应深入了解和分析客户所面临的风险，并进行定性和定量相结合的风险评估。保险经纪从业人员应在风险评估的基础上向客户提供风险管理建议。保险经纪从业人员应以客户容易理解的方式向客户提供风险管理建议,以便于客户对建议的内容作出明智的决策。

(四)保险方案制定

对于客户需要以保险进行保障的项目,保险经纪从业人员应向客户介绍市场上相关的保险产品并按照客户的需求制定保险方案,提出保险建议。保险经纪从业人员应当客观、全面、准确地向客户提供有关保险产品与服务的信息,不得夸大保障范围和保障功能;对于有关保险人责任免除、投保人和被保险人应履行的义务以及退保的法律法规规定和保险条款,应当向客户作出详细说明。在对不同的保险产品作比较或者在保险产品与其他投资产品之间作比较时,保险经纪从业人员应当向客户特别指明各种产品的不同特性。如果保险经纪从业人员向客户推荐的保险产品的提供者与保险经纪从业人员所属保险经纪机构之间存在关联方关系,保险经纪从业人员应当向客户如实披露该关联关系的性质与内容。保险经纪从业人员应当按照有关法律法规要求或所属保险经纪机构规定将保险单据和重要文件交由客户本人签署确认,不得代客户签署,也不得唆使或引诱他人代客户签署。保险经纪从业人员应在进行保险安排前取得客户对保险方案的书面认可。

(五)保险安排

保险经纪从业人员应当就保险方案向客户指定的保险公司进行询价或招标。如果客户未指定保险公司,保险经纪从业人员应当本着客户利益最大化的原则,选择足够多的保险公司进行询价或招标。保险经纪从业人员在询价或招标过程中不应向任何一方透露其他保险公司的报价或承保条件。询价或招标结束后,保险经纪从业人员应当及时将招标结果进行汇总分析,作为客户决策的参考。保险经纪从业人员应当将客户对保险人的如实告知义务以及违反义务可能造成的后果明确告知客户。保险经纪从业人员应当如实向所属保险经纪机构和保险人披露客户的投保信息,不得唆使、引诱客户或与客户串通,隐瞒或虚报客户的投保信息。保险经纪从业人员应当确保投保文件符合保险人的形式要求。保险经纪从业人员应当及时将投保文件提供给保险人。保险经纪从业人员应当仔细检查保险人传送给客户的相关信息、保险单据和文件的完整性和准确性并及时转交客户,发现问题应当及时通知保险人更正。保险经纪从业人员办理再保险经纪业务时,应当取得原保险人或再保险人分出业务的书面委托函件或要约,还应当取得分入公司的书面承保确认。

(六)保单变更、续保与退保

保险经纪人应当按照委托合同的约定,跟踪客户需求的变化。必要时应当向客户提出变更保单保障范围或保险金额的建议,并及时处理客户的保单变更要求。保险经纪从业人员应当在保险期届满以前及时通知客户续保,并按照客户要求办理续保事宜。如果客户提出退保,保险经纪从业人员应当提醒客户注意保单中有关退保的条款、退保可能引致的财务损失以及退保后客户所面临的保单保障范围内的风险。如果客户仍决定退保,保险经纪从业人员应当按照客户的要求为其办理有关事项。如果客户提出更换保险人,保险经纪机构应提醒客户注意保单中有关退保的条款以及退保可能引致的财务损失。如果客户仍决定更换保险人,还应为客户作好退保与投保之间的衔接事宜,力求保障好客户的保险利益。

(七)索赔服务

当得知客户发生保险事故时,保险经纪从业人员应当及时通知保险人,同时应当协助客户采取措施避免损失的进一步扩大。如果保险人要求进行现场查勘,保险经纪从业人员应当协助客户进行相关的工作,并尽快把保险人有关查勘和理赔的要求传达给客户。保险经纪从业人员应当按照委托合同的约定或者应客户要求代表或协助客户进行索赔,包括但不限于整理和准备相关索赔资料、跟踪保险人处理赔案的进度等。遇重大保险事故或出现理赔争议时,保险经纪从业人员应及时沟通协调,必要时应当向客户建议聘请保险公估机构参与事故和损失的鉴定工作。保险经纪从业人员不得唆使、引诱或串通客户,向保险人进行欺诈性索赔,也不得以任何方式协助或参与欺诈性索赔。

(八) 收费与代收付款

在任何涉及费用的工作承担前或委托协议签订前,保险经纪从业人员都应明确告知客户相关服务或工作的收费标准。保险经纪从业人员应当向客户说明所属保险经纪机构是否将就保险安排从保险人处取得佣金(手续费)收入。如果客户要求,还应当向客户披露佣金收入总金额。保险经纪从业人员应当将保费的支付方式以及不按时支付保费可能导致的后果告知客户。保险经纪从业人员在向客户收取代交保费时应当向客户出具所属保险经纪机构的收款凭证,不得以个人名义收取保费。保险经纪从业人员应当及时将代交的保费全额交付所属保险经纪机构,不得将收取的保费存入个人账户,不得侵占、截留、滞留或挪用。保险经纪从业人员应当根据所属保险经纪机构授权及时将赔款或保险金转交客户,不得侵占、截留、滞留或挪用。未经客户同意,不得从赔款或保险金中坐支保费或保险经纪服务费用。保险经纪从业人员不得向客户或保险人收取或接受任何不当经济利益。

(九) 竞争

保险经纪从业人员不得借助行政力量或其他非正当手段进行执业活动。保险经纪从业人员不得向客户给予或承诺给予保险合同规定以外的经济利益。保险经纪从业人员不得诋毁、贬低或负面评价保险中介机构和保险公司及其从业人员。保险经纪从业人员不得以取得佣金(手续费)为目的建议客户提前终止其他保单。

(十) 保密

保险经纪从业人员应当对有关客户的信息向所属机构和保险人以外的其他机构和个人保密。保险经纪从业人员应当对客户的与投保无关的信息向所属机构和保险人保密。保险经纪从业人员应当保守所属保险经纪机构的商业秘密。

(十一) 争议与投诉处理

保险经纪从业人员应当将投诉渠道和投诉方式告知客户。对于与客户之间的争议,保险经纪从业人员应争取通过协商解决,尽量避免客户投诉。保险经纪从业人员应当始终对客户投诉保持耐心与克制,并将接到的投诉及时提交所属保险经纪机构处理。保险经纪从业人员应当配合所属保险经纪机构或有关单位对客户投诉进行调查和处理。对于涉及保险人的客户投诉,保险经纪从业人员应主动与保险人交涉,争取对客户有利的解决方案。

阅读资料

位于某市郊区的一市政府招商融资重点工程项目——省际高速公路正在分标段开工建设。该工程的保险由某保险经纪公司受业主委托主持招标,并由某外省市保险公司中标承保。7月中旬的一个傍晚,该工程所在地突刮大风、狂降暴雨。其中一标段的项目部彩钢板房遭此影响，部分立墙被刮倒、屋顶被掀翻并砸歪了马路边的一根电线杆（相邻两根也因此倾斜），办公室、宿舍、办公用品及个人用品等财产受损，人员生命受到威胁（所幸无人员伤亡）。

第二天一早，该工程项目部向该保险经纪公司报案。该经纪公司了解事故发生的简单经过及损失情况后，随即表达了安慰和问候，并表示马上前往现场。同时，经纪公司向承保该标的的保险公司通报了事故情况。

由于保险公司不能在第一时间到达现场，经纪公司和该工程项目部党支部书记一起冒着高温查看了出险现场，认为应当使事故现场查勘所获取的资料更接近真实情况，以便让保险公司有"身临其境"的感觉。因而查勘人员采用如下措施对现场状况进行了记录：

(1) 从东西南北四个角度的斜上方进行远景拍照；
(2) 绘制出险现场平面草图；
(3) 用工具尺测量彩钢板房的受损面积和规格尺寸；
(4) 记录遭受雨淋的电器设备的规格型号；
(5) 对财产的受损部位拍照记录等等。

查勘后，经纪公司向项目部解释了保险理赔的原则，并着手准备能够说明事故原因和相关损失的一系列材料，包括临时编制预决算书和建立相关财务账册，并根据受损财产实际修复的市场价填报损失清单和相关人工费（做到既不漏项也不虚报）。

保险公司也连夜赶往了该市，第三天上午即在保险经纪公司办公室举行会谈：了解出险经过、翻阅相关新闻报道、结合项目部提交的材料，搞清了事故的前后过程。在沟通了双方的理赔思路后，当即表示不需赶往现场进行二次查勘，可按照本次"会谈纪要"处理该赔案。

在经纪公司的协助下，项目部的41项报损清单内容和相关证明材料一次性通过了保险公司初核、再提交1项补充材料后获得了最终赔付意见：保险责任成立，报损金额13.67万元、定损金额13.05万元（定报损率达95.46%），扣除免赔额后即行赔付，该案圆满高效结案。

任务三　保险公估人员职业道德操守

（一）保险公估从业人员的执业准备

(1) 保险公估从业人员必须持证上岗。取得中国保险监督管理委员会颁发的《保险公估从业人员资格证书》。取得保险公估机构核发的《保险公估从业人员执业证书》。取得《保险公估从业人员资格证书》者，由所属保险公估机构核发《保险公估从业人员执业证书》。该执业证书是保险公估从业人员开展保险公估活动的证明文件。开展保险公估活动，应主动出示《保险公估从业人员执业证书》。

(2) 保险公估从业人员要接受培训

保险公估从业人员应当接受并完成有关法规规定的持续教育。保险公估从业人员应积极参加保险行业自律组织和所属保险公估机构举办的培训，不断增强法律和诚信意识，提高职业道德水准和专业技能。

(二) 保险公估从业人员的执业行为

1. 业务洽谈

主动告知客户所属保险公估机构的有关信息。保险公估从业人员在开展业务过程中应当首先向客户声明其所属保险公估机构的名称、性质和业务范围,并主动出示《保险公估从业人员执业证书》。签订业务受理合同或委托书。不得对公估结论作出承诺。

2. 操作准备

(1) 根据案件的需要,选派保险公估师。例如对于房屋倒塌的案件,要选派有建筑专长的公估师;对于锅炉爆炸的案件,要选派有动力专长的公估师等。

(2) 着手准备有关资料。这些资料包括保险合同、损失清单、有关部门出具的事故证明或技术鉴定书、费用发票、必要的报表、账簿、单据以及其他必要的单证、文件等。首先要将一切相关单证收集齐全。其次,要对索赔人的资格进行审查。最后还要准备相关资料。以海上货物运输保险为例,所涉及的基本单证有保险单正本、贸易合同等。

货物销售发票、保险单、提单、保函、装箱单、磅码单、理货签单、货差货损检验报告等货物单证;当损失与运输工具相关时,还需要有航海日志、适航证书、船员证书、轮机日志、水尺计量报告、通风日志、船舶结构证书、货舱清洁证书等单证。

(3) 审核当事人提供的资料。

(4) 做好项目操作的准备工作。

3. 事故勘验

(1) 调查保险标的出险后的状况并进行现场取证。保险公估从业人员应详细调查出险标的坐落地点、出险时间、出险原因、标的损失内容、损失程度、损失数量等,制作翔实的《现场查勘记录》。《现场查勘记录》应当由主办查勘人现场制作,要求项目齐全、表述准确、书写工整。《现场查勘记录》应当由主办查勘人签字,并取得出险单位代表签字确认。

(2) 向有关人员取证。为准确判定保险责任,保险公估从业人员应尽快索取相关的保险合同和被保险人提交的《索赔清单》。为公正、合理的理算作准备,保险公估从业人员应尽快取得并查看出险单位的会计账册和有关凭证,必要时可复印相关账目和凭证,以取得财务证据。对清理出的受损财产进行分类清点,据实造册登记,并由保险公估从业人员和出险单位代表签字确认。为使评估客观公正,保险公估从业人员应认真听取评估对象的情况介绍,以获取除各项资料以外更详细的相关信息。与保险当事人密切配合,真实客观地反映评估对象的各种风险因素,以及这些风险因素对保险利益的影响。

(3) 对有关物件进行鉴定、检测。保险公估从业人员应当充分考虑灾损现场的时效性,确保查勘过程中的任何疑点均在现场查勘过程中得到合理解释。

(4) 及时采取施救措施。

(5) 提出风险防范建议。

4. 责任审核

确认事故原因与近因。确定保险责任。

5. 保险公估从业人员的其他行为

(1) 竞争。保险公估从业人员在执业过程中处理竞争关系时,必须做到:保险公估从业人员不得借助行政力量或其他非正当手段进行执业活动。保险公估从业人员不得向客户给予或承诺给予不正当的经济利益。保险公估从业人员不得诋毁、贬低或负面评价保险中介机构和保险公司及其从业人员。

（2）保密。

（3）投诉处理。告知当事人投诉渠道和投诉方式。积极协助投诉的处理。

阅读材料

台风突袭公估忙

2005年8月12日，当年第14号台风"云娜"在浙江登陆，正面袭击台州，此次台风历时长，雨骤、风急，中心风力12级以上，是台州几十年一遇的特大台风，给台州市带来巨大损失，出险案件也接踵而至。为使企业尽快恢复生产，帮助灾区人民重建家园，受保险公司委托，某公估行马上组织公估人员赶赴灾区一线，协助保险公司现场查勘核损。

受"云娜"强台风的影响，位于台州市路桥区的某灯饰厂的钢架工棚棚顶、厂房的铁皮瓦被大风掀起吹走，钢架经受不住狂风吹袭，整座钢架工棚倒塌。只剩下部分残墙断壁。由于倾倒墙壁及塌下的钢屋架的冲压，风雨吹淋，水浸，使部分机械设备来不及抢运的扎灯、卷灯及其半成品、化工原材料和包装物被不同程度损坏，该公司报损金额700多万元。

该公司接到保险公司委托后，当天在保险人的带领下进入现场查勘。由于受损物品品种繁杂，数时多，清点难度高，工作量大，办案人员在被保险人的配合下，对受损物品进行了分类统计，衡定损失程度。使该案最终以人民币62.8万元顺利结案。

与此同时，位于黄岩地区的某广播电视网络线路受到大面积的破坏，报损达700多万元。

受保险公司委托，某公估公司组织了三组公估人员，每组分别配备一名通讯专家，奔赴出险现场。由于广播站多分布在山区、半山区、平原和山溪河流边等各种地形复杂地带，受损情况各有不同。公估人员不辞劳苦，跋山涉水，奔波于各灾害现场，终于对现场的损失情况进行了完整客观的统计。

参考文献

[1] 冯瑞,李良.保险基础与实务[M].北京:北京大学出版社,2008.
[2] 荆涛.保险学[M].北京:对外经济贸易大学出版社,2003.
[3] 曹时军,曾玉珍.保险学原理与实务[M].北京:北京大学出版社,2007.
[4] 李洁.保险概论[M].北京:清华大学出版社,2005.
[5] 周勇.新编保险学基础案例分析[M].北京:立信会计出版社,2005.
[6] 孙祁祥.保险学[M].北京:北京大学出版社,2005.
[7] 赵春梅.保险学原理[M].沈阳:东北财经大学出版社,1999.
[8] 何惠珍.保险学基础[M].北京:中国金融出版社,2006.
[9] 刘金章.保险学教程[M].北京:中国金融出版社,2003.
[10] 曾鸣.人身保险及案例分析[M].北京:清华大学出版社,2005.
[11] 刘金章.保险学教程[M].北京:中国金融出版社,2003.
[12] 曾鸣.财产保险与案例分析[M].北京:清华大学出版社,2007.
[13] 魏华林,林宝清.保险学[M].北京:高等教育出版社,2005.
[14] 严黎昀,崔惠贤.当代保险学[M].上海:上海社会科学院出版社,2005.
[15] 尹成远.保险原理与实务[M].北京:科学出版社,2007.
[16] 池小萍.保险学[M].北京:对外经济贸易出版社,2006.
[17] HSBC环球研究.2010年11月.
[18] [美]乔治·E·瑞达.风险管理与保险原理[M].北京:中国人民大学出版社,2006.
[19] [美]Scott E. Harrington,Gregory R. Niehaus.风险管理与保险[M].北京:清华大学出版社,2005.